제주
여행
참견

베스트셀러 여행 작가의 가장 완벽한 제주 가이드

제주
여행
참견

장은정 지음

비타북스

PROLOGUE
당신의 여행을 더욱 소중하게

나에게 제주는 삶의 창문 같은 여행지다. 일상에 지치고 답답할 때마다 생각나는 곳, 며칠의 짬이 생길 때마다 떠나고 싶은 곳이다. 올레길을 걷고, 바다 앞에서 파도가 하는 일을 지켜보다가 근처 식당에 들어가 따뜻한 국수 한 그릇을 앞에 놓고 행복했다. 그렇게 제주로 여행을 다녀오면 창문을 활짝 열어 환기한 것처럼 마음이 가벼워지고 힘이 났다. 멀지 않은 곳에 제주가 있음에 감사했다.

길고 긴 바이러스의 터널을 지나는 동안, 제주는 우리에게 사막의 오아시스요 한 줄기 희망 같은 존재였다. "여행이 우리를 떠났습니다."라는 어느 광고의 카피처럼 어느 날 갑자기 우리 곁에서 여행이 사라져 버렸을 때, 우리 곁을 떠나지 않고 지켜준 고마운 곳, 잠시나마 비행기를 타고 하늘을 날아가 일상을 환기할 수 있게 해준 숨통 같은 여행지였다.

많은 사람이 더 자주 제주를 찾으면서 제주를 여행하는 방식도 다양해졌다. 예전처럼 명소를 찾아다니는 여행에서 벗어나 카페, 바다, 오름, 책방, 미식 등 내가 좋아하는 테마를 정하고 그에 맞추어 나만의 여행을 만드는 여행자들이 많아진 것이다. 나만의 테마를 정해 떠나는 여행은 그렇지 않은 여행과는 분명히 다르다. 이미 제주를 여러 번 다녀온 여행자라 할지라도 테마를 정해 떠난 여행은 새롭고 색다르게 느껴진다. 테마는 여행을 더 의미 있게 만드는 힘이 있다.

《제주 여행 참견》은 테마 여행을 계획하는 데 참고할 수 있도록 제주 여행의 수많은 테마를 꾹꾹 눌러 담았다. 건축, 역사, 캠핑, 바다가 보이는 카페, 북카페, 제주에서 만나는 세계 음식 등 흥미로운 테마의 장소들을 엄선해 담았다.《제주 여행 참견》을 읽는 독자들이 이전과는 다른 제주 여행, 다른 사람과는 다른 제주를 느끼길 바라는 마음으로 고르고 또 골랐다. 남들 다 가는 동, 서, 남, 북 틀에 박힌 여행 코스에서 벗어나 내가 좋아하는 테마를 정하고 좋아하는 것들로 채운 소중한 시간을 보내길 바란다. 이전과는 다른 색다른 여행을 끝낼 때쯤에는 다음 여행의 테마를 상상하며 또 다른 설렘으로 행복해질지도 모른다.

장은정

CONTENTS

PROLOGUE · 004

INDEX · 312

PART 1
HOW TO ENJOY JEJU

제주 입도하기
항공 · 014 | 선박 · 015

제주 교통수단
렌터카 · 016 | 스쿠터 · 017 | 버스 · 018

여행 애플리케이션
항공 · 022 | 숙박 · 022 | 제주 교통 · 022 | 여행 정보 · 022

나홀로 제주
제주 여행 지킴이 · 023

제주의 사계절
봄 · 024 | 여름 · 024 | 가을 · 025 | 겨울 · 025

PART 2
THEME IN JEJU

제주를 오름
도두봉 · 032 | 사라봉 · 032 | 산굼부리 · 033 | 거문오름 · 034 | 우도봉 · 034 | 성산일출봉 · 035 | 물영아리오름 · 036 | 따라비오름 · 037 | 새별오름 · 038 | 금오름 · 039 | 제주 오름 지도 · 031

걷기 좋은 제주의 길
올레 지도 · 041 | 올레길 안내표지 · 041 | 한담해안산책로 · 042 | 송악산 둘레길 · 043 | 난드르 마을 · 044 | 오조포구 · 045 | 김녕–하도 올레 · 046 | 남원–쇠소깍 · 047

제주의 숲을 걷다
사려니숲 · 048 | 안돌오름 비밀의 숲 · 050 | 머체왓숲길 · 052 | 비자림 · 053 | 한라수목원 · 054 | 환상숲 곶자왈공원 · 055 | 서귀포 치유의 숲 · 055

한라산 등반하기
한라산 등반 시 주의할 점 · 057 | 한라산 등반 코스 지도 · 058 | 성판악 탐방로 · 058 | 관음사 탐방로 · 059 | 어리목 탐방로 · 059 | 영실 탐방로 · 059 | 돈내코 탐방로 · 059

제주 건축 기행
방주교회 · 060 | 유동룡미술관 · 061 | 본태박물관 · 062 | 유민미술관 · 063 | 제주추사관 · 064 | 가파도 아티스트 인 레지던스 · 065

제주 미술관 산책
김영갑 갤러리 두모악 · 066 | 제주도립미술관 · 067 | 김창렬미술관 · 068 | 왈종미술관 · 069 | 제주현대미술관 · 070 | 포도뮤지엄 · 071 | 이중섭미술관 · 072 | 김택화미술관 · 073 | 아라리오뮤지엄 · 073

미디어아트
문화예술공공수장고 · 074 | 아르떼뮤지엄 · 076 | 노형슈퍼마켙 · 078 | 빛의 벙커 · 079

제주 해녀를 찾아서
해녀박물관 · 082 | 해녀의 부엌 · 084 | 숨비소리길 · 085 | 해녀 체험 · 086 | 해녀사진관 · 087 | 숨비 아일랜드 · 087

시장 탐방
제주 오일장 전도 · 088 | 서귀포 매일올레시장 · 090 | 동문시장 · 090 | 세화민속오일시장 · 091 | 성산 · 고성민속오일시장 · 091

술맛 나는 제주
제주맥주 양조장 · 092 | 제주한잔 세화 · 093 | 한라산 소주 공장 · 093

제주 역사 기행
4.3평화공원 · 095 | 알뜨르비행장 · 096 | 삼성혈 · 097 | 항파두리 항몽유적지 · 098 | 추사유배지 · 098 | 제주목 관아 · 099

제주 봄꽃 로드
대황수천예래생태공원 · 101 | 엉덩물계곡 · 102 | 전농로 · 103 | 녹산로 · 104

| 해비치CC 진입로 · 105 | 섭지코지 · 106 | 저자 추천 벚꽃 명소 · 107 | 저자 추천 유채꽃 명소 · 107

제주 박물관 투어
넥슨컴퓨터박물관 · 108 | 서귀포천문과학문학관 · 109 | 아프리카박물관 · 110 | 국립제주박물관 · 110 | 제주민속자연사박물관 · 111 | 항공우주박물관 · 112

제주 캠핑
어라운드 폴리 · 115 | 김녕해수욕장 야영장 · 115 | 평대 홀라인 · 116 | 붉은오름 자연휴양림 숲속야영장 · 116 | 교래자연휴양림 야영장 · 116 | 캠핑 장비 · 117 | 모구리 야영장 · 117 | 서귀포자연휴양림 야영장 · 117 | 해변 야영장 · 117

제주 테마파크
카멜리아힐 · 118 | 휴애리 자연생활공원 · 119 | 에코랜드 · 119 | 스누피가든 · 120 | 훈데르트바서파크 · 122

제주 속의 섬
우도 · 125 | 우도 지도 · 126 | 우도 핫플레이스 · 127 | 가파도 · 128 | 마라도 · 129 | 마라도 · 130 | 마라도 핫플레이스 · 131

SPECIAL 제주 바다의 매력에 풍덩 · 132 | 제주 테마별 스팟 전도 · 028

PART 3
WHERE TO EAT JEJU

오늘은 고기 앞으로
명리동식당 구좌직영점 · 138 | 단백 · 139 | 영일 · 140 | 고길 · 140 | 숙성도 · 141 | 고향흑돼지 · 142 | 별돈별 협재해변점 · 143 | 흑돼지 해물삼합 · 143

버거도 요리다
하우투플레이 · 144 | 무거버거 · 145 | 텍시아 · 145 | 제주 판타스틱버거 · 146 | 로빙화 · 146 | 피즈 · 147

제주에서 만나는 일식
미도리제주 · 149 | 수우동 · 149 | 순식당 · 150 | 일리있는 · 151 | 스시테이 카이센동 · 151 | 후카후카 · 152 | 히비 안도 코하쿠 · 152 | 스시애월 · 153 | 마구로쇼쿠도 · 153

제주 해장국
범일분식 · 154 | 함덕골목 · 154 | 산지해장국 · 155 | 채훈이네해장국 · 155 | 우진해장국 · 156 | 정이가네 · 156 | 송당해장국 · 157 | 별맛해장국 · 157

제주 국수 로드
한라산아래첫마을 · 158 | 삼대국수 · 159 | 자매국수 · 159 | 중문수두리 보말칼국수 · 160 | 당케올레국수 · 160 | 영은맛집 · 160 | 면관하이재 · 161 | 가시아방 · 161

제주에 부는 채식 바람
산토샤 · 163 | 칠분의 오 · 164 | 앤드유카페 · 165 | 톰톰카레 · 166 | 카페 901 · 166 | 바람에 스치운다 · 167

제주 양식 레스토랑
맛있는 폴부엌 · 168 | 난산리식당 · 169 | 틴우드맨 · 170 | 취향의 섬 키친 · 171 | 구스스테이크 · 172 | 옹포83 · 173 | 모들한상 · 173

제주 해산물
고집돌우럭 · 174 | 나무식탁 · 175 | 태희보데가 · 176 | 올랭이와 물꾸럭 · 176 | 문개항아리 · 177 | 담백 · 178 | 물고기자리 · 178 | 오병이어 · 179 | 촌촌해녀촌 · 179

떡볶이는 못 참지
홍당무떡볶이 · 180 | 관덕정분식 · 181 | 평대스낵 · 183 | 사랑분식 · 184 | 짱구분식 · 184 | 분식후경 · 185

제주 중화요리
로이앤메이 · 187 | 천일만두 · 188 | 오일장반점 · 188 | 그시절 그짬뽕 · 189 | 신왕 · 189 | 소담히로 · 190

제주 세계 미식 여행
호커센터 · 192 | 세계의 가정식 · 194 | 싱푸미엔관 · 195 | 몬스테라 · 196 | 오래된 구름 · 197 | 월라라 · 198 | 와르다 레스토랑 · 199

온리, 제주의 맛
넉둥베기 · 200 | 천짓골식당 · 201 | 공천포식당 · 201 | 말고기연구소 · 202 | 카고크루즈 · 203 | 카페 제주동네 · 204 | 도토리키친 · 205

오늘은 브런치
카페 애옥 · 206 | 엘리펀트힙 · 207 | 키치니토키친 · 208 | 조식 애월 · 209 | 난산리다방 · 209

SPECIAL 김밥의 천국은 바로, 제주 · 210 | 제주 맛집 전도 · 136

PART 4
WHERE TO DRINK JEJU

진심을 담은 커피
제레미 · 217 | 스테이위드커피 · 218 | 코데인커피로스터스 · 219 | 크래커스커피 · 220 | 비브레이브 · 221 | 그린마일커피 · 222 | 하소로커피 · 223

숲 전망 카페
아날로그 감귤밭 · 224 | 뮈르 · 225 | 동백포레스트 · 226 | 고사리커피 · 227 | 블랙이쉬레드 · 228 | 숨도 · 230 | 새빌 · 230 | 인터포레스트 · 231 | 자드부팡 · 232

오션뷰 카페
인디고인디드 · 234 | 빽다방제주사수점 · 235 | 울트라마린 · 236 | 비수기애호가 · 237 | 슬로보트 아틀리에 · 238 | 카페 아오오 · 239 | 비양놀 · 239 | 허니문하우스 · 240 | 수마 · 240 | 오른 · 241 | 카페 진정성 종점 · 242 | 공백 · 243

제주 베이커리 카페
양과자회관 · 244 | 한동리 화수목 · 245 | 베카신 · 246 | 가는곳, 세화 · 246 | 서귀피안베이커리 · 247 | 베이글림림 · 248 | 성산해나 · 249

제주에서 마시는 차
산노루 · 250 | 호월 티하우스 · 252 | 우연못 · 254 | 차한모금 · 255 | 블루하우스 · 256 | 수망다원 · 257

제주 북카페
바라나시 책골목 · 259 | 유람위드북스 · 260 | 책자국 · 261 | 카페 동경앤책방 · 261 | 윈드스톤 · 262 | 종달리 746 · 263

서울의 핫플레이스
스타벅스 제주 · 264 | 블루보틀 제주 · 265 | 랜디스도넛 · 266 | 노티드도넛 · 267

혼자 가기 좋은 카페
고토커피바 · 268 | 알맞은 시간 · 269 | 우호적무관심 · 270 | 중섭의 집 · 271 | 고요새 · 272 | 식물집 · 273

이색 테마 카페
목장카페 밭디 · 274 | 드르쿰다 in 성산 · 276 | 친봉산장 · 277 | 제주개 생활연구소 · 278 | 오드씽 · 279

음악과 술이 있는 공간
오프더레코드 제주 · 280 | 내도음악상가 · 281 | 인디안썸머 · 282 | 마틸다 · 282 | 애월브금 · 283 | 종달리엔 심야식당 · 283 | 제주약수터 · 283

SPECIAL 제주 카페 전도 · 214

PART 5
SHOPPING IN JEJU

제주 책방 산책
소리소문 · 285 | 소심한 책방 · 286 | 섬타임즈 · 287 | 만춘서점 · 288 | 한라서적타운 · 289 | 북타임 · 290 | 인터뷰 · 290 | 어떤바람 · 291 | 밤수지맨드라미 · 291

제주 빵지순례
빵글 · 292 | 집의 기록상점 · 293 | 아베베 베이커리 · 294 | 송당의 아침 · 294 | 오드랑 베이커리 · 295 | 겹겹의 의도 · 295 | 마음샌드 · 296 | 우무 · 296 | 제주바솔트 · 297 | 엘리사 · 297

제주 소품숍
소길별하 · 298 | 솟솟리버스 · 299 | 종종 제주 · 299 | 가르송티미드 제주 · 300 | 마이피기팬트리 · 300 | 마켓제주 · 302 | 디앤디파트먼트 · 302 | 제스토리 · 303

PART 6
WHERE TO STAY JEJU

훈데르트힐즈 · 305 | 머큐어 앰버서더 제주 · 306 | 녹음실 제주 · 307 | 엠버퓨어힐 · 308 | 그랜드조선 제주 · 309 | 히든힐 호텔 · 309 | 언니네여인숙 · 310 | 플레이스캠프 · 310 | 어떤날 게스트하우스 · 311 | 도체비낭 게스트하우스 · 311

01
HOW TO ENJOY JEJU

성공적인 제주 여행을 위해서 꼼꼼하게 챙겨야 할 정보들을 담았다.
항공, 숙박, 교통, 일정 등 다양한 정보를 미리 확인하여 알차게 여행하자.

여행의 시작
제주도 입도하기

항공

제주 여행은 항공권을 예약하는 순간부터 시작된다. 날짜와 일정이 정해졌다면 되도록 빨리 예약하는 것이 조금이라도 비용을 절약하는 방법. 모든 항공사의 스케줄과 가격을 비교할 수 있는 사이트나 앱을 활용하면 편리하다. 다만 가격비교 사이트와 구매 대행사에서 사면 수수료 1,000원이 부과되므로 검색 후 예약은 각 항공사 홈페이지나 앱에 들어가서 직접 하는 것을 추천한다. 또한 공항에서는 수속하며 줄 서는 시간이 길어지는 경우가 많다. 손바닥 생체정보와 주민등록번호 등을 미리 등록해두면 국내 항공을 이용할 때 공항에서 줄 서는 시간을 대폭 줄일 수 있다. 김포공항과 제주공항, 김해공항 등에서 등록할 수 있다.

제주공항 100% 활용하기

종합관광안내센터 여행에 필요한 지도, 관광지 안내 브로슈어, 할인쿠폰 등을 받을 수 있으며 버스 정류장, 택시 승강장, 렌터카 셔틀버스 탑승장 등에 대한 안내를 받을 수 있다. 도착층 2번 게이트 앞에 있다.

휠체어 거동이 불편한 여행자나 어르신을 위해 휠체어를 대여해주는 서비스다. 현대자동차그룹에서 후원하여 무료 이용할 수 있다. 휠체어 홈페이지 'wheelshare.kr'에서 원하는 날짜와 시간을 선택해 예약 후 이용한다. 항공기 반입도 가능해 제주에서 육지로 여행을 떠날 때도 이용할 수 있다. 도착층 4번 게이트 오른쪽에 있다.
☎ 1670-7988

수하물보관소 공항 도착 후 또는 비행기 탑승 전에 짐을 맡겨야 할 경우 운영시간(6:00~21:00) 내에 이용할 수 있다. 출발층 5번 게이트 방향 끝과 도착층 5번 게이트 방향 끝에 있다.

식당 & 카페 도착층 3번과 4번 게이트 앞쪽에 푸드코트와 카페가 있다. 공항 4층에도 식당과 카페, 전망대가 있어 이용할 수 있다. 탑승 수속 후에는 출발층 면세구역 내에 있는 식당과 카페들을 이용할 수 있다.

선박

비행기에 비하면 이용하는 사람이 월등히 적은 교통편이지만, 인원수와 여행 시기, 여행 기간 등에 따라 비행기와 렌터카보다 경제적인 방법이 될 수 있다. 예를 들어 성수기에 4인 가족이 일주일 이상 여행할 계획이라면 비행기와 렌터카를 각각 예약하는 것보다는 자동차를 배에 싣고 떠나는 것이 더 저렴할 수 있다. 캠핑이나 차박, 자전거 여행 등을 위해 본인의 장비를 싣고 가기에도 좋다. 인천, 목포, 완도, 진도, 녹동, 여수, 부산 등에서 출발하며 최단 1시간 30분, 최장 14시간 30분까지 출발지에 따라 소요 시간이 다르다. 인천, 부산, 진도 등 저녁에 출발해 다음 날 아침에 도착하는 선박의 경우 배 안에 숙박, 샤워, 식사, 오락, 휴식 등을 위한 다양한 공간이 마련되어 있어 불편함 없이 하룻밤을 보낼 수 있다. 배 안의 시설을 즐기다가 편안히 침대에 누워 잠을 자고, 다음 날 배 위에서 아침을 맞는 낭만적인 여행이 가능한 교통수단이다.

제주 입도 선박 정보

완도 ↔ 제주	한일고속페리 hanilexpress.co.kr	3시간~5시간	1688-2100
목포 ↔ 제주	씨월드고속훼리 seaferry.co.kr	4시간~5시간	1577-3567
여수 ↔ 제주	한일고속페리 hanilexpress.co.kr	5시간30분	1688-2100
부산 ↔ 제주	엠에스페리 msferry.haewoon.co.kr	11시간30분	1661-9889
인천 ↔ 제주	하이덱스스토리지 ihydex.com	13시간30분~14시간30분	1533-5441

나와 맞는 방법 찾기
제주 교통수단

렌터카

렌터카는 제주를 여행할 때 가장 빠르고 편리한 교통수단이다. 성수기에는 가격이 몹시 오르는 데다가 인기 차종은 예약하기 쉽지 않으므로 서둘러 예약하는 것이 좋다. 가격이 너무 저렴한 곳은 차량 문제 발생 시 조치, 보험 처리, 고객 응대 등 많은 부분에서 문제가 생길 확률이 높으니 후기를 꼼꼼히 읽어볼 것을 추천한다. 경험상, 가격이 싼 렌터카 업체는 모두 크고 작은 문제가 있었다.

보험 가입 완전 면책 또는 슈퍼자차 보험 추천. 보험에 들어가는 돈은 언제나 아깝게 느껴지지만, 인생에는 늘 '만약'이 존재하는 법. 그 만약에 대비하기 위해 존재하는 것이 보험이다. 보험에 가입하지 않고 렌터카를 이용하다가 차가 고장 나거나 사고가 발생하면 책임은 차량 이용자가 지게 된다. 보통은 차량 수리비와 휴차 보상료 등을 고객에게 청구하는데, 이것을 완전히 면책해 주는 제도가 '완전 면책' 또는 '슈퍼자차' 보험이다. 렌터카 회사마다 보험 한도가 다르므로 꼼꼼히 확인할 것.

내비게이션 렌터카 업체에서 기본 제공하지만, 제주에는 차량용 내비게이션에 잘 나오지 않는 곳들이 꽤 많으니 스마트폰의 내비게이션 앱을 이용하는 것이 좋다. 차량용 스마트폰 거치대까지 미리 준비한다면 당신은 이미 여행 고수.

렌터카 인수 및 반납 대부분의 렌터카 업체는 공항에서 10~15분 떨어진 곳에 자리하고 있다. 공항 주차장에서 업체까지 셔틀을 타고 이동해야 하니 인수, 반납 시간 설정 시 이동시간까지 고려해서 예약해야 한다.

렌터카 업체

제주패스렌터카 www.jejupassrent.com
쏘카 www.socar.kr
그린카 www.greencar.co.kr

스쿠터

운전은 어렵고, 그렇다고 버스를 타자니 힘이 든다. 면허는 있지만 운전이 서툰 장롱면허, 면허를 취득한 지 1년이 되지 않아 렌터카 이용이 불가능한 여행자도 있다. 그런 여행자에게 스쿠터는 좋은 대안이 될 수 있다. 자동차보다 저렴하며 기동력이 뛰어나다. 온몸으로 만끽하는 상쾌한 제주 바람은 덤이다. 스쿠터 이용 시 주의할 점은 무조건 안전 운전, 조심 또 조심이다. 대여업체에서 간단한 교육을 하고 있으며 헬멧과 보호장구도 대여할 수 있다. 스쿠터지만, 운전 면허증은 필수다.

스쿠터 업체

스쿠터이야기
79427942.modoo.at
010-7157-5119

스쿠터천국
www.hvscooter.com
064-711-5782

망고스쿠터
jejuscooter.co.kr
064-722-3700

버스

예전에 비하면 많이 증편되고 개편되어 편리해졌지만, 여전히 배차 간격이 길고 이동시간이 오래 걸리는 노선이 존재한다. 시간과 체력이 훨씬 더 많이 소모되므로 무리하지 말고 동선과 스케줄을 짜는 것이 중요하다. 버스 노선도와 앱을 적극 활용해 일정을 정리하고, 버스와 택시를 적절히 섞어 시간과 체력을 절약하는 것도 좋은 방법이다. 큰 짐이 있다면 짐 옮김 서비스를 이용해 숙소로 미리 보내 놓자. 사용하던 교통카드 그대로 사용 가능. 환승 할인 가능. 제주 버스 사이트 bus.jeju.go.kr를 꼭 활용하자.

즐거운 버스 여행 꿀팁

버스로 여행 동선 짜기 제주는 우리가 생각하는 것 보다 훨씬 크고 넓다. 하루에 동쪽에서 서쪽, 서쪽에서 동쪽을 왕복하는 노선은 정말 비효율적이다. 동쪽이면 동쪽, 서쪽이면 서쪽만 돌아보는 식으로 하루 일정을 짜는 것이 좋다. 동부를 일주하는 버스 노선은 동일주노선 101번, 서부를 일주하는 노선은 서일주노선 102번이 있다. 두 노선을 연결하면 제주를 커다랗게 한 바퀴 돌게 돼 여행자들의 이용률이 높다. 이 버스 노선에 따라 큰 틀을 짜고 나머지 세부 일정을 정리하는 것을 추천한다.

두 손은 가볍게, 어깨는 무겁게 버스로 여행할 계획이라면 가장 먼저 배낭부터 준비하자. 공항을 오가는 버스는 하단의 짐칸을 이용할 수 있지만, 그렇지 않은 버스가 더 많다. 커다란 캐리어를 들고 버스에 탄다면 이동 하는 내내 후회를 할지도 모른다. 캐리어를 들고 버스를 오르내리는 일도 힘들지만, 한 사람이 간신히 오가는 좁은 통로에 캐리어를 끌고 이동하는 일은 생각만 해도 번거롭다. 버스에 사람이 몰리면 상당한 민폐가 되기도 한다. 부득이하게 캐리어를 가져가야 한다면, 기내 반입이 가능한 작은 캐리어를 활용하거나 짐 옮김 서비스를 이용할 것을 추천.

거리별 요금 지불 제주의 버스는 승·하차 모두 앞문에서 하는 경우가 많다. 목적지에 따라 요금이 다르므로 카드를 태그하기 전에 기사님께 목적지를 미리 말해야 한다. 카드는 평소에 쓰던 교통카드를 그대로 쓸 수 있다. 티머니카드, 캐시비카드, 후불신용카드 모두 가능하다. 환승 할인도 받을 수 있다.

짐 옮김 서비스 공항 – 숙소, 숙소 – 숙소, 숙소 – 공항 등 필요에 따라 예약 후 이용. 짐의 크기와 거리에 따라 요금이 달라진다. 사전 예약 필수.

짐 옮김 서비스 업체 **가방을부탁해** www.gabangplease.net, **트립백** tripbag.co.kr, **제주브라더** jejubrother.com, **짐캐리** zimcarry.net

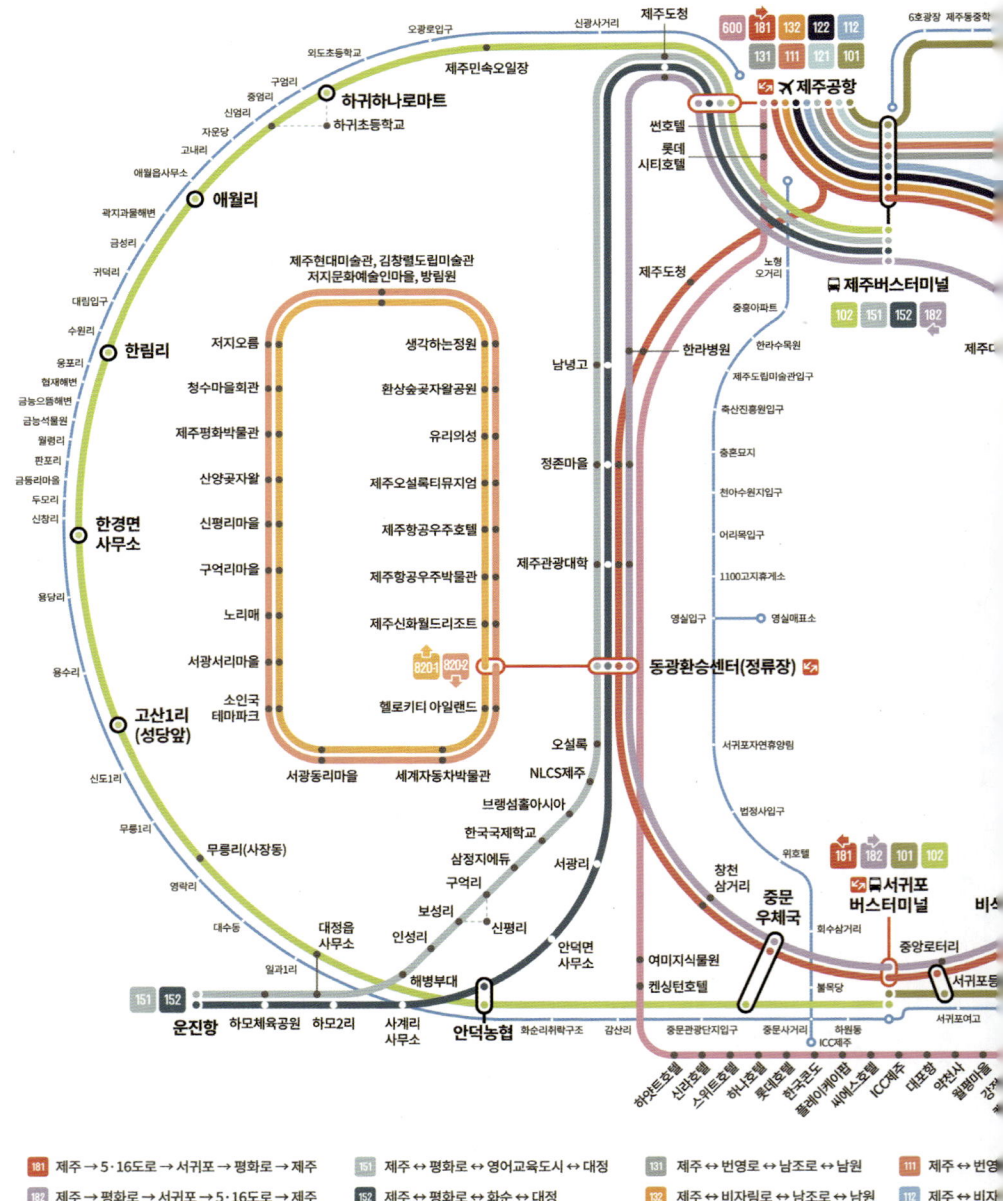

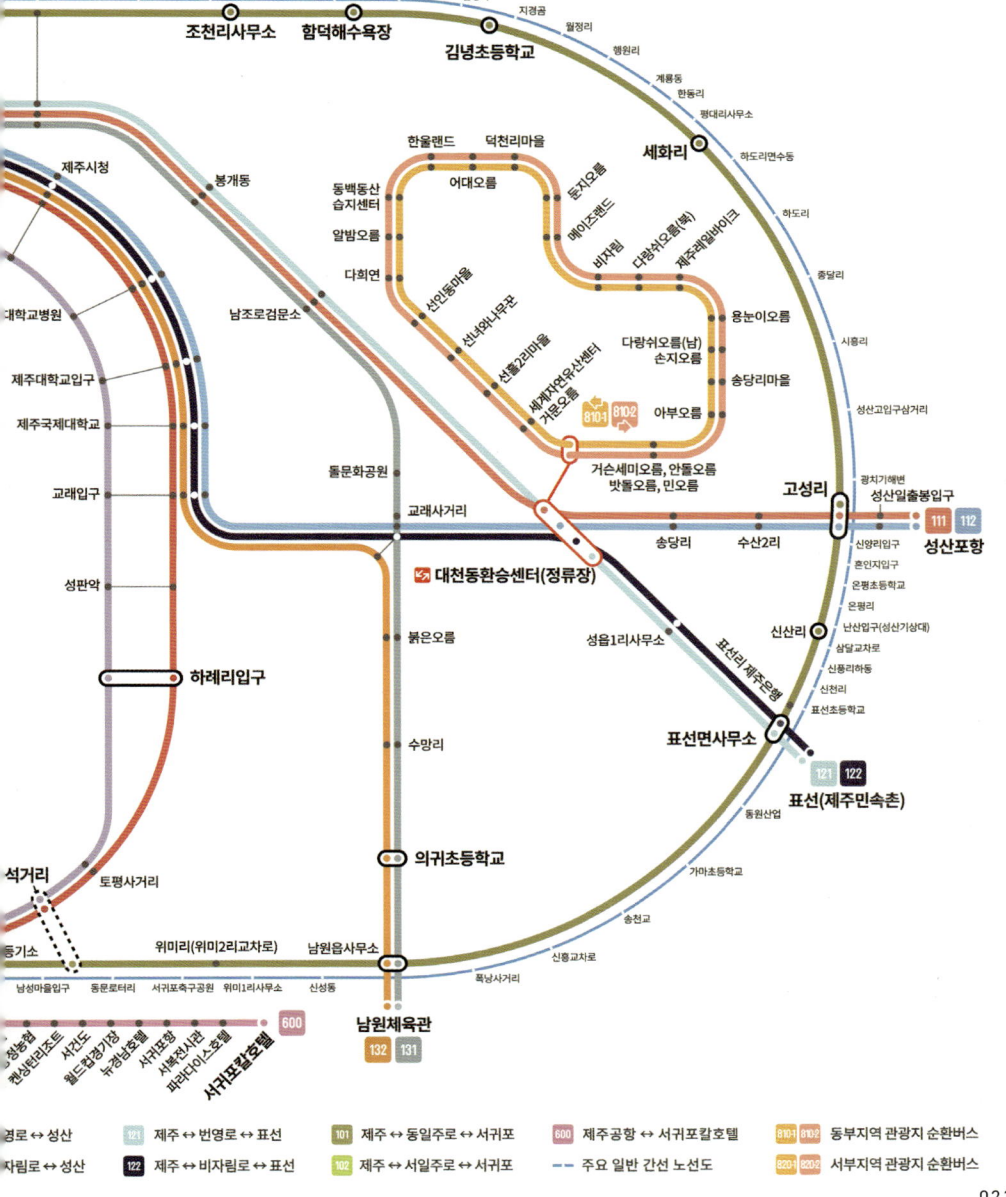

스마트하게! 편리하게!
여행 애플리케이션

항공
인터파크투어, 스카이스캐너, 네이버 항공 등 모든 항공사를 한꺼번에 검색해주는 곳을 이용하면 각각의 항공사를 찾아보는 것보다 시간도 절약되고 편리하다. 다만 결제는 제주항공, 아시아나, 대한항공 등 각 항공사 앱에서 들어가서 결제해야 수수료 없이 구입할 수 있다.

숙박
편리한 숙박 앱을 이용하여 내게 맞는 숙소를 쉽게 찾아보자. 여기어때, 야놀자, 아고다, 부킹닷컴 등은 호텔, 리조트에. 스테이폴리오, 에어비앤비는 독채 숙소에 특화. 미스터맨션은 한달살이 숙소를 예약할 수 있다.

호텔월드 부킹닷컴 야놀자 여기어때 스테이폴리오 아고다 에어비앤비 미스터맨션

제주교통

 제주패스렌터카 렌터카 업체의 가격을 실시간 비교하고 예약할 수 있다.

 제주버스정보 노선 확인 및 운행 정보 실시간 확인 가능

 카카오택시 제주에서도 카카오택시를 사용할 수 있다.

 가보고싶은섬 섬으로 이동할 때 티켓 예약 가능. 인천-제주 배편 예약 가능

   내비게이션 티맵, 카카오맵, 네이버 지도 활용. 업체마다 등록된 지도가 다르므로 두 개 이상 활용 추천

제주배닷컴 www.jejube.com 진도, 완도, 목포 등에서 제주로 왕복하는 배표 예약

여행 정보

 트리플 여행 일정 정리에 활용도가 높은 앱

 비짓제주 여행지의 정보를 검색할 때 활용하면 좋다.

 올레패스 올레길을 걸을 예정이라면 필수 앱이다.

 마이리얼트립 여행 상품, 입장권 예약 가능

 인스타그램 요즘 제주 식당과 카페들은 인스타그램으로 휴무, 재료 소진, 주차 방법, 메뉴 등을 공지한다. 헛걸음 방지를 위해 방문 전 꼭 확인하자.

혼자서 제주를 여행하는 법
나 홀로 제주

제주는 나 홀로 여행자의 성지라 해도 과언이 아닐 정도로 혼자인 여행자들이 많은 곳이다. 혼자 묵기 좋은 숙소, 혼자서 밥 먹기 좋은 식당도 많고 아예 1인 전용 숙소, 혼밥 전문 식당, 1인 손님만 받는 카페나 술집 등도 생겨났다. 혼자서 먹는 밥이 어색하고 불편한 사람이라도 제주에서는 용기를 내길 바란다. 제주만큼 1인 여행자를 환영하는 여행지도 드물기 때문이다. 혼밥 난이도 레벨 중 최상위에 속한다는 고깃집이나 뷔페도 제주에서는 도전해볼 만하다. 무엇이든 시작은 어려운 법이지만, 해내고 나면 별것 아니었음을 알게 된다. 나를 위한 소중한 여행을 위해 용기를 내보자.

제주 여행 지킴이 서비스

안전하고 편안한 여행을 즐길 수 있도록 제주시에서 시행하고 있는 여행자 보호 프로그램이다. 스마트워치를 착용하고 위급 상황 시 단말기의 SOS 버튼을 누르면 신고자의 위치와 정보가 제주지방경찰청 112상황실로 바로 전송되어 구조가 이루어지는 원스톱 안심망 서비스다. 제주공항 종합관광안내센터, 제주항 연안여객터미널, 제주항 국제여객터미널에서 대여할 수 있으며 비용은 무료다. 예치금 5만 원이 있으며 반납 시 환불된다.

제주공항 종합관광안내센터	제주항 연안여객터미널(2부두)	제주항 국제여객터미널(7부두)
064-742-8866	064-758-7181	064-759-3210
07:00~22:00	10:00~18:00	11:00~19:00

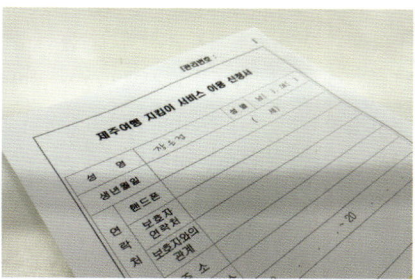

언제나 좋은
제주의 사계절

일 년 내내 빠짐없이 아름다운 제주는 계절마다 하늘과 바다와 오름과 숲의 빛깔이 모두 다르다. 봄부터 겨울까지 다른 옷을 갈아입고 여행자를 반겨주는 제주의 매력을 제대로 느끼려면 그 계절의 특별함을 미리 알고 계획하는 것이 좋다. 계절에 따라 다르게 피어나는 꽃과 제철 음식, 지역별 축제 등을 미리 체크해 소중한 나의 여행을 더욱 특별하게 만들어보자.

봄

따스한 바람이 살랑거리는 봄은 매서운 겨울을 이겨 낸 이들에게 건네는 신의 선물이다. 우리나라에서 가장 먼저 봄이 찾아오는 제주에서 다른 사람들보다 조금 더 일찍 신의 선물을 만나보자. 벚꽃, 유채꽃, 갯무꽃 등 화사하게 피어난 꽃들 덕분에 봄을 맞은 제주로의 여행은 훨씬 더 설렌다. 다만 3월의 제주 바람은 아직 차갑다. 가볍게 걸치기 좋은 경량 패딩이나 얇은 코트 등의 겉옷을 챙길 것을 추천.

봄꽃 벚꽃, 유채꽃, 갯무꽃(제주 봄꽃로드 p.100)
봄 축제 가파도 청보리 축제(가파도 p.128) 전농로 왕벚꽃 축제, 가시리 유채꽃 축제

여름

제주의 여름은 수국으로부터 시작된다. 수국이 피기 시작했다면 본격적인 여름이 시작된다는 뜻. 6월 중순부터 피어나기 시작해 7월 초순이 되면 부케처럼 탐스럽게 만개한다. 대부분의 해수욕장도 개장해 제주의 바다가 가장 활기차고 들썩거리는 계절이다. 다만 제주의 장마는 기간이 꽤 길고 바람도 많이 불어 여행이 쉽지 않다. 여행 전 장마 시기를 꼼꼼히 체크하는 것은 기본, 우산으로 막을 수 없는 비바람이 많으므로 우비를 준비하는 것이 좋다.

여름꽃 수국(휴애리 p.119, 카멜리아힐 p.118), 해바라기(항파두리 항몽유적지 p.098, 가파도 p.128)
여름 축제 곶자왈 반딧불이 축제, 탑동 한여름 밤의 예술 축제

가을

육지의 가을이 단풍이라면, 제주의 가을은 억새다. 오름마다 억새가 춤을 추는 가을은 육지의 가을과는 사뭇 다르다. 바람을 타고 이리저리 춤추는 억새를 바라보면 나도 모르게 가을의 낭만에 빠져든다. 몽환적인 핑크색의 핑크뮬리도 가을에 만날 수 있는 장관 중 하나로 꼽힌다. 억새와 핑크뮬리가 본격적으로 물드는 시기는 9월 하순부터. 9월 제주의 한낮은 여름과 크게 다르지 않으니 여행 준비에 참고할 것. 11월 말부터는 제주 곳곳의 감귤 농장에서 감귤 따기 체험을 시작한다.

가을꽃 메밀꽃, 코스모스(항파두리 항몽유적지 p.098) **핑크뮬리** 휴애리 (p.119)

억새 산굼부리(p.033), 새별오름(p.038), 마라도(p.130) **가을 축제** 오라 메밀꽃 축제, 제주 해녀 축제, 탐라문화제

겨울

겨울의 제주는 제주만의 낭만을 품고 있다. 새하얀 눈꽃과 새빨간 동백꽃이 어우러진 풍경은 겨울 제주에서만 만날 수 있는 아름다움이다. 제주를 대표하는 과일 감귤이 제철을 맞는 계절이니 산지에서 바로 딴 신선한 감귤을 마음껏 맛보자.

겨울꽃 동백꽃(동백포레스트 p.226, 카멜리아힐 p.118) **감귤 따기 체험** 휴애리 p.119, 아날로그 감귤밭 p.224

눈꽃 한라산 p.056 **겨울 축제** 휴애리 동백 축제(휴애리 p.119), 모슬포 방어 축제, 제주감귤박람회

02
THEME IN JEJU

평소 인스타그램에서 찾던 대로 책을 펼쳐 검색해보자.
이곳에 없는 스폿은 핫하지 않다는 증거!
가장 제주다운 장소와 맛집, 핫플, 문화 공간 등을 빠짐없이 담았다.

제주 테마별 스팟 전도

제주시
- 도두봉 p.32
- 사라봉 p.32
- 한라수목원 p.54
- 제주도립미술관 p.67
- 아라리오뮤지엄 p.73
- 노형슈퍼마켙 p.78
- 스튜디오 오라리 p.87
- 해녀사진관 스탑샷 p.87
- 동문시장 p.90
- 4.3평화공원 p.95
- 삼성혈 p.97
- 전농로 p.103
- 제주대학교 벚꽃길 p.107
- 신산공원 p.107
- 이호테우해변 p.133
- 삼양검은모래해변 p.133

애월읍
- 새별오름 p.38
- 한담해안산책로 p.42
- 아르떼뮤지엄 p.77
- 도시해녀 p.86
- 항파두리 항몽유적지 p.98
- 장전리 p.107
- 곽지해변 p.132

한림읍
- 금오름 p.39
- 유동룡미술관 p.61
- 김창열미술관 p.68
- 한수풀해녀학교 p.86
- 서쪽사진관 p.87
- 제주맥주 양조장 p.92
- 한라산 소주 공장 p.93
- 녹산로 p.104
- 협재·금능해변 p.132

한경면
- 환상숲 곶자왈공원 p.55
- 제주현대미술관 p.70
- 문화예술 공공수장고 p.74

대정읍
- 송악산 둘레길 p.43
- 제주추사관 p.64
- 가파도 아티스트 인 레지던스 p.65
- 추사유배지 p.98
- 알뜨르비행장 p.98
- 가파도 p.120
- 마라도 p.122

안덕면
- 대평포구 p.44
- 방주교회 p.60
- 본태박물관 p.62

물영아리오름

동서남북 대표적인 오름 그리고 봉우리
제주를 오름

#제주오름 #오름 #경치맛집

'오름'은 '산'과 '봉우리'를 뜻하는 제주 방언으로 대체로 제주 전역에 분포하는 기생화산을 뜻한다. 제주도에는 화산활동으로 만들어진 360개 이상의 크고 작은 오름과 봉우리가 존재하는데, 위치와 크기에 따라 '오름', '악', '산', '봉'으로 불리고 있다. 오름을 오르면서 만나는 훼손되지 않은 제주의 살결은 놀랍도록 아름답다. 오름 정상에서 내려다보는 탁 트인 풍경 역시 말문이 막힐 정도로 감격스럽다.

북부
도두봉

#키세스존 #포토존
#도들오름 #벚꽃 #일출
#일몰 #난이도_하

🅐 제주시 도두일동 산2

제주공항과 가장 가까이 있는 오름으로 경사가 완만하여 누구나 오르기 쉽다. 구불구불한 해안도로와 푸른 바다가 내려다보이고, 사방이 탁 트여 일출과 일몰을 감상하기에도 좋다. 제주공항에서 뜨고 내리는 비행기도 가까이서 구경할 수 있어 정말 볼거리가 많은 곳이다. 도두봉 정상에서 사람들이 길게 줄지어 서 있는 곳이 보인다면 바로 키세스 초콜릿 모양의 나무 터널 '도두봉 키세스존'일 것이다. 도두봉 근처 '무지개 해안도로'와 함께 요즘 가장 핫한 포토 스폿이다. 인스타그램 감성의 멋진 사진을 남기고 싶다면 도두봉으로 가보자.

무지개해안도로

북부
사라봉

#사봉낙조 #일몰
#영주십경 #사라봉공원
#난이도_하

🅐 제주시 건입동 387-1

사라봉의 '사라'는 '비단'을 뜻한다. 봉우리에 비단이라는 이름이 붙은 이유는 사라봉에서 바라보는 노을이 선명하고 고운 비단을 닮았기 때문이다. 사라봉의 노을은 제주에서 경관이 특히 뛰어난 열 곳을 선정한 '영주십경瀛州十景'에 꼽힐 만큼 아름답다. 정상에 오르면 북쪽으로는 푸른 바다를, 남쪽으로는 한라산을 조망할 수 있고 바로 앞 제주항과 제주시내의 모습까지 내려다볼 수 있다. 150m 남짓의 높지 않은 오름이라 쉬엄쉬엄 천천히 오르기 좋다.

동부
산굼부리

#지질탐방 #천연기념물
#무료해설 #억새
#난이도_하

A 제주시 조천읍 비자림로 768 W 성인 6,000원 / 어린이·청소년·65세 이상·제주도민·장애인 4,000원 sangumburi.net

산굼부리는 제주에서는 물론 대한민국에서도 단 하나밖에 없는 독특한 마르형(분화구가 주변 지면보다 더 깊은 형태) 분화구를 가지고 있다. 세계적으로도 지질학적 가치가 높은 오름이다. 봄, 여름, 가을, 겨울 매번 새롭고 놀라운 경관을 선사하여 언제 가도 만족스러운 풍경을 만나게 된다. 특히 오름을 가득 메운 억새가 바람을 타고 춤을 추는 가을에는 주차장에 빈 곳을 찾기 힘들 정도로 많은 사람이 찾는다. 오름 입구까지 차로 진입할 수 있고, 내부를 탐방할 때도 경사가 완만하여 누구나 쉽게 즐길 수 있다. 정상에 비치된 망원경으로 성산일출봉과 주변의 오름도 자세히 관찰할 수 있다. 홈페이지에서 무료 해설 프로그램을 신청할 수 있으니 예약해보자.

동부
거문오름

#지질탐방
#예약필수 #유네스코
#난이도_하

Ⓐ 제주시 조천읍 선흘리 및 구좌읍 덕천리 일대 Ⓦ 성인 2,000원 / 청소년·어린이·군인 1,000원 🌐 jeju.go.kr/wnhcenter/black/black.htm

분화구 내의 울창한 산림지대가 검고 음산한 기운을 띠어서 '거문오름'이라 불리게 되었으며, '신령스러운 산'이라는 뜻을 포함하고 있다. 제주의 왕성한 화산 활동을 증명하는 대표적인 오름이다. 제주에서 가장 긴 용암 협곡 및 화산 활동의 흔적이 잘 보존되어 있어 지질학적 가치가 매우 높은 곳이다. 그뿐 아니라 '곶자왈'이라는 생태계의 보고를 품고 있어 생태학적 가치도 높은 오름으로 유네스코 세계자연유산에 등재되었다. 개인적으로는 탐방이 절대로 불가능하며, 홈페이지를 통해 사전 예약한 사람만 탐방이 가능하다. 단, 탐방안내소의 전시 갤러리와 4D 극장, 자연유산 전시관은 예약 없이 관람할 수 있다.

동부
우도봉

#우도 #쇠머리오름
#일출 #바다전망오름
#난이도_하

Ⓐ 제주시 우도면 천진리

제주 동쪽 끝의 섬, 우도에서 가장 높은 봉우리다. 소가 누워 머리를 든 형상을 닮았다 하여 우도라 부르며 남쪽 정상부를 소의 머리 부분이라 하여 우두봉 또는 쇠머리오름, 우두악 등으로 부르고 있다. 우도 사람들은 섬의 머리 부분이라 하여 섬머리오름이라 부르기도 한다. 깔끔하게 정돈된 등산로를 따라 정상에 오르면 성산일출봉, 지미봉, 다랑쉬오름 등 제주 본섬의 오름들과 멀리 한라산을 조망할 수 있다.

동부
성산일출봉

#일출 #바다전망오름
#유네스코 #천연기념물
#난이도_상

Ⓐ 서귀포시 성산읍 일출로 284-12 Ⓗ 07:00~20:00 Ⓦ 성인 5,000원 / 어린이·청소년·군인 2,500원 Ⓟ 가능

한라산과 더불어 제주의 상징과도 같은 성산일출봉 역시 제주의 수많은 오름 중 하나라는 것을 아는 사람은 많지 않다. 바닷속에서 분출된 마그마가 굳어져 만들어진 하나의 화산섬이었지만 파도와 바람에 밀려온 모래, 자갈 등이 쌓이며 제주 본섬과 연결되어 육지가 되었다. 계단이 무척 많고 경사가 급한 편이라 오르기 꽤 힘든 오름이지만, 정상에 올라 바라보는 제주의 풍경은 힘든 것도 잊어버릴 만큼 웅장하고 경이롭다. 오목한 분화구를 99개의 작은 봉우리가 둘러싸고 있는 형상이 거대한 성처럼 보인다고 하여 '성산 城山', 이곳에서 바라보는 일출이 장관이라 하여 '일출봉'이라는 이름이 붙었다. 제주에서 가장 먼저 유채꽃이 피는 곳으로 봄이 되면 샛노란 유채꽃이 만발한 그림 같은 풍경을 만날 수 있다.

남부

물영아리오름

#화구호 #람사르습지
#산책로
#난이도_중

A 서귀포시 남원읍 수망리 산188

영화 〈늑대소년〉의 촬영지로 알려져 있는 물영아리오름은 화구호를 품은 신비로운 오름이다. 산 위에 하늘 물을 담은 호수가 있다고 하여 물의 수호신이 산다는 이야기가 전해진다. 물영아리오름의 신비로움은 물의 수호신이 살고 있다는 전설 때문만은 아니다. 약 300m 둘레의 분화구가 나무로 둘러싸여 보존되어 있으며, 도롱뇽, 맹꽁이, 노루, 오소리, 도마뱀 등의 터전이 되는 습지가 형성되어 있다. 국내에서 처음으로 습지 보호지역으로 지정되었으며 세계적인 보존 가치를 인정받아 '람사르 습지도시'에 이름을 올렸다. 비가 많이 내린 뒤 깊이가 40m에 달하는 화구호에 물이 가득 고이면, 어디선가 정말로 물의 수호신이 나타날 것처럼 신비롭고 몽환적인 느낌의 풍경을 만날 수 있다. 계단과 데크로 깨끗하게 정비된 탐방로는 경사가 꽤 급한 편이라 오르기 쉽지는 않다. 체력에 자신 없는 사람이라면 탐방로 옆 산책로만 걸어도 아름다운 풍경을 만날 수 있다. 하지만 신비롭고 몽환적인 분위기를 만날 수 있는 정상까지 한 번쯤은 꼭 도전해볼 것을 추천한다. 오름 초입의 너른 초원에서 소와 말이 유유히 노니는 풍경이 그림처럼 아름답다.

남부
따라비오름

#오름의여왕
#억새 #둘레길
#난이도_중

A 서귀포시 표선면 가시리 산63

3개의 분화구와 6개의 봉우리를 가진 원뿔 모양의 오름으로 제주 남서쪽 가시리에 있다. 좌우대칭을 이루는 균형 잡힌 모양새와 가을이면 오름 전체를 뒤덮는 억새 군락이 장관을 이루어 '오름의 여왕'이라 불린다. 주변의 작은 오름과 어우러진 모습이 마치 가족처럼 보인다 하여 '땅할아버지'를 뜻하는 '따라비'라는 이름이 붙었다고 전해진다. 오름의 정상까지는 계단을 따라 빠르게 오를 수 있는 길과 둘레길을 따라 천천히 오를 수 있는 길로 나뉘어 있다. 길이 잘 정비되어 있고 나무 계단이 설치된 구간도 있어 어렵지 않게 걸을 수 있으나 표지판을 잘 살피지 않으면 다른 오름으로 갈 수도 있으니 주의해야 한다.

서부
새별오름

#일몰 #억새
#들불축제
#난이도_중

> **TIP** 등산 초보자라면 주차장을 바라보고 서서 오른쪽의 등산로를 이용할 것. 많은 사람이 택하는 왼쪽 등산로보다 시간은 조금 더 걸리지만 경사가 완만한 편이라 훨씬 수월하게 오를 수 있다.

🅐 제주시 애월읍 봉성리 산59-8

제주 서쪽을 대표하는 오름으로 '초저녁에 외롭게 떠 있는 샛별' 같다고 해서 새별오름이라는 예쁜 이름이 붙었다. 그러나 이름과는 달리 정상에 오르는 길은 꽤 사나운 편이다. 약 512m에 달하는 비교적 높은 오름으로 경사도 급한 편이라 등산 초보자에게는 힘들 수도 있다. 하지만 정상에 올라 서쪽을 바라보면 영롱한 빛깔의 서해와 비양도가 반겨주고 반대편으로는 드넓은 들판이 내려다보여 가슴까지 시원하다. 해 질 무렵이면 바다 끝으로 태양이 넘어가는 제주 최고의 일몰도 감상할 수 있다. 매년 정월대보름을 전후하여 제주를 대표하는 '들불 축제'가 열린다. 제주에는 묵은 풀과 해충을 제거해 소를 방목하기 위해 들불을 놓는 풍습이 있는데 이를 계승해 현재까지 이어지고 있는 축제다. 오름 곳곳에 들불을 놓아 오름 전체가 불타오르는 모습이 장관이다. 오름 가득 피어난 억새가 황금빛 물결을 만드는 가을 풍경도 아름답다.

서부
금오름

#화구호 #이효리오름
#한라산의축소판
#난이도_중

🅐 제주시 한림읍 금악리

화산으로 만들어진 호수 '화구호'가 있는 흔치 않은 오름으로 나무와 수풀이 우거진 호수와 초록 들판이 어우러진 풍경이 평화롭고 동화 같다. 가수 이효리와 트와이스의 뮤직비디오 배경으로 등장해 유명해지기 시작했는데, 특히 이효리가 실제로 즐겨 찾는 오름이라 알려지면서 제주에서 가장 핫한 오름이 되었다. 예전에는 차로 오를 수 있었지만, 현재는 차량 통행이 금지되었으니 주의하자. 비가 많이 온 뒤에는 '왕매'라 불리는 화구호에 물이 고인다. 금오름이 한라산의 축소판이라 불리는 이유다. 호수를 둘러싼 초록 들판 너머 협재 해변과 비양도가 보이는 금오름의 풍경은 비현실적으로 느껴질 만큼 신비롭다.

놀멍 쉬멍 걸으멍! 제주 올레길
걷기 좋은 제주의 길

#걷기여행 #트레킹 #올레길 #제주올레

제주를 대표하는 여러 가지 중 결코 빼놓을 수 없는 단어가 '올레'다. 제주에서 '올레'는 주택의 진입로를 말하는데 집마다 소 한 마리가 드나들기 좋은 폭과 길이의 올레를 갖추어 지었다고 한다. 마을길과 내 집 마당을 연결하는 길목이 올레인 것이다. 올레길은 2007년 처음 조성되어 지금까지 총 27개 코스, 428km에 달하는 올레길이 만들어졌다. 올레길을 걷는 데에 정해진 답은 없다. 어디서 시작해 어디서 끝맺어야 하는 지, 몇 km를 몇 시간 동안 걸어야 하는 지, 몇 코스를 걸어야 하는 지 등 모든 것이 여행자의 마음에 달렸다. 코스 하나를 모두 걸을 필요도, 모든 코스를 완주해야 할 필요도 없고 더 많이 걷기 위해 서두를 필요도 없다. 그저 제주의 자연과 바람을 느끼며 천천히 걸어가면 된다. 그것이 놀멍 쉬멍 걸으멍 올레길이다.

올레길 안내표지

간세

제주 올레의 마스코트 이름인 간세는 '느릿느릿한 게으름뱅이'라는 뜻의 제주 방언이다. 간세의 모양은 제주 조랑말을 형상화했으며 간세의 머리가 향하는 쪽이 올레길의 진행 방향이다. 갈림길이나 방향이 애매한 길을 만났을 때 간세의 머리 방향을 보고 따라가자.

스탬프 간세

각 코스를 상징하는 스탬프가 간세의 머리 쪽에 들어 있다. 코스의 시작, 중간, 종점에 설치되어 있으며, 제주올레 패스포트에 각 코스 스탬프 3종을 모두 찍으면 제주올레 여행자센터에서 완주 증서와 완주 메달을 받을 수 있다.

휠체어 간세

간세에 휠체어 마크가 그려진 표지판으로 휠체어 구간의 시작과 끝을 나타낸다. S는 시작점, F는 종점을 뜻하며 휠체어 간세 역시 머리가 향한 쪽이 진행 방향이다.

화살표

길의 진행 방향을 알려주는 표지판. 정방향으로 걸을 때는 파란색 화살표를, 역방향으로 걸을 때는 노란색 화살표를 따라가면 된다.

시작점 표지석

각 코스의 시작과 끝을 알리는 표시로 제주 현무암으로 만들었다. 각 코스의 전체 경로와 경유지, 화장실 위치까지 상세히 나와 있다.

리본

제주의 푸른 바다와 감귤을 상징하는 파란색과 주황색 리본을 함께 묶어 올레길 곳곳의 나무나 전봇대에 매달아 놓았다. 리본만 잘 따라가면 길을 잃을 염려가 없다.

> 올레길 15-B코스

바다와 더 가까이
한담해안산책로

#유채꽃 #해변 #투명카약
#장한철산책로
#애월카페거리

Ⓐ 제주시 애월읍 곽지리 1359   Ⓟ 가능

제주 서쪽의 한담해안산책로는 한때 아는 사람이 적은 숨은 보석 같은 비밀스러운 길이었지만, 이제는 제법 유명해져서 언제나 사람이 많은 관광지가 되었다. 애월리에서 곽지리까지 바다를 따라 구불구불하게 이어진 산책로로 바다를 가장 가까이에서 느끼며 걸을 수 있는 길이다. 제주시에서 직접 조성하고 관리해 평탄하고 깨끗하게 정비되어 있다. 작지만 깨끗한 모래사장도 만날 수 있고, 여름에는 투명 카약을 탈 수 있는 잔잔한 바다도 있다. 조선 영조 때《표해록》을 지은 장한철의 이름을 따서 '장한철 산책로'라 부르기도 한다. 산책이 끝나면 길 끝에 자리한 애월 카페거리에 들러 따뜻한 커피 한잔하는 것도 좋겠다.

올레길 10코스

슬프고도 아름다운 길
송악산 둘레길

#송악산
#다크투어리즘
#자연휴식년제

A 서귀포시 대정읍 송악관광로 421-1   P 가능

제주 남쪽 끝 송악산 아래 바닷가를 따라 걷는 송악산 둘레길은 시원한 바다 풍경과 작은 화산체를 동시에 만날 수 있는 길이다. 한라산처럼 웅장하거나 화구호를 품은 오름처럼 신비롭지는 않지만, 멀리 보이는 형제섬과 산방산, 초록의 잔디 위에서 평화롭게 풀을 뜯는 말들 덕분에 이곳 경치 역시 어느 올레길보다도 훌륭하다. 다크투어 명소로도 알려진 송악산 둘레길에는 태평양 전쟁 말기에 일본이 제주를 저항기지로 삼으려고 파놓은 인공 동굴을 비롯해 비행장, 포진지 등이 곳곳에 흩어져 있다. 2027년 7월까지 시행되는 자연휴식년제로 정상부 및 일부 탐방로는 폐쇄되었지만, 올레길 10코스로 지정된 송악산 둘레길만으로도 충분히 아름답다.

올레길 8코스

느리게 걷고 싶은 길

난드르 마을

#유채꽃밭
#대평리 #대평포구
#박수기정

A 서귀포시 안덕면 창천리 일대 **P** 대평포구 주차장 이용

대평리, 크고 평평한 마을이라는 뜻이다. 옛날 사람들은 넓은 들판이란 의미로 '난드르 마을'이라 불렀다. 크고 넓은 들이라는 이름을 가졌지만, 사실은 서귀포시 안덕면 일대의 마을 중에서 가장 작으며, 이름은 '대평리'지만, 행정구역상 '창천리'에 속한다. 대평리는 크고 작은 오름과 산으로 가득한 제주에서 보기 드물게 넓고 평평한 땅이다. 바닷가의 대평포구 쪽으로 나가면 초록빛 짙은 마늘밭과 유채꽃, 그리고 바다가 그림처럼 어우러져 있다. 대평포구에서 시작되는 올레길 8코스는 해안 절벽이 멋진 박수기정을 바라보며 해안을 따라 걷는 길로 올레꾼들 사이에서 인기가 많은 코스다. 오른쪽에는 아름다운 꽃밭이, 왼쪽에는 푸른 바다가, 그리고 저 멀리 박수기정이 보이는 아름다운 풍광은 길 위의 여행자를 자꾸만 느림보로 만든다.

`올레길 2코스`

오조리의 숨은 보석
오조포구

#지질트레일
#공항가는길 #식산봉
#돌다리포토존

A 서귀포시 성산읍 오조리 P 가능

나 오吾, 비출 조照, 나를 비추고 돌아본다는 뜻을 가진 오조리에는 돌담길과 용천수 목욕탕, 식산봉, 지질 트레일 코스 등 걷기 좋은 길이 많다. 오조리의 바다 끝에 자리한 오조포구도 그런 곳 중 하나다. 잔잔한 물 위로 파란 하늘이 비치고, 성산일출봉이 그림처럼 내려앉는다. 오조포구를 걷는 내내 여행자와 함께하는 성산일출봉은 한참을 걷다가 고개를 들어 보아도 여전히 그 자리에서 지켜보고 있다. 드라마 〈공항 가는 길〉의 배경이 되었던 작업실, 오조포구와 식산봉을 잇는 바다 위의 돌다리는 SNS 포토 스폿으로 유명해지며 많은 사람이 찾는 명소가 되었다.

올레길 20코스

여행자를 위한 선물세트
김녕-하도 올레

#옥빛바다 #월정리
#평대리 #세화리
#해녀박물관

A 제주시 구좌읍 김녕리 4070 김녕서포구   P 가능

김녕서포구에서 시작해 월정리, 행원리, 한동리, 평대리, 세화리를 지나 하도의 해녀박물관에 이르는 코스로 제주 북동부 바다와 바람의 운치를 고스란히 품은 바당 올레다. 옥빛에 가까운 아름다운 바다는 수심이 그리 깊지 않아 물놀이하기에도 좋고, 해녀들이 많은 동네라 물질하는 해녀의 모습도 쉽게 만날 수 있다. 특히 제주의 핫플이라 불리는 월정리, 평대리, 세화리 등에는 예쁜 카페와 식당, 기념품가게가 모여 있어 올레길과 핫플을 묶어서 계획을 짜기에 더없이 좋다. 20코스의 길이는 약 16.5km로 전체를 걷는 데는 5~6시간 정도 소요된다.

쇠소깍

`올레길 5코스`

오감만족 다채로운 길
남원-쇠소깍 올레

#해안산책로
#남원큰엉 #쇠소깍
#공천포 #동백마을

Ⓐ 서귀포시 남원읍 남태해안로 140 제주올레 5코스 안내소 Ⓣ 070-4152-1752
Ⓟ 가능

남원포구에서 시작하는 올레길 5코스는 마을과 바닷길을 모두 만날 수 있는 코스다. 특히 대한민국에서 가장 아름다운 해안 산책로라 불리는 남원 큰엉 해안경승지, 민물과 바닷물이 만나는 쇠소깍, 검은 모래가 반짝이는 공천포 해변, 겨울 제주를 붉게 물들이는 동백마을 등 다양한 풍경을 만날 수 있어 걷는 맛이 있는 길이다. 코스 중간쯤에 자리한 위미항 근처에 횟집이 모여 있어 신선한 회와 해산물, 생선구이 등을 맛볼 수 있다. 코스의 길이는 13.4km, 모두 걷는 데는 4~5시간 정도 소요된다.

남원큰엉

유난히 깊고 신비로운
제주의 숲을 걷다

(#제주숲길) (#산림욕) (#수목원)

나를 안아주는 숲
사려니숲길

#산책코스 #신성한숲
#무장애코스 #제주동쪽숲

- Ⓐ 제주시 조천읍 교래리 산137-1
- Ⓣ 064-900-8800
- Ⓗ 09:00~17:00 (17:00까지 퇴장)
- Ⓟ 가능
- ❗ 우천 및 폭설 시 통행 제한. 방문 전 유선 확인 필요.

'신성한 숲'이라는 뜻을 가진 사려니숲은 제주의 숲 하면 가장 먼저 떠오르는 곳이다. 나뭇잎 사이를 지나는 바람 소리, 이따금 들려오는 새소리, 숲길을 걷는 발소리 등 자연의 소리에 귀 기울이며 걷게 되는 고요한 숲길이다. 숲에 마음을 맡기고 천천히 호흡하며 걷다 보면 어느새 몸도 마음도 평화로워짐을 느낀다. 숲의 신성함이란 숲의 소리에 가만히 귀 기울일 때 찾아오는 마음의 평화에서 비롯되는 게 아닐까. 2022년 8월, 총 15km 구간 중 1.3km 구간에 무장애 나눔길을 조성해 남녀노소 누구나 어려움 없이 숲길을 산책할 수 있도록 재정비했다.

동화 같은 숲
안돌오름 비밀의 숲

#비밀의숲
#안돌오름
#인생사진

A 제주시 구좌읍 송당리 2173   H 09:00~18:00 (17:00 입장 마감)
W 성인 3,000원 | 65세 이상 2,000원 | 7세 이하 1,000원 | 3세 이하 무료
P 가능   O @ecretforest75

SNS에서 유명한 포토 스폿 그 이상, 그 이하도 아닐 것이라 생각했다. 그러나 매표소로 쓰이는 귀여운 트레일러를 지나 삼나무 숲길에 들어서자마자 이곳은 그렇고 그런 포토 스폿이 아니라 제주의 아름다운 대자연을 간직한 신비로운 숲이라는 것을 깨달았다. 대자연 앞에서 인간의 편견이란 얼마나 하찮고 어리석은지, 늘 그렇듯 자연 앞에서는 겸손함을 배운다. 울창한 편백이 하늘 높이 솟아 북유럽 어딘가에 와 있는 것만 같은 안돌오름 비밀의 숲은 자연 그대로의 모습이 얼마나 아름다운지를 느낄 수 있는 곳이다. 편백과 삼나무로 둘러싸인 들판에 유채꽃, 메밀꽃, 백일홍 등 철마다 다른 꽃이 그림처럼 피어난다. 숲 곳곳에는 예쁜 의자와 벤치, 그네 등을 두어 동화 같은 감성을 더했다. 흐드러지게 피어난 꽃과 동화 같은 숲길을 걷다 보면 어느새 사진첩엔 수십 장의 사진이 가득해진다.

신비로운 원시림의 숨결
머체왓숲길

#킹덤촬영지
#제주남쪽숲
#족욕

A 서귀포시 남원읍 서성로 755   T 064-805-3113   ⏱ 09:00~18:00
P 가능   🌐 meochewat.com

서귀포 남원읍을 지나 바다로 흘러가는 서중천 계곡의 물을 머금고 있는 숲이다. '머체'는 제주 방언으로 돌이 쌓이고 나무가 우거진 곳을 뜻하고, '왓'은 밭을 뜻한다. 원시림의 숨결을 고스란히 간직하고 있는 빽빽한 숲으로 넷플릭스 드라마 〈킹덤〉의 촬영지로도 잘 알려져 있다. 서중천 계곡을 따라 소롱콧길, 머체왓숲길, 서중천 탐방로 총 3개의 탐방코스로 나뉘는데, 자연휴식년제를 도입해 코스별로 번갈아 가며 입장이 제한된다. 편백, 황칠, 동백, 삼나무 등이 군락을 이루어 내뿜는 피톤치드와 계곡을 따라 흐르는 물소리에 몸도 마음도 편안해지는 숲이다. 숲에서 자란 약재를 달인 물로 족욕을 즐길 수 있는 족욕 체험장도 꼭 들러보자.

피톤치드 삼림욕
비자림

#천연기념물
#비자나무 #화산송이
#제주동쪽숲

- A 제주시 구좌읍 비자숲길55
- T 064-710-7912
- H 09:00~18:00
- W 3,000원
- P 가능

제주에는 사색하며 걷기 좋은 길이 여기저기 많지만, 그중에서 내가 가장 좋아하는 길이 비자림이다. 온통 초록으로 우거진 수풀이 있어 한여름에도 그리 덥지 않고 겨울에는 오히려 따뜻하다. 2,800여 그루의 비자나무가 자생하고 있는 비자림은 천연기념물 제374호로 지정되어 문화재청이 소유하고 관리하는 곳이다. 그 때문에 관리가 잘 되고 안전한 산책로를 갖고 있다. 또한 산책과 함께 삼림욕을 하기에 더없이 좋은 곳으로도 유명하다. 나무가 스스로를 보호하기 위해 뿜어내는 피톤치드가 삼림욕을 하는 사람들의 건강까지도 보호하기 때문인데, 그래서인지 비자림의 길을 걷고 난 뒤면 머리도 조금 맑아지는 것 같고, 숨도 더 깊게 쉬어지는 것만 같다.

제주 최초의 수목원
한라수목원

#식물원
#삼림욕장 #광이오름
#수목원길야시장

- Ⓐ 제주시 수목원길72
- Ⓣ 064-710-7575
- Ⓗ 하절기 09:00~18:00 / 동절기 09:00~17:00
- Ⓟ 가능
- 🌐 sumokwon.jeju.go.kr

1993년에 문을 연 제주 최초의 수목원으로 약 15만m²의 부지에 870여 종의 식물이 전시되어 있다. 교목원, 약용·식용원, 희귀 특산 수종원, 죽림원, 수생식물원 등 10개의 수종원과 온실, 삼림욕장 등으로 이루어져 있다. 1.7km 남짓의 삼림욕장 산책로를 따라가면 광이오름 정상에 올라 제주 시내와 바다를 조망할 수 있다. 매일 저녁 6시부터 10시까지는 수목원 옆에 야시장이 열린다. 특색 있는 먹거리를 비롯해 수공예품, 잡화, 기념품 등을 파는 다양한 부스가 있으니 함께 둘러보면 좋겠다.

강인하고 신비로운 제주의 속살
환상숲 곶자왈공원

#곶자왈 #환상숲
#숲해설 #숲지기
#제주서쪽숲

Ⓐ 제주시 한경면 녹차분재로 594-1 Ⓣ 064-772-2488 Ⓗ 09:00~18:00 / 일요일 13:00~18:00 (매시 정각 숲해설 시작, 17:00 입장 마감) Ⓦ 성인 5,000원 / 어린이·청소년 4,000원 / 제주도민 3,000원 Ⓟ 가능 🌐 jejupark.co.kr

숲속 어디선가 요정들이 나올 것만 같은 이름의 환상숲은 제주에 존재하는 5개의 곶자왈 중 하나다. 곶자왈의 '곶'은 숲을 뜻하며, '자왈'은 나무와 덩굴 따위가 마구 엉클어져서 어수선하게 된 곳을 말하는 것으로 자연 그대로 잘 보존된 숲이라 할 수 있다. 제주의 곶자왈 중에서 유일하게 사유지로 등록된 환상숲은 이곳을 운영하는 가족들이 숲지기가 되어 친절하고 자세한 해설을 전해준다. 모르고 보면 어수선하고 복잡한 숲이지만, 숲지기의 설명과 함께 둘러보면 무서운 생존력을 바탕으로 나름의 질서가 잡힌 신비로운 숲이라는 걸 깨닫는다.

숲이 건네는 위로
서귀포 치유의 숲

#치유의숲
#편백나무
#무장애코스

Ⓐ 제주 서귀포시 산록남로 2271 Ⓣ 064-760-3067 Ⓗ 4월~10월 09:00~17:00 / 11월~3월 09:00~16:00 Ⓦ 성인 1,000원 / 청소년 600원 / 어린이·제주도민 무료 Ⓟ 가능 🌐 seogwipo.go.kr/healing

해발 320m에서 760m 사이에 자리한 서귀포 치유의 숲은 난대림과 온대림, 한대림 등 다양한 식생이 고루 분포하고 있다. 시원하게 뻗은 편백나무와 삼나무 숲길을 걷는 것만으로도 몸과 마음이 치유되는 것 같은 싱그러운 숲이다. 평탄하게 정돈되어 걷기 좋은 산책로는 장애인과 고령자, 영유아 동반 가족 등 누구나 편하고 안전하게 여행할 수 있도록 조성되어 있다. 자연 보호를 위해 사전 예약자만 입장할 수 있으며 각종 코스 프로그램도 예약 시 홈페이지에서 선택할 수 있다.

제주의 배꼽
한라산 등반하기

#백록담 #한라산등반 #한라산코스

제주의 상징은 뭐니 뭐니 해도 대한민국에서 가장 높은 산, 해발 1,950m의 한라산이다. 산이 높아 꼭대기에 서면 은하수를 잡아당길 수 있다는 뜻이다. 봉우리가 잘려 나간 형태의 산을 일컬어 '머리가 없는 산'이라는 뜻의 두무악頭無岳이라 부르기도 했으며, 잘려 나간 봉우리가 날아가 떨어진 곳이 지금의 산방산이 되었다는 이야기도 전해진다. 움푹 파인 봉우리에 빗물이 고여 생긴 못에는 신선들이 하얀 노루를 타고 놀았다 하여 백록담白鹿潭이라는 예쁜 이름이 붙었다.

한라산 등반 코스는 성판악, 관음사, 영실, 어리목, 돈내코 총 5개로 나뉜다. 이 중 백록담이 있는 정상까지 오를 수 있는 코스는 성판악과 관음사 탐방로. 영실, 어리목, 돈내코 탐방로는 남벽 분기점까지만 등반이 가능하다. 성판악과 관음사 탐방로는 탐방 예약제 시행으로 사전 예약한 사람만 등반할 수 있다. 예약은 한라산 국립공원 홈페이지를 통해 가능하다.

한라산 등반 시 주의할 점

- 등산 초보라면 혼자보다는 여럿이 오르는 것이 좋다. 산행 중에 일어날 수 있는 사고뿐 아니라, 날씨 변화도 심하기 때문. 제주 여행 카페와 게스트하우스 등에서 일행을 만날 수 있다.
- 가급적 등산복을 입는 것이 좋으며 등산화는 필수다. 겨울 산행에는 아이젠과 스패츠 역시 필수. 성판악, 관음사 등 장거리 코스에는 스틱을 준비하자.
- 물, 초코바, 견과류 등의 간식은 등산의 필수 아이템. 미리미리 준비하자.
- 코스별로 입장 제한 시간이 있으니 사전에 체크하자.
- 쓰레기는 모두 되가져온다. 배낭에 비닐봉지를 챙기자.

한라산 등반 코스

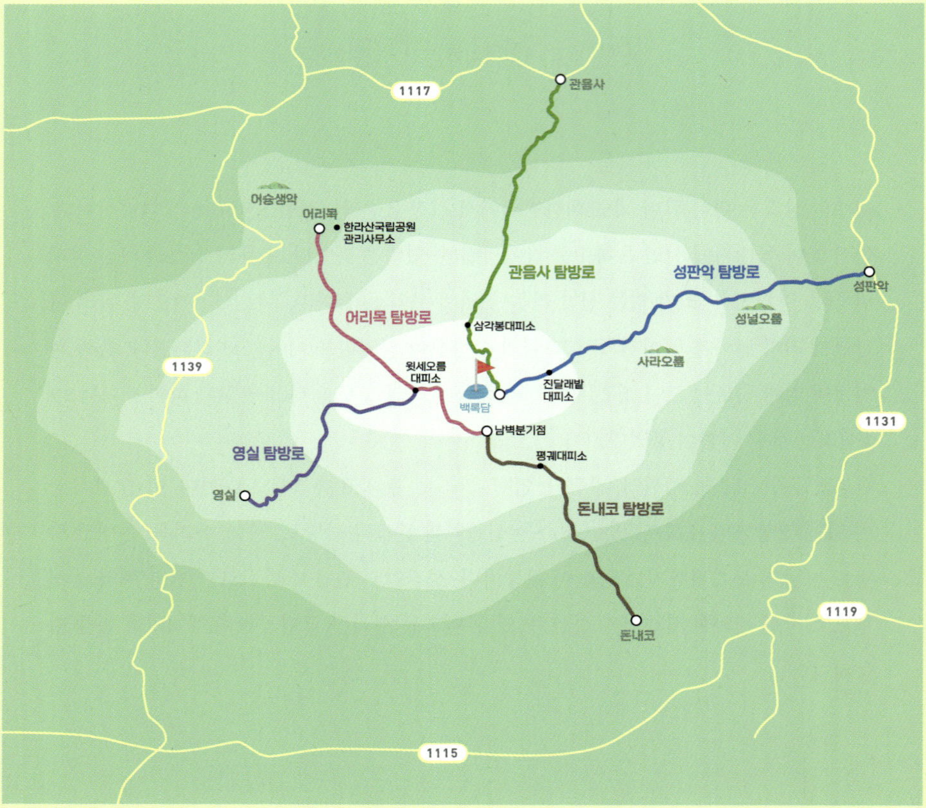

성판악 탐방로

총 9.6km 코스
약 4시간 30분 소요

성판악 탐방안내소 〉 속밭 대피소 〉 사라오름 입구 〉 진달래밭 대피소 〉 정상

관음사 탐방로와 함께 한라산 정상의 백록담까지 오를 수 있는 코스다. 산 동쪽의 해발 750m 지점에서 출발하며 속밭 대피소와 사라오름, 진달래밭 대피소를 지나 백록담에 이른다. 관음사 코스에 비해 비교적 경사가 완만한 편이지만 왕복 9시간 이상 걸리는 장거리 코스로 체력 안배가 중요하다. 진달래밭 대피소부터 정상까지는 상당히 가파른 경사가 이어지므로 마음을 단단히 먹어야 한다. 진달래밭 대피소에서 통제 시간이 지나면 백록담에 오를 수 없으니, 되도록 이른 아침에 출발해야 여유 있게 백록담에 오를 수 있다. 또한 2018년부터 진달래밭 대피소 매점 운영이 중단되었다. 생수와 간식은 따로 준비하자.

관음사 탐방로

**총 8.7km 코스
약 5시간 소요**

관음사지구 야영장 〉 탐라계곡 〉 개미등 〉 삼각봉 대피소 〉 용진각 현수교 〉 정상

성판악 탐방로와 함께 백록담에 오를 수 있는 또 하나의 코스다. 한라산 북쪽의 관음사 야영지에서 출발해 개미목과 삼각봉 대피소를 지나 백록담으로 연결된다. 성판악 코스보다 경사가 가파르고 산세가 험해서 등산 초보자들이 오르기에는 부담스러운 코스지만, 하산할 때 끝내주는 풍경을 보기 위해 성판악 코스로 등산했다가 관음사 코스로 하산하는 사람들도 많다.

어리목 탐방로

**총 6.8km 코스
약 3시간 소요**

어리목 탐방안내소 〉 사제비동산 〉 만세 동산 〉 윗세오름 대피소 〉 남벽 분기점

한라산 국립공원 탐방안내소에서 시작해 어리목 계곡, 윗세오름 대피소를 지나 남벽 분기점에 이르는 코스로 3시간 정도의 비교적 가벼운 코스다. 정상까지 오를 수 있는 코스는 아니지만, 길 위에서 만나는 한라산의 풍경이 아름답기로 유명해 가장 많은 사람이 오르내린다. 특히 중반 이후에 만나는 백록담 화구벽의 모습이 웅장하다. 남벽 분기점까지 등반하는 것이 부담스럽다면 윗세오름까지만 등반할 수도 있고 하산할 때는 영실 탐방로 또는 돈내코 탐방로를 이용할 수도 있다.

영실 탐방로

**총 5.8km 코스
약 2시간 30분 소요**

영실 휴게소 〉 병풍바위 〉 윗세오름 대피소 〉 남벽 분기점

영실 탐방로는 영실 관리사무소(해발 1,000m)에서 영실 휴게소(해발 1,280m)까지 자동차로 이동할 수 있다는 점에서 초보자들이 많이 찾는 코스다. 오르기 힘든 코스는 아니지만, 경사가 급한 영실분화구 능선을 오를 때는 몹시 헉헉거릴 정도로 힘들다. 영주십경 중 하나인 영실기암과 병풍바위의 풍경을 바라보며 끝까지 힘을 내보자. 영주십경을 감상하며 영실 탐방로로 등반해 백록담 화구벽을 감상하며 어리목 탐방로로 하산하는 코스를 추천한다. 어리목 탐방로와 마찬가지로 윗세오름까지만 등반하는 것도 가능하다.

돈내코 탐방로

**총 7km 코스
약 3시간 30분 소요**

돈내코 탐방안내소 〉 평궤 대피소 〉 남벽 분기점

서귀포시 돈내코 유원지 상류의 돈내코 탐방안내소에서 시작하여 평궤 대피소(해발 1,450m)를 지나 남벽 분기점(해발 1,600m)까지 이어지는 코스다. 남벽 분기점에서 어리목, 영실 코스와 만나므로 올라올 때와 다른 코스로 하산할 수도 있다. 평궤 대피소까지 비교적 완만한 오르막이 계속되고 평궤 대피소에서 남벽 분기점까지는 거의 평탄한 지형으로 산책하듯 오르면 된다. 평궤 대피소를 지나 남벽 분기점으로 가는 길목에서는 한라산 백록담 화구벽을 생생하게 마주할 수 있다.

건물 자체가 거대한 예술 작품
제주 건축 기행

#건축여행 #제주건축 #건축작품

노아의 방주
방주교회

#이타미준
#유동룡 #노아의방주

A 서귀포시 안덕면 산록남로762번길 113
T 064-794-0611 P 가능
bangjuchurch.org

재일 교포이자 세계적인 건축가 이타미 준의 작품. 성경에 등장하는 노아의 방주를 모티프로 하여 지은 건물이다. 조용한 산간 마을에 자리 잡은 방주교회는 주변의 자연환경을 해치지 않고 자연 속에 살포시 들어앉았다. 건물 주변을 감싸고 있는 잔잔한 인공 수조 위로 방주교회의 모습이 그대로 반영되고 물속에는 제주의 하늘, 바람 그리고 돌까지 고스란히 담겨 있다. 제주의 풍경을 건축물에 담아내려는 건축가의 고민과 배려가 느껴진다. 크리스천이라면 누구나 매주 일요일에 열리는 예배에 참석할 수 있다. 사진 촬영을 위해 방문할 예정이라면 예배 시간은 피하는 것이 좋다.

제주를 사랑한 바람의 건축가
유동룡미술관

#이타미준뮤지엄
#이타미준 #유동룡
#저지문화예술인마을

Ⓐ 제주시 한림읍 용금로 906-10 Ⓣ 064-745-2678 Ⓗ 10:00~18:00 / 월요일 휴관 / 네이버 사전 예약 필수 Ⓦ 성인(관람 + 라이브러리 이용 + 시그니처 티 1잔 또는 기념품) 32,000원 / 초중고생 19,200원 / 어린이(전시+교육) 32,000원 Ⓟ 가능 🌐 itamijunmuseum.com

유동룡이라는 이름보다는 예명 이타미 준으로 더 많이 알려진 재일 교포 건축가 유동룡은 일본 도쿄에서 태어나고 자랐지만, 일본인으로 귀화하지 않고 평생 한국 국적을 유지하며 고국을 그리워한 건축가다. '제주도 바닷가에 작은 작업실을 짓고 파도처럼 가고 싶다'고 말하던 그는 방주교회, 포도호텔, 수풍석뮤지엄 등 자연을 거스르지 않는 아름다운 건축물을 제주도에 남기고 2011년 눈을 감았다. 저지 문화예술인마을에 문을 연 유동룡미술관은 40여 년에 걸친 그의 작품 세계를 한자리에서 둘러볼 수 있는 곳이다. 그의 건축 작품 모형과 더불어 수많은 고뇌와 고민의 흔적이 남아 있는 스케치, 사진 등이 전시되어 있다. 배우 문소리와 정우성, 그룹 에스파의 카리나가 참여한 오디오 도슨트도 만날 수 있다.

물과 빛과 바람의 건축물
본태박물관

#건축기행
#안도타다오
#노출콘크리트

Ⓐ 서귀포시 안덕면 산록남로 762번길 69　Ⓣ 064-792-8108
Ⓗ 10:00~18:00　Ⓦ 성인 20,000원 / 청소년·65세 이상 12,000원 / 7세 이하 10,000원　Ⓟ 가능　🌐 bontemuseum.com

노출 콘크리트와 빛의 연금술사라 불리는 세계적인 건축가 안도 타다오. 건축계의 노벨상이라 불리는 프리츠커상을 수상한 건축가로 제주를 비롯한 대한민국 곳곳에서 그의 작품을 만날 수 있다. 섭지코지의 유민미술관과 글라스하우스에 이어 제주에 들어선 그의 세 번째 작품 본태박물관은 노출 콘크리트로 이루어진 직각의 건물로 군더더기 없이 간결하다. 제주의 바람이 이곳에 머물다 가기를 바라는 마음으로 바람길을 만들고, 건물 사이에 물이 흐르는 공간을 두어 제1 전시실과 제2 전시실을 구분했다. 불필요한 장식은 모두 걷어내고 빛과 물, 그리고 제주의 자연으로만 채운 미술관으로 관람객이 작품에 집중하는 것을 돕는다. 이곳에서 전시하는 작품은 고故 정몽우 현대알루미늄 회장의 부인인 이행자 씨가 수집한 골동품과 소품을 비롯해 백남준, 살바도르 달리, 피카소 등 세계적인 작가의 작품에 이르기까지 그 폭이 매우 넓다. 전통과 현대의 공예품을 통해 인류 공통의 아름다움을 탐색하는 것, 과거와 현재를 통해 새로운 가치의 미래를 발견하는 것이 본태박물관의 목적이라 설명하고 있다.

자연의 일부가 되는
유민미술관

#건축여행 #안도타다오
#지니어스로사이
#섭지코지

🅐 서귀포시 성산읍 고성리 21 🅣 064-731-7791 🅗 09:00~18:00 / 화요일 휴관 🅦 성인 12,000원 · 청소년 · 어린이 · 65세 이상 9,000원
🅟 가능 🌐 yuminart.org

본태박물관을 설계한 안도 타다오의 작품으로 섭지코지의 원생적 자연의 모습을 형상화하여 설계했다. 이곳을 찾는 사람이 섭지코지 주변의 자연환경뿐 아니라 바람과 빛, 소리까지 느끼길 바라는 마음을 담았다. 그의 시그니처라 할 수 있는 노출 콘크리트와 제주의 돌을 최대한 활용해 지었다. 콘크리트 벽면의 곳곳에는 커다란 창을 내어 제주의 자연이 건물의 일부가 되도록 설계했는데, 멀리서 보면 회색의 콘크리트 위에 싱그러운 제주의 자연이 피어난 것처럼 보이기도 한다. 건축이 자연의 일부가 되고, 자연이 건축의 일부가 되는 것. 건축과 인간과 자연의 교감을 위한 도구로 노출 콘크리트를 주로 사용하는 그의 건축적 지향점이 잘 드러나는 건축물이다. 개관 당시 '지니어스 로사이'로 지어진 이름이 유민미술관으로 변경되었다.

시련 속에 피어나는 예술혼
제주추사관

#추사관
#추사김정희
#승효상 #추사유배지

Ⓐ 서귀포시 대정읍 추사로 44   Ⓣ 064-710-6865   🕘 09:00~18:00 / 월요일 휴관   Ⓟ 가능   🌐 jeju.go.kr/chusa

추사 김정희가 1840년부터 1848년까지 약 9년간 유배 생활을 했던 자리에 지어진 건축물로 대한민국을 대표하는 건축가 승효상의 작품이다. 주변 환경의 아름다움을 깨고 싶지 않아 전시 공간은 모두 지하에 두었고 지상의 공간은 비움으로 채웠다. 지하의 공간에서 추사의 삶을 둘러본 관람객이 지상의 빈 공간에 들어와 공간의 주인공이 되어 자신을 돌아보고 사유하기를 바라는 마음을 담았다고 한다. 추사관 건물의 형태는 추사 김정희의 작품 〈세한도〉 속의 건물과 매우 흡사하다. 벽과 지붕 그리고 빛과 그림자로만 만들어낸 단순한 형태의 건축물은 이 자리에서 유배 생활을 했던 김정희의 삶처럼 검소하고 간결하다.

예술을 위한 건축물

가파도 아티스트 인 레지던스

#가파도
#제주문화예술재단
#가파도AIR #스튜디오

ⓐ 서귀포시 대정읍 가파리 12번지　ⓣ 064-794-8077　🕙 10:00~16:00 / 월요일 휴관 / 여객선 결항시 휴관　ⓟ 가능　🌐 gapado.air.kr

세계 각국의 예술가들에게 작업실을 내어주고 작품 활동을 지원하는 공간이다. 각기 다른 국적, 다른 분야의 예술가들이 이곳에서 수개월 동안 함께 시간을 보내며 활발하게 교류할 수 있는 문화 창작 허브의 역할을 하고 있다. 제주도와 현대카드가 공동으로 운영해왔지만, 현재는 제주문화예술재단이 운영한다. 오랫동안 방치되어 있던 지하 구조물을 활용하여 지은 건물로 건축가 최욱이 설계했다. 가파도의 자연환경과 이질감이 느껴지지 않도록 주변 환경을 최대한 배려해 건물의 크기와 배치, 재료 등을 결정했는데 진입로와 전망대를 제외한 모든 공간을 지하에 배치한 점이 특히 눈에 띈다. 레지던스뿐 아니라 전시 공간, 오픈스튜디오 등의 공간도 마련되어 있다.

자연과 어우러진 제주만의 색깔
제주 미술관 산책

(#미술관) (#갤러리) (#예술여행)

그 섬에 내가 있었네
김영갑 갤러리 두모악

#김영갑
#김영갑갤러리
#제주사진

A 서귀포시 성산읍 삼달로 137　T 064-784-9907　H 3월~6월, 9월~10월 09:30~18:00 / 7월~8월 09:30~18:30 / 11월~2월 09:30~17:00 / 수요일 휴관　W 성인 5,000원 / 어린이·청소년·65세 이상 3,000원 / 4세 이하 무료　P 가능　🌐 dumoak.co.kr

사진가 김영갑은 지독히도 제주를 사랑한 사람이었다. 맑은 날에도 궂은날에도 들판과 산과 바다를 헤집고 다니며 제주의 속살을 카메라에 담느라 여념이 없었다. 그러던 어느 날 팔에 힘이 없어 카메라를 들기도, 셔터를 제대로 누르기도 힘들어졌고 3년을 넘기지 못할 것이라는 루게릭병 진단을 받았다. 송당리의 폐교를 얻어 작은 갤러리를 만들고자 준비하던 무렵의 일이었다. 무조건 쉬어야 한다는 병원의 진단에도 갤러리 준비에 열정을 쏟은 결과, 그로부터 반년 후 그의 모든 것을 다 바친 '김영갑 갤러리 두모악'이 문을 열었다. 그리고 갤러리가 문을 연 지 3년이 지난 어느 봄날 그는 조용히 눈을 감았다. 그의 유골은 작은 갤러리의 마당에 뿌려졌고 그는 그렇게 영원히 제주에 남았다. 김영갑 갤러리 두모악은 그의 영혼이 만들어낸 갤러리다. 김영갑의 사진 속엔 제주의 모든 것이 있다. 제주의 산과 들, 바다 그리고 하늘과 땅과 바람, 들풀과 억새와 해녀까지. 이제는 사라진 제주의 옛 모습들도 그곳엔 모두 남아 있다. 분명 이전에 보았던 사진인데도 볼 때마다 새롭다. 지독히도 제주를 사랑했던 그의 영혼이 아직도 그곳에 남아 있기 때문일까.

자연을 끌어안은 미술관
제주도립미술관

#제주도립미술관
#자연의미술관
#건축여행

A 제주시 1100로 2894-78   T 064-710-4300   H 10:00~18:00 / 월요일 휴관   W 성인 2,000원 / 청소년 1,000원 / 어린이 500원 / 6세 이하·65세 이상 무료   P 가능   🌐 jmoa.jeju.go.kr

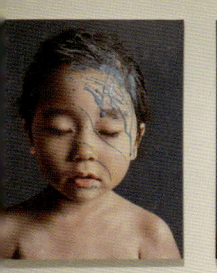 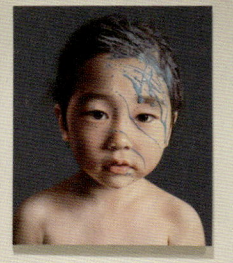

제주의 하늘과 한라산, 건축물이 조화롭게 어우러진 자연 속의 미술관이다. 봄에는 유채꽃이, 가을에는 억새가 춤을 추고, 잔잔한 물 위로는 제주의 파란 하늘과 미술관이 함께 비친다. 자연의 색을 그대로 느낄 수 있도록 건물의 인위적인 색을 배제하고 주변 환경과의 어울림 그 자체로 자연을 담고자 하였다. 제주를 테마로 한 작품들이 전시된 미술관 내부도 흥미롭다. 제주에서 활동 중인 작가들의 작품, 제주를 모티브로 한 작품 등 다양한 작품을 감상할 수 있다. 그 밖에도 어린이 미술학교, 찾아가는 미술관 등 다채로운 프로그램을 운영해 제주 문화 발전에 앞장서고 있다.

빛과 그림자 그리고 물방울

김창열미술관

#김창열화백
#물방울화가
#저지문화예술인마을

- A 제주시 한림읍 용금로 883-5 T 064-710-4150
- H 09:00~18:00 / 7월~9월 09:00~19:00 / 월요일 휴관
- W 성인 2,000원 / 청소년·군인 1,000원 / 7세 이하 500원 / 6세 이하·65세 이상 무료 P 가능 ⊕ kimtschang-yeul.jeju.go.kr

빛을 머금고 반짝반짝 빛나는 영롱한 물방울은 찰나의 아름다움을 지니고 있다. 찰나의 순간이 지나면 또르르 흘러버리거나 종이에 스며들거나 공기 중으로 사라져버린다. 김창열 화백은 그 찰나의 순간을 영원으로 기록하며 평생 물방울을 그려온 물방울 화가로 유명하다. 저지 문화예술 인마을에 자리한 김창열미술관은 빛과 그림자를 연구하며 물방울을 그려온 김창열 화백의 작품과 닮았다. 빛과 그림자가 아름답게 드리우는 미술관에는 그가 평생을 그려온 영롱한 물방울이 가득하다. 김창열 화백은 이 미술관을 두고 '내 작품의 무덤'이라 했다고 전해진다.

행복이 묻어나는 미술관
왈종미술관

#다비드머큘로
#이왈종화백
#서귀포화가

🅐 서귀포시 칠십리로 214번길 30 ☎ 064-763-3600
🅗 10:00~18:00(17:30 입장 마감) / 월요일 휴관 ₩ 성인 10,000원 / 어린이·청소년·65세 이상 6,000원 / 장애인·7세 이하 무료 🅟 가능 🌐 walartmuseum.or.kr

1990년 추계예술대학교 교수를 그만두고 제주 서귀포로 건너가 제주의 자연과 일상을 그려온 화가 이왈종 화백이 건립한 미술관이다. 스위스의 건축가 다비드 머큘로가 설계한 3층 건물로 조선백자의 찻잔을 모티프로 지어졌다. 제주의 푸른 바다가 찻잔 모양의 건물에 담기는 것을 상상하며 구상했다고 한다. 맑은 날에는 찻잔을 닮은 미술관 건물과 파란 하늘이 한 폭의 그림처럼 아름답다. 이왈종 화백의 작품에는 제주의 행복이 듬뿍 묻어난다. 사계절 다르게 피어나는 꽃과 새, 아름다운 풍경, 제주에서의 행복한 날들이 화사하고 따뜻한 색채로 담겨 있다. 작품을 감상하는 내내 입가에 미소가 번진다.

069

제주를 담은 자연 친화적 미술관

제주현대미술관

#저지예술인마을
#건축여행
#현대미술

🅐 제주시 한경면 저지14길 35 ☎ 064-710-7801 🅗 09:00~18:00 / 7월~9월 09:00~19:00 / 월요일 휴관 🅦 성인 2,000원 / 청소년·군인 1,000원 / 어린이 5,000원 / 6세 이하·65세 이상 무료 🅟 가능
🌐 www.jejumuseum.go.kr

저지 문화예술인마을 안에 자리한 제주현대미술관은 지하 1층, 지상 2층 규모의 자연 친화적 건축물이다. 다양한 전시실 외에도 야외 공연장과 아트숍, 세미나실 등을 갖춘 제주에서 가장 큰 규모의 미술관이다. 제주에서 활동하는 작가의 작품이나 제주를 주제로 한 작품이 주로 전시되며 신진 작가의 작품을 전시하는 '뉴라이징 아티스트전'도 개최한다. 크고 작은 갤러리와 아트숍, 카페 등이 모여 있는 저지 문화예술인마을과 주변의 김창열미술관, 문화수장고 등도 함께 둘러볼 것을 추천한다. 미술관 주변의 산책로와 야외 정원도 훌륭하다.

예술의 새로운 패러다임
포도뮤지엄

#포도호텔
#다빈치뮤지엄
#전시

Ⓐ 서귀포시 산록남로 788 Ⓣ 064-794-5115 ⓗ 10:00~18:00 / 화요일 휴관 Ⓦ 성인 10,000원 / 청소년 6,000원 / 어린이 4,000원
Ⓟ 가능 🌐 podomuseum.com

다빈치뮤지엄이 폐관한 자리에 포도호텔에서 운영하는 포도뮤지엄이 새로 문을 열었다. 2023년 7월 3일까지 열리는 개관 기념 기획 전시 '그러나 우리가 사랑으로'는 환경과 사회에 새로운 화두를 던지는 전시로 오픈하자마자 큰 인기를 얻었다. 가짜뉴스와 왜곡된 정보가 편견과 혐오를 불러일으키는 과정, 그 편견과 혐오가 인류에 미치는 영향, 그럼에도 불구하고 용서와 포용으로 화합해 나가야 한다는 메시지를 전하며 큰 울림을 만들었다. 예술계에 새로운 화두를 던지는 포도뮤지엄의 다음 전시가 벌써 기다려진다.

071

이중섭의 행복했던 순간
이중섭미술관

#이중섭
#이중섭생가
#이중섭거리

A 서귀포시 이중섭로 27-3 H 09:30~17:30 / 월요일 휴관
W 성인 1,500원 / 청소년 800원 / 어린이 400원 / 6세 이하·65세 이상 무료 P 가능 culture.seogwipo.go.kr/jslee

불꽃같은 인생을 살다가 불씨처럼 쓸쓸히 사라진 화가 이중섭의 예술혼을 기리기 위한 미술관으로, 생전 그가 가장 행복한 시절을 보냈던 서귀포에 자리하고 있다. 전쟁을 피해 가족과 함께 제주로 피난했던 서귀포에서 이중섭은 많은 작품을 남겼다. 〈섶섬이 보이는 풍경〉, 〈그리운 제주도 풍경〉, 〈서귀포의 환상〉 등의 대표적인 작품들 외에도 물고기, 귤, 게, 아이들 등 제주를 소재로 그린 작품에서는 행복이 비친다. 담배를 싸고 있던 은박지에 그림을 그려야 할 만큼 가난했지만, 사랑하는 가족과 함께였기에 제주에서의 이중섭은 행복했다. 미술관으로 가는 길목에는 그와 가족이 함께 살았던 작디작은 단칸방이 남아 있다. 고된 피난길 끝에 찾은 자그마한 안식처도 함께 찾아가보자.

이중섭 생가

제주의 본색을 담은 미술관
김택화미술관

#함덕_미술관
#김택화화백
#한라산소주

Ⓐ 제주시 조천읍 신흥로 1　Ⓣ 064-900-9097　Ⓗ 10:00~18:00 / 목요일 휴관　Ⓦ 성인 7,000원 / 청소년 6,000원 / 어린이·65세 이상 4,500원 / 5세 이하 무료　Ⓟ 가능　🌐 kimtekhwa.com

제주를 대표하는 소주 '한라산'의 라벨을 기억한다면 김택화미술관에 조금 더 관심을 두길 바란다. 한라산 소주에 담긴 한라산 원화를 그린 작가이기 때문이다. 그는 제주 출신 최초로 홍익대학교 서양학과에 진학했고, 다시 제주로 돌아와 제주의 자연과 사람, 제주의 삶을 그림에 담았다. 2006년 세상을 떠날 때까지 고향의 풍경을 그려온 김택화 화백의 작품은 풍경화에 추상화 기법이 가미되어 독특함이 느껴진다. 그의 그림 속에서 살아 움직이는 제주의 오래된 풍경과 사람들의 삶이 어제처럼 생생하다.

버려진 건물에 피어난 현대미술
아라리오뮤지엄

#아라리오뮤지엄
#백남준
#앤디워홀

Ⓐ 탑동시네마 제주시 탑동로 14 / 064-720-8201　동문모텔 1 제주시 산지로 37-5 / 064-720-8202　동문모텔 2 제주시 산지로 23 / 064-720-820　Ⓗ 10:00~19:00 / 월요일 휴관　Ⓦ 미술관별 성인 15,000원 / 청소년 9,000원 / 어린이 6,000원 / 65세 이상 50% 할인 / 36개월 이하 무료　🌐 arariomuseum.org

세계 100대 아트 컬렉터이자 '씨킴'이라는 이름의 아티스트로 활동 중인 김창일 회장이 수집하고 소장한 현대미술품을 전시하는 공간이다. 제주시의 버려진 낡은 건물을 인수해서 미술관으로 탈바꿈시키며 '아라리오뮤지엄 탑동시네마', '아라리오뮤지엄 동문모텔 1', '아라리오뮤지엄 동문모텔 2'라 이름 지었다. 가장 먼저 개관한 아라리오뮤지엄 탑동시네마에서는 백남준, 데미안 허스트, 키스 해링, 앤디 워홀 등 현대미술을 대표하는 작가의 작품을 만날 수 있다.

빛으로 그린 그림
미디어아트

#미디어아트 #미술관 #비오는날

작지만 강한 몰입도
문화예술 공공수장고

#저지문화예술인마을
#제주현대미술관

Ⓐ 제주시 한경면 저지12길 84-2 ☎ 064-710-4156
Ⓗ 10:00~18:00 / 월요일 휴관 ₩ 성인 2,000원 / 청소년·군인 1,000원 / 어린이 500원 / 미취학 아동·65세 이상 무료 Ⓟ 가능
🌐 jejumuseum.go.kr

제주현대미술관의 소장품을 저장하는 공공수장고의 다목적실을 개조한 곳으로 현대미술관의 소장품과 저지 문화예술인마을 입주 작가들의 작품을 미디어아트로 재현해 전시한다. 빛의 벙커, 아르떼뮤지엄, 노형슈퍼마켙과는 또 다른 정체성을 가진 미디어아트 전시관이다. 전시관의 규모는 훨씬 작지만, 벽과 바닥뿐 아니라 천장까지 모든 면을 빛으로 꽉 채워 남다른 몰입을 끌어낸다. 증강현실, 인터랙티브 등 관객의 참여도를 높인 전시로 차별성을 가지는 것도 특징이다. 현대미술관의 작품을 미디어로 재현한 작품이므로 현대미술관 본관을 먼저 관람 후 공공수장고의 작품을 감상할 것을 권한다.

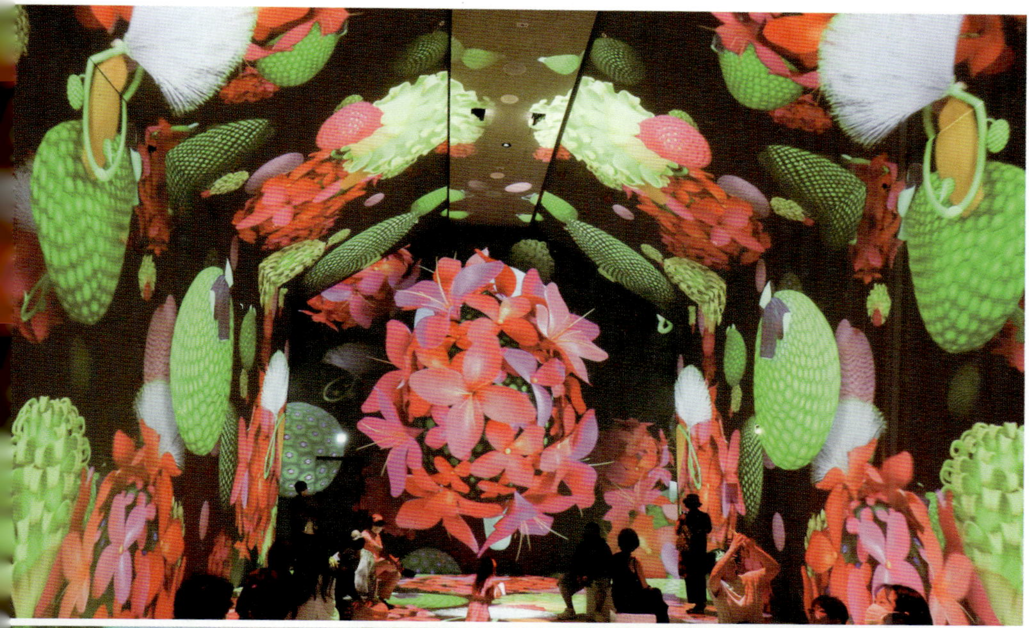

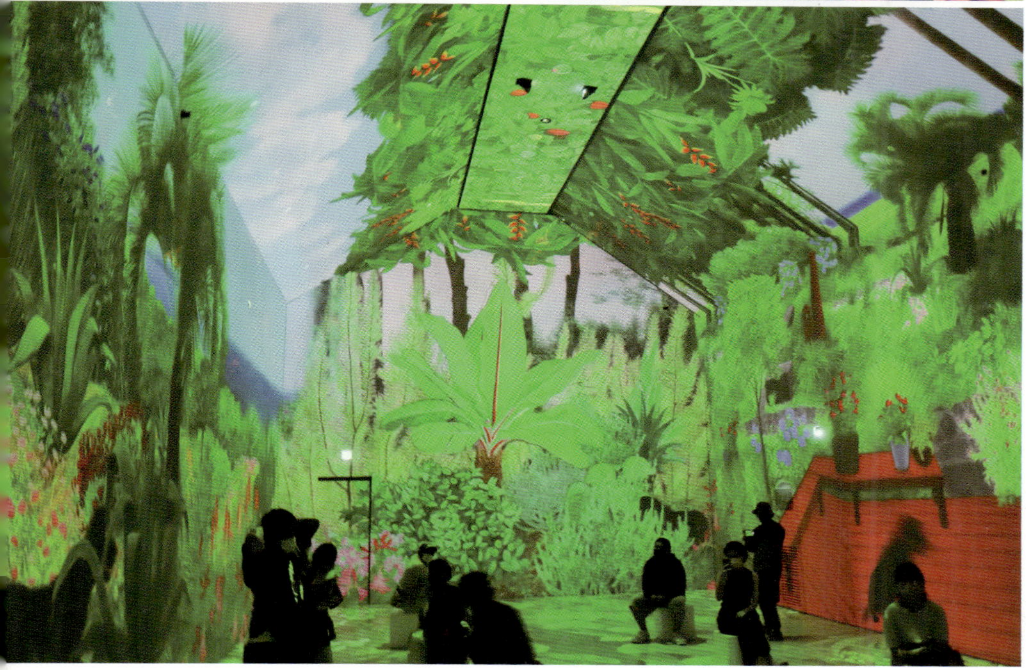

시공을 초월한 자연
아르떼뮤지엄

#애월_미술관
#영원한자연
#디스트릭트

Ⓐ 제주시 애월읍 어림비로 478 Ⓣ 064-799-9009 Ⓗ 10:00~20:00 (19:00 입장 마감) Ⓦ 성인 17,000원 / 청소년 13,000원 / 어린이 10,000원 / 제주도민 2,000원 할인 Ⓟ 가능 🌐 artemuseum.com/JEJU

2020년 여름, 서울의 케이팝 스퀘어에 진짜보다 더 진짜 같은 디지털 파도가 등장했다. 이듬해 여름에는 뉴욕 타임스퀘어의 대형 전광판에 100m 높이에서 시원하게 쏟아지는 폭포가 등장했다. 뉴욕 한복판에 폭포수를 떨어뜨려 세계를 놀라게 만든 것은 대한민국의 디지털 미디어 콘텐츠 그룹 '디스트릭트'다. 제주 애월의 아르떼뮤지엄은 디스트릭트가 국내에 처음으로 문을 연 상설 전시관이다. 파도, 폭포, 달, 숲, 해변 등 영원히 변하지 않는 자연을 미디어 속에 담았다. 아르떼뮤지엄의 특징은 시간과 계절에 상관없이 감상할 수 있는 제주의 숲과 바다, 하늘, 별 등을 담았다는 것이다. 황병준 음악 감독의 감각적인 음향과 프랑스의 조향 스쿨 'GIP'에서 조향한 은은한 향기가 더해져 전시의 품격을 높인다. 특히 진짜보다 더 진짜 같은 파도를 만날 수 있는 전시관 '웨이브'와 시공을 초월한 밤바다의 오로라를 만날 수 있는 전시관 '비치'는 빼놓지 말 것.

세상의 모든 색채
노형슈퍼마켙

#제주시미술관
#시간여행
#인터랙티브

Ⓐ 제주시 노형로 89 Ⓣ 064-713-1888 Ⓗ 09:30~19:00(18:00 입장 마감) Ⓦ 성인 15,000원 / 청소년 13,000원 / 어린이 10,000원 / 제주도민 2,000원 할인 Ⓟ 가능 nohyung-supermarket.com

제주공항에서 멀지 않은 도심에 자리 잡은 미디어아트 전시장이다. 1,200평에 달하는 규모로 국내에서 가장 큰 미디어아트 전시장으로 꼽힌다. 노형슈퍼마켙을 관통하는 주제는 '색color'이다. 색을 잃고 모든 것이 흑백이 되어버린 1981년의 작은 슈퍼마켓에서 전시가 시작된다. 문이 열리고 드디어 전시장 안으로 들어가면 세상의 모든 색이 한자리에 모여 화려함을 뽐내는 미디어아트가 펼쳐진다. 자연과 판타지가 섞인 다채로운 색상의 미디어아트는 웅장한 음악과 만나 몰입감을 높인다. 전시장 한가운데 '와랑와랑'이라는 이름의 메인 공연장에서는 사람의 움직임을 따라 실시간으로 변화하는 인터랙티브 미디어아트도 체험할 수 있다.

3차원으로 되살아난 명화

빛의 벙커

#명화의재구성
#성산_미술관
#클림트 #고흐 #모네

Ⓐ 서귀포시 성산읍 고성리 2039-22　Ⓣ 1522-2653
Ⓗ 10:00 ~ 17:30(16:40 입장 마감)　Ⓦ 성인 18,000원 /
청소년 13,000원 / 어린이 10,000원 / 제주도민 30% 할인
Ⓟ 가능　🌐 bunkerdelumieres.com

국가 기간통신망 운용시설로 철저하게 숨겨졌던 비밀스러운 벙커가 미디어아트 전시장으로 재탄생한 빛의 미술관이다. 이곳을 시작으로 제주를 비롯한 국내 곳 곳에 미디어아트 전용 전시장이 유행처럼 생겨났다고 해도 틀린 말이 아니다. 이곳에서 상영되는 프랑스의 몰입형 미디어아트 AMIEX Art&Music Immersive Experience 는 관람객에게 독특한 예술적 경험을 선사한다. 빛으로 재현한 해외 거장의 작품이 벽과 바닥, 기둥을 타고 흘러가고 그 위에 웅장한 음악이 더해지는데, 마치 2차원으로 존재하던 명화들이 3차원으로 살아나 왈츠를 추며 전시장 곳곳을 누비는 것만 같다. 눈과 귀가 황홀해 순식간에 작품에 몰입하게 되고 감동의 깊이는 배가 된다. 빛의 벙커는 프랑스의 '빛의 채석장', '빛의 아틀리에'에 이어 세 번째로 공개된 전시장으로 프랑스 이외의 국가로는 우리나라의 제주가 최초다. 자연 공기 순환 방식을 이용해 16℃의 쾌적한 온도를 유지하고 있어 내부에 벌레나 해충이 없고, 빛과 소리의 완전한 차단으로 몰입형 미디어아트 전시에 최적화된 공간이라 할 수 있다. 구스타프 클림트를 시작으로 반 고흐, 폴 세잔, 칸딘스키, 클로드 모네, 르누아르, 샤갈 등 유명 화가의 작품을 주기적으로 교체하여 전시한다.

살아 있는 유산
제주 해녀를 찾아서

#유네스코인류문화유산
#제주해녀 #해녀의삶

오래전 제주에서는 해녀들이 딸을 낳으면 주변 사람들이 축하보다 위로를 건넸다고 전해진다. 해녀가 될 운명을 짊어지고 세상에 나온 자그마한 딸이 안쓰러워서였다. '여자로 사느니 소로 태어나는 게 낫다.'는 제주 속담은 해녀들의 삶이 얼마나 고되고 힘들었는지를 말해준다. 날카로운 겨울바람이 부는 날에도, 비

바람과 눈보라가 몰아치는 날에도 물질을 쉬지 않았다. 평생을 차가운 바닷속에서 보낸 제주의 어머니들. 춥고 고단한 삶을 살았던 그녀들이 있었기에 오늘의 제주가 있다.
예로부터 제주의 땅은 농사에 적합한 조건이 아니었다. 구멍이 숭숭 뚫린 돌과 화산 성분이 섞인 토양 때문에 땅속에 수분이 머무르지 못하고 빠져나가 농사를 지을 수가 없었다. 어쩔 수 없이 남자들은 배를 타고 먼바다로 가서 물고기를 잡았고, 여인들은 테왁을 둘러메고 바다로 나갔다. 한동안 물질을 하다가 물 밖으로 솟아오르며 '휘이!' 휘파람 소리를 낸다. '나 무사히 살아 나왔어!'라고 주변 해녀들에게 알리는 생명의 소리, 숨비 소리다.

제주 해녀의 삶
해녀박물관

#구좌_박물관
#제주해녀
#제주해녀항일운동

A 제주시 구좌읍 해녀박물관길 26 T 064-782-9898 H 09:00~18:00 / 월요일·1월1일·설날·추석 휴무 W 성인 1,100원 / 청소년·군인 500원 / 12세 이하·65세 이상 무료 P 가능 jeju.go.kr/haenyeo

해녀박물관이 자리한 곳은 1932년 일제강점기 시절, 1천여 명의 해녀들이 일본 경찰에 맞서 시위를 벌였던 곳이다. 박물관 앞 잔디 마당이 제주해녀항일운동기념공원이라 불리고, 기념탑과 추모비가 세워져 있는 이유다. 해녀들의 함성이 남겨진 자리에 세워진 해녀박물관에는 제주 해녀의 모든 것이 담겨 있다. 해녀의 역사부터 시작해 그녀들이 사용했던 장비와 옷, 살던 집, 뭍으로 나와 몸을 녹이던 불턱 등 해녀의 삶과 일상을 실감 나게 전시되어 있다. 해녀의 모습을 재현한 모형과 인터뷰를 담은 영상에서는 그녀들의 애환과 고단함이 그대로 전해져 코끝이 찡해지고 마음이 먹먹해지기도 한다. 1층과 2층의 전시장을 둘러본 후에는 3층의 전망대에 올라 해녀들의 터전이었던 바다를 내려다보며 관람을 마무리하면 좋겠다.

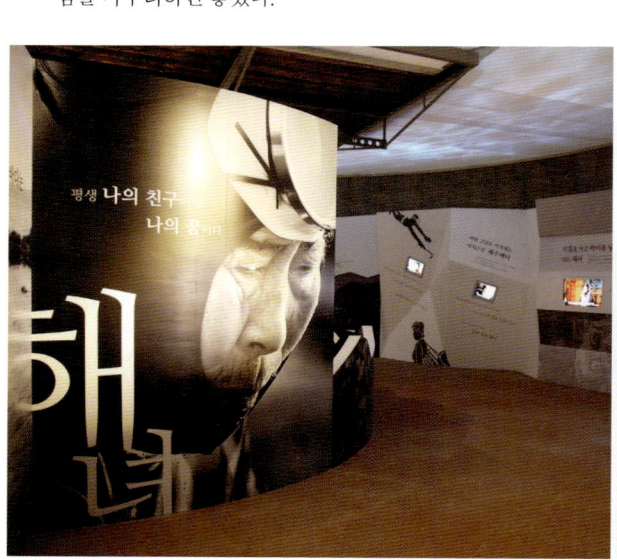

083

예술로 태어난 해녀 이야기
해녀의 부엌

#해녀의부엌
#해녀이야기 #공연다이닝
#해녀공연 #미디어아트

Ⓐ **본점** 제주시 구좌읍 해맞이해안로 2265 **북촌점** 제주시 조천읍 북촌9길 31 Ⓗ **본점** 목~월 12:00, 17:30 **북촌점** 목~월 런치 11:30, 14:00 / 디너 17:30 Ⓦ **본점** 59,000원 **북촌점** 런치 69,000원 / 디너 89,000원 Ⓟ 가능 Ⓞ @haenyeokitchen_official

해녀의 삶과 애환을 담은 연극 공연과 해녀가 직접 잡은 해산물로 만든 음식을 함께 즐길 수 있는 특별한 레스토랑이다. 구좌읍 종달리 부둣가에 오랫동안 방치됐던 낡은 어판장을 공연장으로 개조해 제주 최초의 극장식 레스토랑을 열었다. 2018년 종달리의 본점을 시작으로 2022년 조천읍에 북촌점을 열었고, 이따금 서울에서 팝업스토어를 열기도 한다. 본점과 북촌점의 공연과 음식은 다르게 꾸며진다. 본점의 '해녀이야기'는 뷔페식으로 제공되는 해녀 토크쇼와 한상차림으로 제공되는 연극 공연 중 선택할 수 있으며, 북촌점은 코스로 제공되는 음식에 도슨트와 함께하는 미디어아트 공연으로 꾸며진다. 100% 예약제로 운영되며 이용요금에는 식사와 공연이 포함되어 있다.

해녀들의 흔적을 느끼며 걷는 길
숨비소리길

#구좌_산책로
#해안길
#야외박물관

A 제주특별자치도 제주시 구좌읍 하도리 3148-2

해녀박물관 관람을 마치고 나오면 숨비소리길 안내판을 볼 수 있다. 숨비소리길은 해녀박물관의 야외 버전이라 할 수 있을 만큼 해녀들의 삶을 직접적으로 볼 수 있는 길이다. 밀물과 썰물의 차를 이용해 물고기를 잡던 갯담, 물질을 마치고 나와 몸을 녹이던 불턱, 해녀들의 안전을 기원하던 삼신당 등을 가까이에서 살펴볼 수 있다. 해녀박물관에서 시작해 바닷길, 별방진, 밭담길을 지나 다시 해녀박물관으로 돌아오는 코스로 총 4.4km의 산책로로 이루어져 있다. '제주 해녀의 삶'이라는 하나의 주제로 해녀박물관과 자연스럽게 연결된다.

잠시 해녀가 되어보는 시간
해녀 체험

#물질체험 #바다수영
#도시해녀
#하도어촌체험마을

도시해녀 (5월~10월 운영)
제주시 애월읍 하귀미수포길 16-1
48,000원 (중학생 이상 가능)
예약 : 010-2313-7412

하도 어촌체험마을 (4월~10월 운영)
제주시 구좌읍 해맞이해안로 1897-27
40,000원 (초등학교 5학년 이상 가능)
예약 : 010-2615-1313

한수풀해녀학교
제주시 한림읍 한림해안로 623-6
34,500원 (8세 이상 가능)
예약 : 064-796-1515

남다른 추억과 체험을 원하는 여행자라면 해녀복을 입고 바닷속에 들어가 물질을 체험할 수 있는 해녀 체험을 추천한다. 전문 다이버와 현직 해녀의 안내에 따라 안전하게 진행되며, 수영을 할 줄 모르는 사람도 문제없이 즐길 수 있도록 도와준다. 뿔소라, 문어 등 직접 잡은 해산물을 시식할 수 있는 시간도 마련되어 있다. 100% 예약제로 운영되며, 4월부터 10월까지 바다가 허락하는 날에만 체험이 진행되므로 문의 후에 예약하는 것이 좋다.

물소중이 입고 기념 촬영

해녀사진관

#해녀사진
#인생사진
#셀프사진

제주해요 셀프 사진관
서귀포시 성산읍 신양로 79
1인 30,000원부터 (소품 별도 10,000원)
예약 : 인스타그램 DM, 카카오톡

전통 해녀복 물소중이를 입고 테왁과 수경, 오리발까지 착용하고 기념사진을 남길 수 있는 해녀사진관이 제주 곳곳에 있다. 전문 사진사가 촬영해주는 스튜디오는 물론, 직접 사진을 찍을 수 있는 셀프 스튜디오도 있어 선택의 폭이 넓다. 가격은 약 30,000원~50,000원으로 사진을 찍고 간단한 보정과 인화까지 포함되어 있다. 혼자서 혹은 커플이나 친구, 가족과 함께 찍은 특별한 사진은 잊을 수 없는 추억이 된다.

해녀사진관 스탑샷
제주시 도리로 115
1인 30,000원 / 2인 50,000원
예약 : 010-7293-6885

서쪽사진관
제주시 한림읍 월림7길 155, 2층
1인 50,000원
예약 : 네이버

스튜디오 오라리
제주시 사평2길 40
1인 25,000원 (2인 이상 가능)
예약 : 네이버

캐릭터가 된 해녀

숨비 아일랜드

#해녀캐릭터 #해녀기념품
#기념품샵
#이중섭거리

A 제주 서귀포시 이중섭로 29-1 T 064-767-2408
H 10:00 ~17:00 P 인근 공영주차장 이용
O @sumbi_island

꼬마 해녀 숨비를 테마로 만든 100여 종의 캐릭터 상품을 만날 수 있는 곳이다. 인형, 열쇠고리, 스티커, 메모지, 스카프 등 귀여운 해녀 캐릭터가 그려진 아기자기한 소품에 저절로 미소가 지어진다. 제주 해녀를 담은 특별한 소품으로 제주 여행을 기념해보는 것도 좋겠다. 예쁜 카페와 공방이 모여 있는 이중섭 거리에 자리하고 있어 주변을 둘러보기에도 좋다.

진짜 제주를 만나는 곳
시장 탐방

#시장 #제주오일장 #시장구경

제주시민속오일시장
- 장날 끝자리가 2, 7인 날
- A 제주시 오일장서길 26
- T 064-743-5985
- H 평일 08:00~18:00 / 주말 06:00~19:00

한림민속오일장
- 장날 끝자리가 4, 9인 날
- A 제주시 한림읍 한수풀로 4길 10
- T 064-796-8830
- H 08:00~17:00

대정오일장
- 장날 끝자리가 1, 6인 날 (31일이 있는 달은 31일에 열고 다음달 1일에 닫음)
- A 서귀포시 대정읍 신영로 36번길 65
- T 064-760-4081
- H 08:00~14:00

중문향토오일장
- 장날 끝자리가 3, 8인 날
- A 서귀포시 천제연로 188길 12
- T 064-735-3353
- H 08:00~14:00

함덕오일시장
- 장날 끝자리가 1, 6인 날
- A 제주시 조천읍 함덕17길 15-13
- T 064-783-8559
- H 06:00~14:00

세화민속오일시장
- 장날 끝자리가 5, 10인 날
- A 제주시 구좌읍 해맞이해안로 1412
- T 064-783-2066
- H 03:00~14:00

성산·고성오일시장
- 장날 끝자리가 4, 9인 날
- A 제주도 서귀포시 성산읍 고성리 1180-4
- T 064-760-4281
- H 08:00~14:00

표선오일시장
- 장날 끝자리가 2, 7인 날
- A 서귀포시 표선면 표선동서로 203-3
- T 064-760-4471
- H 08:00~14:00

서귀포향토오일장
- 장날 끝자리가 4, 9인 날
- A 서귀포시 중산간동로 7894번길 18-5
- T 064-763-0965
- H 08:00~21:00

제주 여행에서 절대로 빼먹지 않는 일 중의 하나는 그 지역의 시장을 구경하는 일이다. 시장에서만 느낄 수 있는 활기찬 에너지와 동네 사람들의 사람 사는 냄새가 좋아서다. 동네 사람이 된 것처럼 생선가게를 기웃거리고 채소를 만지작거리다가 나도 모르게 당근이며 감자를 양손 가득 사기도 했다. 그러다 배가 고프면 장터국밥으로 배를 채우고 디저트로 꽈배기까지 사 들고 행복했다. 진짜 제주를 만나고 진짜 사람 사는 모습을 볼 수 있는 곳. 시장만 한 곳이 또 있을까.

치킨 먹고 갈래?
서귀포 매일올레시장

#전통시장
#상설시장 #모닥치기
#마농치킨 #꽁치김밥

A 서귀포시 중앙로 62번길 18   **T** 064-762-2925   **H** 하절기 07:00~21:00 / 동절기 07:00~20:00   **P** 서귀포 매일올레시장 공영주차장

서귀포에서 가장 큰 시장으로 60여 년의 역사를 이어온 상설시장이다. 시내에 자리해 접근성도 좋고 중문관광단지, 이중섭거리와도 가까워 이동 중 들르기에도 좋다. 현대식으로 리모델링해 전통시장 특유의 분위기는 사라졌지만, 최신식의 시설을 마련하여 이용객의 편리함은 높아졌다. 매일올레시장에서 꼭 먹어야 하는 먹거리로는 중앙통닭의 마농치킨, 새로나분식의 모닥치기, 우정회센터의 꽁치김밥 등이 꼽힌다. 특히 줄 서서 먹는 중앙통닭의 마농치킨은 고소한 닭튀김에 알싸한 마농이 더해져 멈출 수 없는 매력적인 맛으로 유명하다. 마농은 마늘의 제주 방언이다. 대기가 필수인 유명한 곳이지만 긴 대기시간이 아깝지 않은 맛이다.

밤에 더 빛나는 시장
동문시장

#공항주변
#야시장 #오메기떡
#대중교통추천

A 제주시 관덕로 14길 20   **T** 064-752-3001 / 064-752-8985   **H** 08:00~21:00   **P** 동문공설시장 공영주차장, 동문재래시장 공영주차장

제주공항에서 가까운 동문시장은 전통시장과 수산시장이 연결되어 있어 제주시민의 부엌이라 불리던 곳이다. 대형마트와 온라인 쇼핑 등으로 인해 시장 이용객이 줄어들면서 긴 침체기를 겪었지만, 동문 야시장의 성공과 함께 제2의 전성기를 누리고 있는 곳이라 할 수 있다. 코로나 이후 재개장한 동문 야시장은 동문시장의 하이라이트다. 전복김밥, 흑돼지 김치말이 삼겹살, 랍스터구이 등 이색적인 먹을거리와 볼거리가 가득해 눈과 입이 즐겁다. 어느 점포에 들르더라도 긴 대기 줄을 마주할 테니 느긋한 마음은 필수다. 동문시장의 부활은 박수받을 일임이 분명하지만, 평일에도 심각한 주차난과 다소 비싼 가격, 지나친 호객 행위 등은 해결해야 할 숙제로 꼽힌다.

제주 오일장 인기스타
세화민속오일시장

#세화오일장
#흑돼지족발
#세화벨롱장

A 제주시 구좌읍 해맞이해안로 1412　T 064-783-2066　⊙ 03:00~14:00
P 세화리 공영주차장

세화 해수욕장에서 차로 5분 거리에 있는 시장으로 매월 5, 10, 15, 20, 25, 30일에 장이 선다. 제주 오일장 중 가장 인기가 많은 편이라 늘 사람들로 붐빈다. 해녀가 많은 제주 동쪽의 오일장답게 해녀들이 잡아 올린 싱싱한 해산물을 만날 수 있다. 한라봉, 레드향, 애플망고 등의 제주 특산품과 당근, 양배추, 브로콜리 등 제주에서 자란 농산물도 저렴하게 살 수 있다. 시장 구경을 하다가 출출해진다면 제주 흑돼지로 만든 흑돼지 족발을 꼭 맛볼 것. 남다른 쫄깃함과 감칠맛을 자랑하는 흑돼지 족발은 제주에서만 먹을 수 있는 특별한 먹거리로 꼽힌다. 시장 곳곳에 숨어 있는 귀엽고 실용적인 공산품을 찾아내는 재미도 쏠쏠하다. 오후 1시가 지나면 상인들이 철수하기 시작하니 서두르는 것이 좋다.

드라마 속 그곳
성산·고성민속오일시장

#고성오일장
#성산오일장
#우리들의블루스

A 서귀포시 성산읍 고성오조로 93　T 064-760-4282　⊙ 06:00~13:00
P 고성오일장 옆 공영주차장

제주를 배경으로 한 드라마 <우리들의 블루스>에서 주인공들이 나물과 순댓국을 팔고, 얼음을 실어 나르던 시장이 이곳 성산·고성오일시장이다. 제주의 다른 오일장에 비해 규모는 작은 편이지만, 그렇기에 현지 주민들의 모습을 더 생생하게 만날 수 있다. 가까운 곳에 성산항이 있어 수산물 코너가 크고 종류도 다양한 편. 성산일출봉과의 접근성도 좋다. 현지 주민이 주로 찾는 시장이라 오후 1시쯤이면 파장하기 시작하니 오전에 방문할 것을 추천한다.

양조장 투어
술맛 나는 제주

#양조장　#제주맥주　#한라산소주　#전통주

맥주 마니아의 놀이터
제주맥주 양조장

#제주맥주
#양조장투어
#맥주샘플러

ⓐ 제주시 한림읍 금능농공길 62-1　☎ 064-798-9872　🕐 13:00, 14:00, 15:00, 15:30, 16:00, 18:00　₩ 19,000원(음료 포함)　ⓟ 가능
ⓡ www.jejubeer.co.kr

제주맥주는 각종 할인과 이벤트로 국산 맥주를 위협하던 수입 맥주 사이에서 국산 맥주의 위상을 높이고 돌풍을 일으킨 맥주다. 2021년 코스닥 시장에 특례 상장했을 정도로 이슈가 되었던 주인공이기도 하다. 공장을 둘러보며 제주맥주의 양조장 투어는 맥주 마니아 사이에서 꼭 들러야 할 여행지로 꼽힌다. 3층의 펍은 예약 없이 이용할 수 있지만, 공장 시설이 가동되는 것을 둘러보고 제주맥주에 대한 자세한 설명을 들으려면 투어 예약을 신청하는 것이 좋다. 입장 시 받은 영수증을 제시하면 제주맥주의 4종 샘플러와 교환할 수 있으니 잃어버리지 않도록 주의할 것. 운전자에게는 맥주 대신 감귤로 만든 음료가 제공된다.

애주가의 방앗간
제주한잔 세화

#제주전통주
#감귤주 #제주막걸리
#만취주의

Ⓐ 제주시 구좌읍 세평항로 44 ☎ 064-799-5575 🕒 11:00~20:00
Ⓟ 가능 Ⓞ @jeju.hanjan

제주에서 만든 다양한 술과 주전부리, 관련 굿즈 등을 파는 곳이다. 감귤로 만든 소주, 약주, 와인 등을 비롯해 오메기술, 고로쇠술, 메밀술 등의 전통주와 탁주까지 만나볼 수 있다. 애주가를 위한 세트 상품도 다양하게 구성되어 있으며 구입한 술은 택배로 발송할 수 있어 가뿐하다. 어떤 술을 골라야 할지 고민이라면 시음 서비스를 이용할 수 있고, 매장 한쪽의 테이블에 앉아 제주의 술을 좀 더 여유롭게 즐길 수도 있다. 여행 중 술 한잔이 생각날 때, 이왕이면 제주의 술로 술잔을 채워보는 건 어떨까.

청정 제주를 담은 소주
한라산 소주 공장

#한라산소주
#청정소주
#화산암반수

Ⓐ 제주시 한림읍 한림로 555 Ⓐ 064-729-2750 ₩ 6,000원(시음 포함)
Ⓗ 금·토·일요일 13:00, 14:30, 16:00 Ⓡ 네이버 예약 Ⓟ 가능
🌐 www.hallasan.co.kr

부산에는 대선, 전라도에는 잎새주가 있다면 제주도에는 한라산 소주가 있다. 한라산 소주의 발자취를 살펴보고, 제조 공장을 둘러볼 수 있는 투어 프로그램은 가성비 좋은 인기 프로그램이라 최소 2주 전에는 예약해야 차질 없이 투어에 참여할 수 있다. 입구에 들어서면 거대한 소주 박스 더미를 마주하게 되는데 한라산 소주 공장의 대표적인 포토 스폿이니 놓치지 말자. 투어가 끝나면 간단한 안주와 함께 허벅술과 한라산 소주 17도, 21도 칵테일을 시음할 수 있으며, 운전자에게는 술 대신 따뜻한 차가 제공된다. 한라산과 비양도를 조망할 수 있는 옥상정원도 빼놓지 말고 들러보자.

이야기가 있는 제주 여행
제주 역사 기행

#제주역사 #역사기행 #다크투어리즘

화사한 봄꽃들이 만발하는 제주의 4월은 바람 끝에 아픔이 묻어나는 계절이다. 한국 현대사에서 한국전쟁 다음으로 극심한 인명 피해가 발생했던 비극적인 제주 4.3사건이 있었던 계절이기 때문이다. 제주 4.3사건은 1947년 3월 1일을 기점으로 1948년 4월 3일에 군중과 군경의 유혈 충돌사태가 발생하고, 그 후로 1954년 9월까지 이어진 무력 충돌과 진압 과정에서 25,000여 명의 제주도민이 목숨을 잃은 안타까운 사건이다.

잊지 말아야 할 제주의 역사
4.3평화공원

#한국전쟁
#미군 #4.3사건
#다크투어리즘

🅐 제주시 명림로 430 ☎ 064-723-4344 🕘 09:00~18:00 /
첫째·셋째 월요일 휴무 🅟 가능 🌐 www.jeju43peace.or.kr

제주시 봉개동의 4.3평화공원은 4.3사건으로 억울하게 희생된 민간인 희생자들의 넋을 위령하기 위해 세워진 공원이다. 공원은 제주 4.3평화기념관, 위령탑, 위령제단, 봉안관 등으로 나누어진다. 6개의 특별 전시관으로 구성된 평화기념관에서는 4.3사건의 시작부터 현재에 이르기까지의 진실을 세밀하게 살펴볼 수 있다. 봉안관은 희생자의 유해를 봉안하는 장소, 위령탑은 희생자의 이름을 새겨 추모하는 곳이다. 이름도 없이 아무도 모르게 사라진 희생자가 여전히 많다는 사실에 가슴이 아프다. 단지 제주에 산다는 이유만으로 탄압당하고 희생된 민간인의 숫자는 당시 제주도민의 10분의 1에 달하는 것으로 추정된다. 희생자들에 대한 국가의 공식적인 사과는 그로부터 약 50년 후, 故 노무현 대통령 시절에 이르러서야 이루어졌다. 2000년에는 4.3사건 진상규명 및 희생자 명예회복에 관한 특별법이 제정되었으며, 2014년부터는 국가추념일로 지정되어 정부가 주관하는 추모 행사가 치러지고 있다.

아픈 역사의 현장
알뜨르비행장

#서귀포유적지
#모슬포비행장
#다크투어리즘

A 서귀포시 대정읍 상모리 1670 P 4.3유적지 섯알오름 학살터 주차장 이용

관광지로 널리 알려진 곳은 아니지만 일제강점기의 아픈 역사가 서린 곳이다. 제주 방언으로 '아래쪽'을 뜻하는 '알'과 '넓은 들판'을 뜻하는 '드르'가 합쳐져 만들어진 이름으로 현지 지명을 따서 모슬포 비행장이라 부르기도 한다. 1933년 일본 해군의 임시활주로로 처음 조성되어 중일전쟁 당시 일본에서 중국으로 향하던 전투기와 폭격기의 중간 기착지 역할을 했던 곳으로 잘 알려져 있다. 제주 4.3사건 희생자들의 합동위령제를 지내고 있는 인근 섯알오름, 일본의 진지 동굴이 남아 있는 송악산과 함께 역사적 비극이 일어난 곳을 찾아 교훈을 얻는 테마 여행인 '다크투어리즘'의 한 장소로 꼽힌다. 대부분의 땅은 농지화되어 현재는 당시 시설 일부의 잔해와 과거 흔적만 살펴볼 수 있다.

제주의 탄생을 확인하는 곳

삼성혈

\#탄생설화
\#삼신인신화
\#제주의시조 \#벚꽃명소

Ⓐ 제주시 삼성로 22 ☎ 064-710-6721 🕘 09:00~18:00
₩ 성인 4,000원 / 청소년·군인 2,500원 / 어린이·경로 1,500원 Ⓟ 가능
🌐 www.samsunghyeol.or.kr

제주도의 고전 설화 가운데 유명한 신화 중 하나로 '삼신인三神人 신화'가 있다. 사람이 살지 않던 제주 땅에 어느 날 갑자기 지반이 움푹 꺼지고 그 안쪽에 3개의 구멍이 뚫렸는데, 그 구멍에서 제주의 시조이자 수호신인 양을나, 고을나, 부을나가 솟아났다는 신화다. 이들이 제주 양씨, 제주 고씨, 제주 부씨의 시조다. 제주에서 가장 오래된 유적지인 삼성혈은 삼신인이 탄생한 신성한 장소라 여겨진다. 산책하며 둘러보기 좋은 한적한 곳이지만, 벚꽃이 흩날리는 벚꽃 명소로 알려져 벚꽃 철에는 상춘객으로 붐비는 곳이다. 오전 11시부터 오후 4시까지, 매시 정각에 시작되는 문화관광해설사의 해설과 함께 둘러보면 더욱 재미있다.

삼별초의 마지막 항쟁지
항파두리 항몽유적지

#고려삼별초 #유채꽃명소
#해바라기
#코스모스

A 제주시 애월읍 항파두리로 50　T 064-710-6726　H 09:00~18:00
P 가능　🌐 www.jeju.go.kr

몽골군에 대항해 최후를 맞이한 고려 삼별초의 마지막 항쟁지로 알려진 곳이다. 삼별초는 이곳에서 내성과 외성을 쌓고 3년간 저항하다가 최후를 맞았다. 삼별초의 항쟁과 역사를 살펴볼 수 있는 항몽유적전시관과 항몽순의비, 내성 터 등이 남아 있다. 유채꽃과 해바라기, 코스모스 등 계절마다 흐드러지게 피는 꽃을 만나기 위해 찾는 사람이 많다.

추사 김정희가 머물던 자리
추사유배지

#추사김정희
#세한도 #국보제180호
#추사관

A 서귀포시 대정읍 추사로 44　T 064-710-6803　H 09:00~18:00 / 월요일 휴무
P 가능　🌐 www.jeju.go.kr

추사 김정희 유배지는 죽기 전에 꼭 가봐야 할 여행지 중 한 곳으로 꼽힌다. 문과에 급제해 형조 참판까지 지낸 조선시대의 문신이자 학자, 추사 김정희는 55세 되던 해 정쟁에서 밀려 제주도로 유배를 오게 된다. 이곳에서 제주 유생들에게 학문과 서예를 가르치며 추사체를 완성하여 많은 서화를 그렸다. 특히 유배 시절 그린 〈세한도〉는 역사적, 예술적 가치를 인정받아 대한민국 국보 제180호로 지정되었으며, 추사유배지 옆에 지어진 추사관의 모티프가 되었다.

사라질 뻔했던 제주 역사의 뿌리

제주목 관아

#사적지
#조선시대유적지
#제주역사의뿌리

ⓐ 제주시 관덕로 25 ⓣ 064-710-6717 ⓗ 09:00~18:00
ⓦ 성인 1,500원 / 청소년·군인 800원 / 어린이 400원 / 6세 이하·65세 이상 무료 ⓟ 가능 🌐 www.jeju.go.kr

탐라국부터 조선시대에 이르기까지 제주의 정치, 행정, 문화의 중심지 역할을 해왔던 제주목 관아는 한때 지하 주차장 예정지로 결정된 바 있었다. 일제강점기 시절 일제가 과거의 관아를 모두 헐어 그 자리에 경찰서, 법원 등의 건물을 세웠기 때문이다. 그러나 1991년부터 1998년까지 4차례에 걸친 발굴 작업을 통해 일제에 의해 파괴되었던 관아 시설의 초석과 기단석, 크고 작은 유물들이 발견되기 시작되면서 주차장 건설 계획이 취소되고 '제주목 관아지'라는 이름의 사적지로 지정되었다. 잃어버릴 뻔했던 제주의 정체성과 뿌리가 스며 있는 역사적 가치가 매우 높은 곳이다.

ⓒ국가문화유산포털

봄이 되면 꼭 찾아야 할 제주 꽃길 안내서
제주 봄꽃 로드

#제주꽃지도 #유채꽃명소 #벚꽃명소 #수국길 #동백꽃

용천수가 흐르는 봄꽃월드
대왕수천예래생태공원

#예래생태공원
#벚꽃명소
#유채꽃명소

서귀포 상예동의 습지 공원으로 올레길 8코스에 속하는 곳이다. 제주의 하천은 비가 오지 않을 때는 물이 마르는 것이 대부분인 데 비해, 이곳의 용천수는 아무리 가뭄이 찾아와도 수량이 줄지 않고 사시사철 맑은 물이 흐르는 진귀한 풍경을 품고 있다. 예래동 일대의 가장 큰 물이라는 뜻의 '대왕수천'이라 불린다. 일 년 내내 용천수가 흐르고 새가 지저귀는 아름다운 공원이지만, 일 년 중 가장 아름다운 계절은 단연 봄이다. 벚꽃, 유채꽃, 철쭉, 갯무꽃 등이 흐드러지게 피어 꿈결 같은 꽃길을 만날 수 있다. 산책로가 길고 넓어 사람이 많아도 복잡하지 않다. 따뜻한 봄볕 아래 온갖 봄꽃들이 둘러싼 벤치에 앉아 시냇물 흐르는 소리를 들으며 봄을 만끽할 수 있다.

A 서귀포시 상예동 5002-26
P 가능

TIP 봄철 생태공원 주차장은 매우 혼잡하므로 '상예동 887-3' 위치의 공터에 차를 주차하는 것이 좋다. 공터를 등지고 벚나무 길을 따라 걷다가 계단을 내려가면 바로 대왕수천예래생태공원이 나온다.

유채꽃이 흐르는 언덕

엉덩물계곡

#중문관광단지
#유채꽃명소
#중문달빛걷기공원

A 서귀포시 색달동 3384-4 **H** 개방 시간 제한 없음 **P** 가능

중문관광단지 켄싱턴 리조트 옆에 자리한 계곡이다. 지형이 험준하고 큰 바위가 많아 물 먹으러 온 짐승들이 엉덩이를 들이밀고 볼일만 보고 돌아갔다고 해서 엉덩물계곡이라 이름 붙었다. 평상시에는 숲이 우거진 평범한 계곡이지만, 해마다 봄이 되면 계곡 주변의 언덕 전체에 샛노란 유채꽃이 뒤덮여 장관을 이룬다. 경사면을 따라 겹겹이 피어난 유채꽃은 평지의 유채꽃보다 더 입체적인 풍경을 만들어낸다. 사진 한 장 찍으려 하면 입장료를 받는 유채꽃밭과는 달리 무료로 입장할 수 있으며 주차장도 널찍해 찾는 사람이 많다. 엉덩물계곡은 올레 8코스에 포함되어 있으며 중문달빛걷기공원이라 불리기도 한다.

흩날리는 벚꽃잎을
전농로

#전농로
#제주전농로 #벚꽃명소
#왕벚나무 #벚꽃터널

🅐 제주시 전농로

평소에는 그냥 지나치는 길이지만, 벚꽃 철이 되면 절대로 그냥 지나칠 수 없는 아름다운 벚꽃길이다. 제주공항 근처 삼도1동 1.2km 남짓의 2차선 도로로, 길 양옆에 왕벚나무가 흐드러지게 피어 벚꽃 터널을 만들어낸다. 일본산 벚나무와는 다르게 제주 자생종인 왕벚나무는 꽃잎이 더 풍성하고 탐스럽다. 전농로의 왕벚나무는 짧게는 20년, 길게는 100년 이상 된 왕벚나무로 커다란 팝콘 같은 벚꽃잎이 만개하면 거리 전체가 황홀한 꽃 천지가 된다. 1992년부터 벚꽃 철이 되면 전농로 일대에서는 차량을 통제하고 왕벚꽃축제가 열린다. 벚꽃 사이로 햇살이 쏟아져 길 위로 벚나무 그림자가 드리우는 오전 11시에서 오후 2시 사이에 방문하면 특히 예쁜 사진을 남길 수 있다.

유채꽃과 벚꽃이 함께 피어나는
아름다운 길
녹산로

#녹산로
#유채꽃명소
#벚꽃명소 #유채꽃축제

ⓐ 서귀포시 표선면 녹산로 일대

'한국의 아름다운 길 100선'에 선정되어 꽃나들이 명소로 꼽히는 곳이다. 서귀포 가시리마을 가시리사거리에서 시작해 약 10km에 이르는 길 양쪽에 유채꽃과 벚꽃이 흐드러지게 피어난다. 해마다 벚꽃 철이 되면 사진을 찍는 사람들, 느림보가 되어 차 안에서 꽃길을 구경하는 사람들로 거리 곳곳이 북적거린다. 왕벚나무 벚꽃의 개화 시기에 맞추어 버스킹, 플리마켓, 캐리커쳐, 꽃다발 체험, 페인팅 등 다양한 행사로 채워진 유채꽃 축제가 열리기도 한다. 벚꽃 철 제주를 방문하는 사람이라면 거의 모두가 방문하는 길로 인파가 몰리는 곳이지만, 따로 차량 통제를 하지 않으니 사진 촬영 시 반드시 주의가 필요하다.

TIP 내비게이션에 '가시리사거리' 또는 '유채꽃프라자'를 검색하고 가면 쉽게 만날 수 있다.

나만 알고 싶은 숨은 벚꽃 명소
해비치CC 진입로

#해비치CC
#벚꽃명소
#벚꽃터널

🅐 서귀포시 남원읍 원님로399번길 319

다른 벚꽃 명소들에 비해 비교적 덜 유명한 곳으로 오가는 사람도 훨씬 적어 한적한 벚꽃 길을 걸을 수 있다. 서귀포시 남원읍 해비치CC 정문 앞부터 시작해 약 250m에 이르는 짧은 길이지만, 오가는 사람과 차량이 많지 않아 여유 있게 벚꽃 산책을 즐길 수 있다. 사람과 차량이 없는 벚꽃 길 한 가운데서 벚꽃 터널을 배경으로 사진을 남길 수 있어 웨딩 스냅 사진을 찍는 커플이 많이 찾는 곳이기도 하다. 벚꽃이 지고 난 후 찾아오는 나뭇잎의 초록 터널도 아름답다.

TIP 내비게이션에 '해비치CC 제주'로 검색하고 가면 찾을 수 있다.

유채꽃이 만발하는 바람의 언덕
섭지코지

#성산명소
#유채꽃명소
#성산일출봉

🅐 서귀포시 성산읍 섭지코지로 107   🅣 064-724-2810

제주 동쪽의 섭지코지는 높은 곳에서 바라보는 바다의 절경으로 유명한 곳이다. 일 년 내내 관광객의 발걸음이 끊이지 않는 명소로 꼽히지만, 만물이 피어나는 봄철에는 봄나들이에 나선 상춘객들로 훨씬 더 북적인다. 섭지코지의 완만한 능선을 따라 오르다보면 섭지코지의 가장 높은 곳에 자리한 등대가 보이고, 등대로 가는 길목에는 해마다 유채꽃이 샛노란 물결을 이룬다. 유채꽃밭 너머로 푸른 바다와 성산일출봉이 보이는 풍경은 이곳 섭지코지에서만 만날 수 있는 절경으로 꼽힌다. 사방이 탁 트인 섭지코지에서의 봄 풍경은 어느 각도에서 바라봐도 아름답다.

✚ 저자 추천 벚꽃 명소

삼성혈 제주 탄생 신화로 유명한 역사 유적지.
Ⓐ 제주시 삼성로 22

서호동 벚꽃길 Ⓐ 서귀포시 서호로 33 서호마을회관

강정동 벚꽃길 Ⓐ 서귀포시 이어도로 377

신산공원 Ⓐ 제주시 일도이동 830

장전리 Ⓐ 제주시 애월읍 장전리 1167-9

제주대학교 벚꽃길 제주대사거리에서 시작해 제주대학교 정문까지 이어진다. Ⓐ 제주시 아라일동

서호동 벚꽃길

제주대학교 벚꽃길

✚ 저자 추천 유채꽃 명소

별방진 유채꽃 명소로 유명하지만, 사실 유채꽃이 아니라 무꽃과 배추꽃이다.
Ⓐ 제주시 구좌읍 하도리 3354

가파도 Ⓐ 서귀포시 대정읍 가파리 276

유민미술관 미술관에서 바라보는 유채꽃밭이 장관이다. Ⓐ 서귀포시 성산읍 섭지코지로 107

함덕 서우봉 Ⓐ 제주시 조천읍 조함해안로 525

별방진

유민미술관

가파도

주제도 볼거리도 다양한
제주 박물관 투어

(#박물관) (#아이와함께) (#비오는날) (#실내관광)

어른 아이 모두가 즐거운 박물관
넥슨컴퓨터박물관

#아이와함께
#컴퓨터박물관 #컴퓨터체험
#게임체험 #코딩체험

- A 제주시 노형동 864
- T 064-745-1994
- H 10:00~18:00 / 월요일 휴관
- W 성인 8,000원 / 청소년 7,000원 / 어린이 6,000원 / 제주도민·36개월 미만 무료
- P 가능
- www.computermuseum.nexon.com

메이플, 크레이지아케이드, 카트라이더 등을 개발한 게임 회사 넥슨이 운영하는 컴퓨터 박물관이다. 오늘날의 넥슨과 대한민국의 게임산업을 있게 한 컴퓨터와 게임 문화를 둘러볼 수 있는 곳이다. 초기의 컴퓨터, 게임기, 프린터 등 지금은 보기 힘든 오래된 기기부터 패키지 게임, 오락실 게임, 최첨단 3D게임까지 다양한 플랫폼에서 즐길 수 있는 게임이 전시되어 있고 직접 체험할 수도 있다. 아이들에게는 컴퓨터와 게임의 역사를 둘러보고 지금은 보기 힘든 각종 게임과 컴퓨터를 체험해보는 시간이 되고, 어른들에게는 어린 시절 게임기를 갖고 놀던 추억을 회상하고 요즘의 게임문화를 이해하는 데 도움이 된다. 컴퓨터와 게임기의 원활한 체험을 위해 시간별 입장 인원이 정해져 있기 때문에 홈페이지 관람 예약을 완료해야 관람이 가능하다. 티켓은 현장 구매 또는 네이버 사전구매 모두 가능하다. 매해 3월은 기기 점검과 재정비를 위해 한 달 동안 휴관한다.

별 보러 갈까요?
서귀포천문과학문학관

#천문과학관
#노인성 #별자리
#천체망원경

Ⓐ 서귀포시 1100로 506-1 Ⓣ 064-739-9701 Ⓗ 14:00~22:00 / 월요일 휴관 Ⓦ 성인 2,000원 / 어린이·청소년 1,000원 / 65세 이상·6세 이하무료 Ⓟ 가능 🌐 www.culture.seogwipo.go.kr/astronomy

육지에서는 보기 힘든 별자리를 관측할 수 있는 곳이다. 특히 시리우스에 이어 두 번째로 밝은 별인 노인성을 관측하기에 최적의 장소로 전국에서 유일하게 노인성을 관측할 수 있는 곳이다. 옛 제주인들은 노인성을 '목숨별'이라 부르면서 일생에 한 번만이라도 노인성을 본다면 장수하고, 세 번 보면 무병장수하며, 아홉 번 보면 구천에 태어난다고 생각했다고 전해진다. 노인성을 관측할 수 있는 시기는 2월과 3월 중 단 며칠뿐. 홈페이지를 통해 관측할 수 있는 날짜를 확인해야 헛걸음하지 않는다. 이 외에도 가상의 밤하늘과 디지털 영상을 상영하는 천체투영실과 영상관, 낮에는 태양을, 밤에는 천체를 관측할 수 있는 다양한 천체망원경이 마련되어 있는 등 풍성한 볼거리를 갖추고 있어 만족도가 높은 박물관이다. 더 많은 별과 선명한 달을 관측할 수 있는 맑은 날 저녁에 방문할 것을 추천한다.

우리가 몰랐던 아프리카의 모든 것
아프리카박물관

#아프리카
#미디어아트
#젠네대사관

ⓐ 서귀포시 이어도로 49　ⓣ 064-738-6565　ⓗ 10:00~19:00
ⓦ 성인 10,000원 / 청소년 9,000원 / 어린이 8,000원 / 네이버 예약 시 할인
ⓟ 가능　ⓞ @museumafrica

아프리카의 역사와 문화, 예술 등 잘 알지 못했던 아프리카에 대해 알기 쉽게 전시해놓은 곳이다. 아프리카박물관은 말리공화국의 젠네 대사원을 본떠 지었다. 젠네 대사원은 진흙으로만 지은 세계에서 가장 큰 건축물로 세계문화유산으로 등재된 건축물이다. 1층 사파리 파크는 아프리카의 자연과 야생동물을 둘러보는 공간이며, 2층부터는 왕실 미술, 생활 도구, 가면 등 9가지 주제로 나뉘어 900여 점의 유물이 전시되어 있다. 아프리카 대륙이 품은 다양한 문화, 역사와 전통을 다채로운 색감으로 담은 영상과 아프리카 음악이 함께 재생되는 미디어아트 '킹덤 오브 아프리카'도 흥미롭다.

제주 역사와 문화의 전당
국립제주박물관

#제주역사
#제주문화
#어린이박물관

ⓐ 제주시 일주동로 17　ⓣ 064-720-8000　ⓗ 09:00~18:00 / 월요일 휴관
ⓟ 가능　🌐 www.jeju.museum.go.kr

국립제주박물관은 삼신인 신화로부터 시작된 탐라국의 문화, 고려시대 삼별초의 대몽항쟁, 제주목의 중앙정치체제 등으로 형성된 제주 고유의 역사와 문화를 두루두루 살펴볼 수 있는 박물관이다. 교육적, 문화적 가치가 높은 박물관이라 자녀와 함께 방문하는 가족들이 많다. 물허벅, 돌담 쌓기, 제주 식물 그리기 등의 체험을 할 수 있는 어린이 박물관이 별도로 마련되어 있어 아이들을 위한 체험학습 공간으로도 훌륭한 곳이다.

제주의 숨결이 담긴 40년 전통의 박물관
제주민속자연사박물관

#제주의모든것
#참고래
#바다전시관

- Ⓐ 제주시 삼성로 40 Ⓣ 064-710-7708
- Ⓗ 09:00~18:00 / 월요일 휴관 Ⓦ 성인 2,000원 / 청소년 1,000원 / 도민 50% 할인 / 초등학생 이하 무료
- Ⓟ 가능 🌐 www.jeju.go.kr/museum

제주의 자연환경, 제주 사람, 제주의 삶 등에 대해 깊이 알고 싶다면 가볼 만한 곳이다. 1984년에 문을 연 박물관으로 약 12,000점의 자료를 소장, 전시하고 있다. 제주의 설화, 제주의 탄생, 옛 제주 사람들의 생활 환경과 주거 환경, 식생활 등 제주 사람들의 삶과 역사를 둘러볼 수 있으며, 제주의 지형과 화산활동, 제주에서 서식하는 동식물 등 제주 전체를 폭넓게 둘러보고 이해하는 데 도움이 된다. 박물관은 자연사전시관, 민속전시관, 야외전시장, 바다전시관, 제주체험관, 특별전시관 등 총 6개의 공간으로 나뉘어 있다. 특히 제주 바닷속을 재현하고 제주 바다에 서식하는 동물을 실감 나는 모형으로 재현한 바다생물관은 어린이들이 가장 좋아하는 전시관이다. 디오라마, 영상, 트릭아트, 제주어 퀴즈 등 어른 아이 모두가 좋아할 만한 콘텐츠로 알차게 채운 박물관이다.

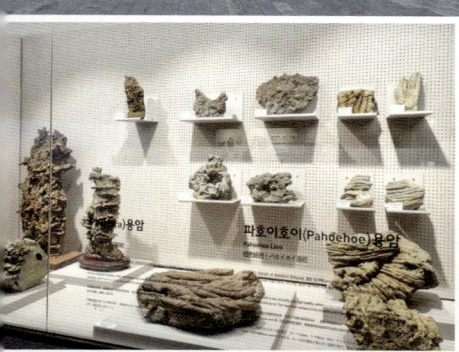

하늘을 향한 꿈과 모험의 박물관
항공우주박물관

#제주항공우주박물관
#비행기 #우주선
#조종사체험 #키즈놀이터

Ⓐ 서귀포시 안덕면 녹차분재로 218 Ⓣ 064-800-2114 Ⓗ 09:00~18:00 / 셋째 주 월요일 휴무 Ⓦ 성인 10,000원 / 청소년 9,000원 / 어린이 8,000원 / 36개월 미만 무료 / 네이버 예매 시 1,000원 할인

비행기와 우주선이 최고인 어린 자녀가 있는 집이라면 이곳만 한 곳이 없다. 우주, 천문, 항공을 주제로 한 박물관으로 볼거리와 체험 거리가 풍성한 곳이다. 1층에는 26대의 실제 항공기를 볼 수 있는 에어홀, 세계 항공의 역사를 둘러볼 수 있는 전시 공간이 마련되어 있다. 특히 시뮬레이터로 가상의 하늘을 날 수 있는 시뮬레이션 프로그램, 비행 수트를 입고 전투기 조종석에 앉아 간접 체험을 할 수 있는 체험 코너는 박물관 내 최고 인기 코너로 꼽힌다. 박물관 2층은 천문학의 역사, 우주개발의 현재와 미래, 태양계와 은하계, 블랙홀 등을 살펴볼 수 있는 천문우주관과 돔영상관, 5D영상관 등으로 꾸며져 있다. 3세 이상 8세 미만의 어린이들을 위한 놀이공간 '아이잼스페이스'까지. 시종일관 들뜬 얼굴로 행복한 웃음을 짓는 아이들 앞에서 어른들도 덩달아 행복해지는 곳이다.

캠퍼들의 로망
제주 캠핑

#제주캠핑 #제주캠핑장
#제주야영장 #캠핑

캠핑을 좋아하는 사람이라면 누구나 제주에서의 캠핑을 꿈꾼다. 장비를 싣고 바다를 건너야 하는 불편함을 감수하고서라도 언젠가는 꼭 이루고 싶은 로망이다. 제주에서 맞는 캠핑의 밤은 어떨까. 어떤 날은 파도 소리를 들으며, 어떤 날은 한라산 너머의 별빛과 함께 보내는 캠핑의 밤을 상상해본다.

5성급 캠핑장
어라운드 폴리

#초보캠퍼
#에어스트림 #카라반
#5성급캠핑장

Ⓐ 서귀포시 성산읍 서성일로 433 Ⓣ 064-783-6226
Ⓡ www.aroundfollie.com

캠핑은 불편하고 꿉꿉하고 지저분한 것을 감수하는 것이라는 걱정 때문에 망설이고 있다면, 이곳에서는 걱정을 내려놓아도 되겠다. 잔디밭, 야영 데크, 에어스트림, 카라반 등 다양한 형태의 캠핑사이트에서 각자의 상황에 맞는 캠핑을 즐길 수 있다. 조리도구와 테이블, 전자레인지, 냉장고, 냉동고 등을 갖춘 쿠킹스테이션과 독립된 샤워공간, 깨끗한 화장실, 코인 세탁기 등 초보 캠퍼와 캠핑 고수 모두가 만족할 만한 시설을 갖추고 있다. 전복죽과 빵, 과일, 베이컨 등이 플레이트로 제공되는 조식 서비스는 사전에 예약하면 이용할 수 있다.

파도 소리와 함께 잠드는 밤
김녕해수욕장 야영장

#김녕해수욕장
#김녕캠핑장
#김녕해변캠핑장

Ⓐ 제주시 구좌읍 김녕리 488 Ⓦ 4월~10월 30,000원 / 11월~3월 무료
Ⓟ 가능

김녕해수욕장 앞 야영장은 제주에 사는 캠퍼들과 제주를 찾는 캠퍼들이 가장 사랑하는 야영장이다. 협재나 금능 해변 등 다른 바닷가 캠핑장과 달리 시야를 가로막는 소나무가 없어 탁 트인 바다 전망을 온전히 누리며 캠핑을 즐길 수 있다. 또한 데크나 경계석으로 구획을 나누지 않아 넓은 잔디밭을 자유롭게 이용할 수 있다. 개수대와 샤워 시설, 전기 시설 등 모두 부족함 없이 사용할 수 있다. 4월부터 10월까지는 야영장 사용료 30,000원을 내야 하며, 그 외는 무료다. 성수기가 지나면 개수대와 샤워 시설 이용이 불가할 수 있으니 미리 확인하는 것이 좋다.

백패커의 안식처
평대 홀라인

#홀라인
#백패킹 #백패커
#샤워실 #라운지

- A 제주시 구좌읍 평대2길 34-3
- T 070-4452-2874
- H 10:00~19:00
- W 15,000원
- P 가능
- @hollain_eastjeju

캠핑보다 더 자유롭고 호젓한 백패킹이지만, 화장실과 샤워장은 백패킹의 최대 단점이다. 평대리 바다 마을의 홀라인은 그런 백패커들에게 쉼터이자 안식처가 되는 곳이다. 홀라인의 1층은 캠핑용품과 아웃도어용품, 의류, 잡화 등을 파는 매장으로 운영되며 2층은 예약한 사람만 이용할 수 있는 라운지로 운영된다. 라운지 이용권에는 샤워실 사용, 음료 1잔, 세탁기 및 건조기 사용 등이 포함되어 있다. 현장에서 구매하는 것보다 네이버로 예약하면 33% 할인된 가격에 구입할 수 있다.

붉은오름 자연휴양림 숲속야영장

울창한 소나무 숲속에 10여 개 남짓의 데크가 오밀조밀 자리하고 있다. 하루 이용 요금은 단돈 7,000원. 전기와 샤워장은 각각 2,000원의 요금을 내면 하루 동안 이용할 수 있다. 이곳의 하이라이트는 누구나 걷기 좋게 정돈된 숲길이다. 새벽의 숲길 산책은 붉은오름 자연휴양림에서 1박을 하는 야영객들만의 특권이다.

- A 서귀포시 표선면 가시리 산158
- www.foresttrip.go.kr
- ! 취사 가능 / 모닥불·숯불 사용 금지

교래자연휴양림 야영장

탁 트인 잔디밭에 자유롭게 텐트를 치고 한라산의 별을 바라보며 캠핑을 즐길 수 있는 캠핑장이다. 야영장 근처, 난대와 온대의 식물이 함께 자라는 교래 곶자왈은 제주의 속살을 제대로 느낄 수 있는 곳으로 숲을 관찰하며 산책을 즐기기에 더없이 좋다. 전기는 야영 데크에서만 사용할 수 있으며 잔디밭 야영지는 전기 사용이 불가하지만, 이용요금 2,000원의 믿기지 않는 금액으로 이용할 수 있다.

- A 제주시 조천읍 남조로 2023
- H 064-783-7482
- www.foresttrip.go.kr
- ! 취사 가능 / 모닥불·숯불 사용 금지

캠핑 장비
#캠핑장비대여 #등산용품대여

오쉐어 여행 전 온라인으로 필요한 물품을 예약하고 매장에서 픽업하는 방식으로 운영된다. 방문 대여도 가능하지만, 재고가 없는 물품이 있을 수 있으니 온라인 예약을 추천한다. 백패킹, 가족캠핑, 혼캠, 감성캠핑 등 다양한 종류의 캠핑 장비를 갖추고 있으며 등산용품, 유모차, 물놀이용품, 카메라 등 취급 품목이 많아 활용도가 높다.
Ⓐ 제주시 용문로4　Ⓣ 064-803-3010　 oshare.kr

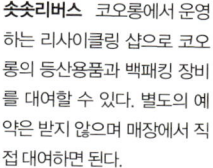

솟솟리버스 코오롱에서 운영하는 리사이클링 샵으로 코오롱의 등산용품과 백패킹 장비를 대여할 수 있다. 별도의 예약은 받지 않으며 매장에서 직접 대여하면 된다.
Ⓐ 제주시 탑동로 13　Ⓣ 064-723-8491

제주잡화점 애월읍의 장비 대여 업체로 한라산 등반, 트래킹, 백패킹, 캠핑용품 등을 대여할 수 있다. 한라산 등반이나 백패킹 여행 상품 등을 판매하는 여행사를 겸하고 있다.
Ⓐ 제주시 애월읍 하귀9길 8, 2층　Ⓣ 064-711-7382
🌐 www.jejuall.net

다랑아래 사진 찍기 좋은 예쁜 캠핑용품을 주로 취급한다. 피크닉, 차박, 차크닉 등 다양한 옵션 중 선택 가능. 네이버 스마트스토어 [제주다랑아래]에서 필요한 물품을 예약하고 매장에서 픽업. Ⓐ 제주시 노형1길 37
Ⓣ 0507-1343-4039　Ⓞ @darang_arae

모구리 야영장

모구리오름을 바라보며 자연 속 힐링을 즐길 수 있는 캠핑장이다. 취사장과 샤워장 등 시설도 꽤 잘 되어 있는 편. 서귀포시에서 운영하며 예약은 서귀포시 E-Ticket 홈페이지에서 할 수 있다.

🌐 www.eticket.seogwipo.go.kr
❗ 취사 가능 / 모닥불·숯불 사용 금지

서귀포자연휴양림 야영장

한라산의 품으로 좀 더 깊숙하게 들어간 캠핑장이다. 다른 캠핑장보다 고요하고 쾌적한 캠핑을 즐길 수 있다. 해발고도 700m 한라산 자락에 자리해 한여름에도 선선한 것이 특징. 전기, 샤워 시설 이용 불가.

🌐 www.foresttrip.go.kr
❗ 취사 가능 / 모닥불·숯불 사용 금지

TIP 해변 야영장

해변 앞에 자리한 '금능으뜸원해변야영장', '협재해변야영장', '표선해변야영장'은 해수욕과 캠핑을 동시에 즐길 수 있어서 여름철에 강력 추천하는 야영장이다. 여름 성수기를 제외하고는 관리인이 상주하지 않아 개수대나 샤워 시설 이용에 제한이 있을 수 있다. 전기 사용 불가. 이용 요금 무료.

가지각색 다른 매력
제주 테마파크

(#테마공원) (#테마파크) (#체험여행) (#아이와함께)

꽃이 지지 않는 공원
카멜리아힐

#겨울명소
#동백정원 #동백꽃
#꽃축제

- A 서귀포시 안덕면 상창리 271 T 064-792-0088
- H 3월~5월, 9월~11월 08:30~18:30 / 6월~8월 08:30~19:00 / 12월~2월 08:30~18:00 W 성인 10,000원 / 청소년·경로 8,000원 / 어린이 7,000원 P 가능 http://www.camelliahill.co.kr

대표적인 겨울꽃 동백을 메인 테마로 하는 공원이지만, 사시사철 아름다운 꽃이 피어 여행객의 발길이 끊이지 않는 곳이다. 동양에서 가장 큰 동백 수목원으로 약 500종의 동백이 피고 진다. 겨울에 피는 품종은 물론 봄부터 겨울까지 계절마다 피어나는 80여 개 나라의 동백이 한데 모여 있다. 봄에는 벚꽃과 철쭉, 튤립이, 여름에는 수국이, 가을에는 핑크뮬리와 억새, 가을 동백이 장관을 이룬다. 예쁘게 가꾼 꽃길 사이사이에는 마음을 울리는 메시지가 적힌 장식이 숨어 있다. 마치 예쁜 정원이 나에게 말을 거는 것만 같다. 메시지가 숨어 있는 정원을 배경으로 찍은 사진은 대충 찍어도 그림이다. 동백이 절정을 이루는 겨울이 가장 아름답다.

꽃과 함께하는 체험 공원
휴애리 자연생활공원

#제주축제
#꽃축제 #감귤체험
#흑돼지공연

Ⓐ 서귀포시 남원읍 신례동로 256 ☏ 064-732-2114 ⓗ 09:00~19:00
ⓦ 성인 13,000원 / 청소년 11,000원 / 어린이 10,000원 / 경로·제주도민 50% 할인 / 다자녀(3인) 가구 자녀 입장료 50% 할인 Ⓟ 가능 🌐 www.hueree.com

서귀포시 남원읍 한라산 자락에 자리한 자연생활 체험 공원이다. 매화축제, 유채꽃축제, 수국축제, 핑크뮬리축제, 동백축제 등 거의 일 년 내내 꽃 축제가 열리는 곳으로 꽃과 자연을 사랑하는 사람에게 추천한다. 공원 곳곳에 아기자기한 포토존이 설치되어 있어서 사진 찍기도 좋다. 꽃 축제 외에도 감귤 따기, 과일청 만들기, 동물 먹이 주기 등의 체험 프로그램이 마련되어 있고, 장수풍뎅이, 사슴벌레 등 제주도에 서식하는 곤충을 관찰할 수 있는 곤충테마관, 11시, 13시, 15시, 17시 정각에 열리는 '흑돼지야 놀자' 공연 등 다양한 볼거리와 놀거리로 채워져 있다.

증기기관차 타고 떠나는 곶자왈 여행
에코랜드

#아이와함께
#곶자왈 #증기기관차
#기차여행 #피크닉

Ⓐ 제주시 조천읍 번영로 1278-169 ☏ 064-802-8000 ⓗ 08:30~18:30 / 17:30 기차 탑승 마감 ⓦ 성인 14,000원 / 청소년 12,000원 / 어린이 10,000원 Ⓟ 가능
🌐 www.ecolandjeju.co.kr

제주 태초의 자연이 살아 있는 30만 평의 곶자왈에 기찻길을 놓고 호수를 만들어 자연 생태체험과 산책, 피크닉을 즐길 수 있도록 꾸민 공원이다. 15분 간격으로 운행되는 증기기관차를 타고 곶자왈을 둘러보다가 원하는 곳에 내려 산책과 피크닉을 즐긴 후 내린 곳에서 다시 탑승하면 된다. 드넓은 호수 위의 수상 데크, 이국적인 정취가 느껴지는 산책로, 아이들을 위한 놀이 공간 등 각기 다른 매력을 지닌 5개 테마의 간이역에 정차한다. 동화 속 기차를 닮은 증기기관차는 1800년대 증기기관차인 볼드윈 기종. 영국에서 주문 제작한 기차로 유럽 기차여행을 떠난 것 같은 기분도 느낄 수 있다.

위로와 힐링의 공원
스누피가든

#피너츠
#스누피 #찰리브라운
#사진명소

Ⓐ 제주시 구좌읍 금백조로 916 Ⓣ 064-784-0930 Ⓗ 3월~9월 09:00~19:00 / 10월~2월 09:00~18:00 Ⓦ 성인 18,000원, 청소년 15,000원, 어린이 12,000원·제주도민·65세 이상 20% 할인 Ⓟ 가능
🌐 www.snoopygarden.com

스누피는 1950년부터 2000년까지 무려 50년간 미국에서 인기를 누렸던 네 컷 만화 〈피너츠〉의 주인공이다. 스누피가든은 피너츠 속 대사인 '일단 오늘 오후는 쉬자'를 모티프로 한 공원으로 자연 속에서 귀여운 캐릭터들과 함께 휴식과 힐링을 경험할 수 있다. 2020년 문을 열자마자 사진 찍기 좋은 곳으로 입소문이 나면서 단기간에 제주의 핫플레이스로 등극했다. 사진 찍기 좋은 명소로 유명한 곳이지만, 사실 스누피가든은 산책하기 더없이 좋은 곳이다. 아부오름, 백약이오름, 민오름 등 여러 개의 오름으로 둘러싸인 25,000평 대지에 제주의 숲과 희귀 식물이 피너츠의 캐릭터와 함께 어우러져 있다. 실내 전시 공간도 재미있다. 벽면에 전시된 피너츠의 대사를 하나하나 읽다 보면 뜻밖의 위로와 힐링에 마음이 말랑말랑해지는 것을 느낀다. 시간을 넉넉하게 잡고 만화 속 대사를 하나하나 읽어보면서 작가의 메시지와 삶에 대한 철학을 꼭 느껴보면 좋겠다. 실내에도 사진 찍기 좋은 포토존이 곳곳에 마련되어 있어 카메라는 쉴 틈이 없다.

THE LAKE... THE TREES... THE SKY...
I AGREE... IT'S BEAUTIFUL, SIR!

REST THIS AFTERNOON

행복은 따뜻한 강아지야.
HAPPINESS IS A WARM PUPPY.
PEANUTS
MMMMM!
HAPPINESS IS A WARM PUPPY

STOP
SPEED LIMIT 30

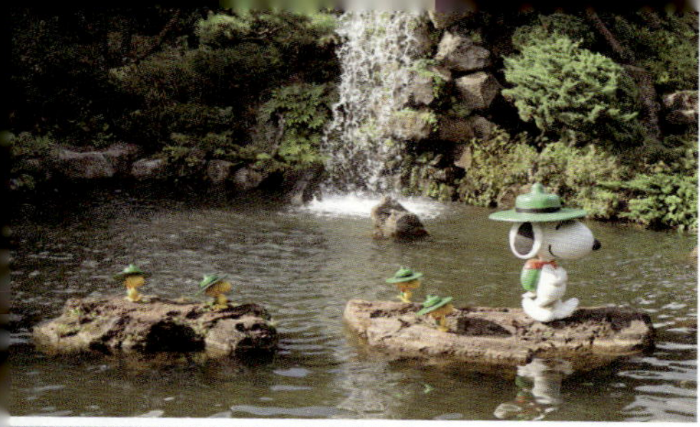

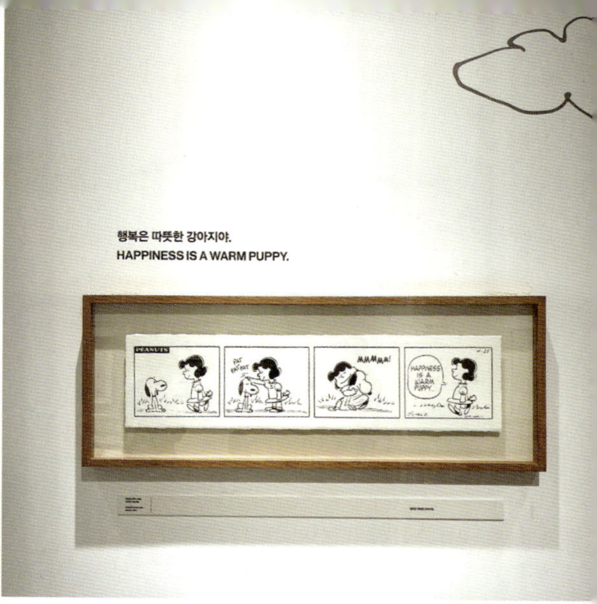

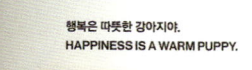

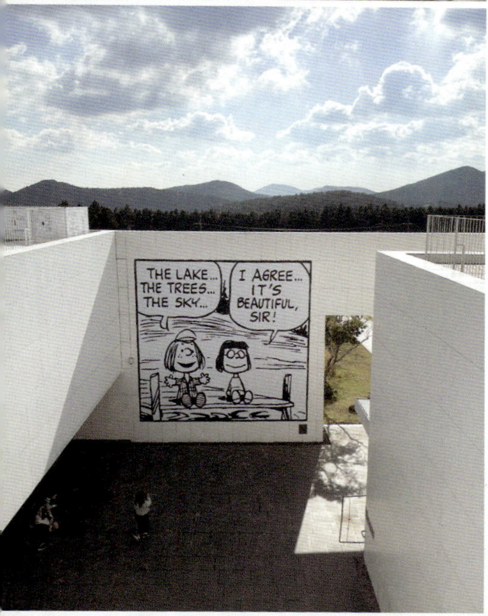

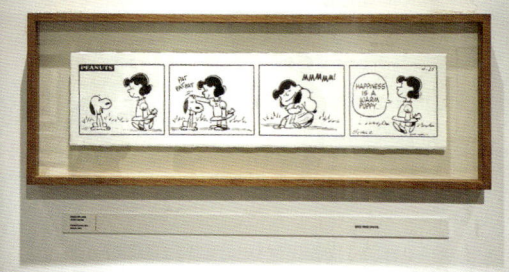

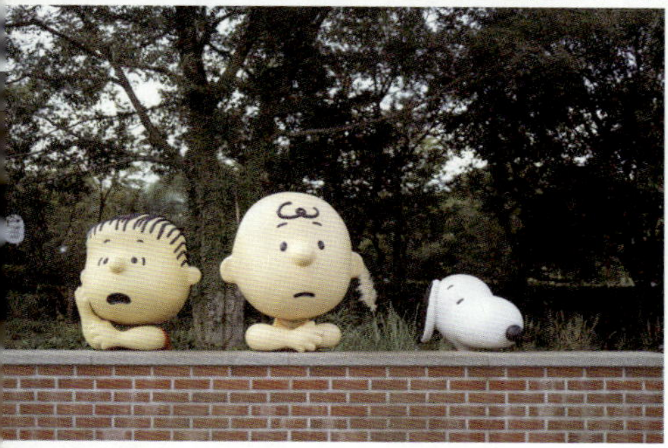

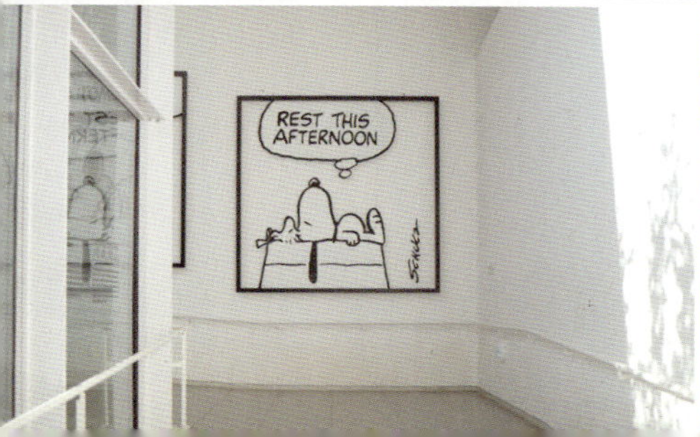

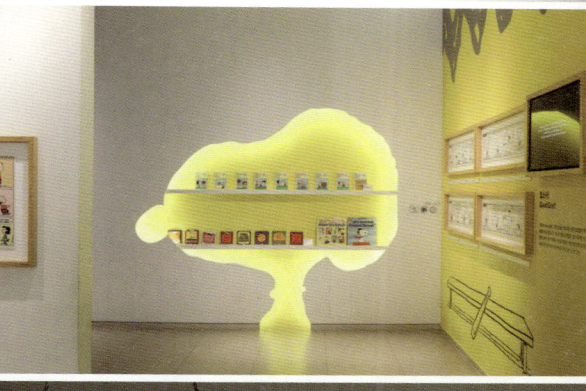

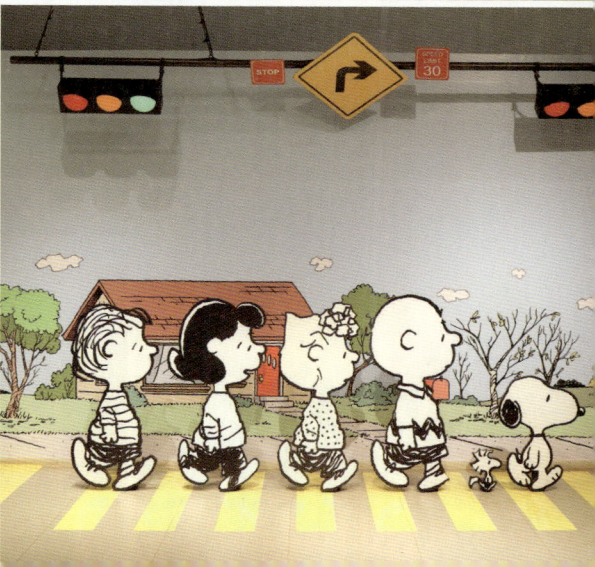

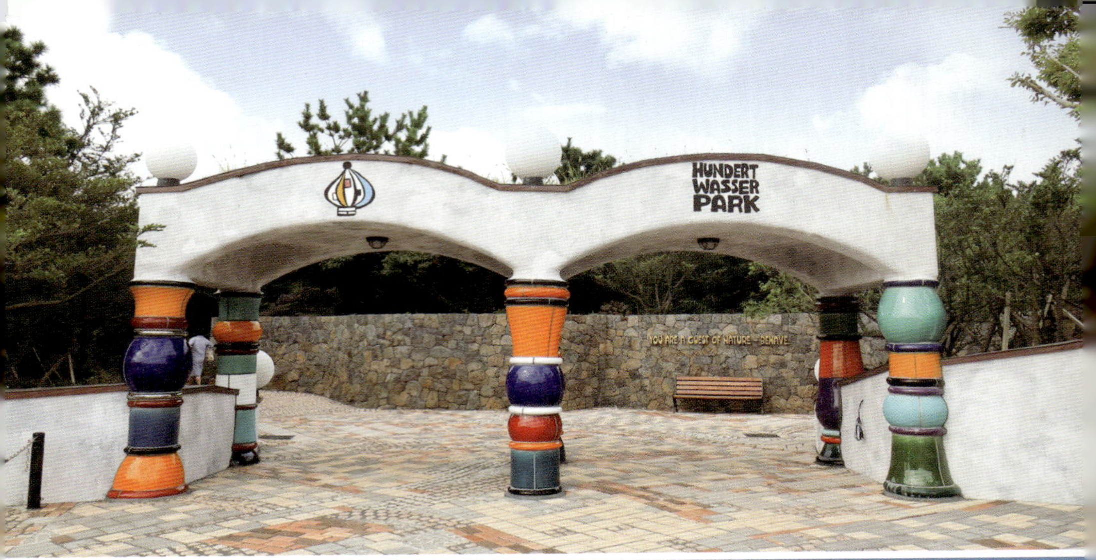
HUNDERT
WASSER
PARK
YOU ARE A GUEST OF NATURE – BEHAVE

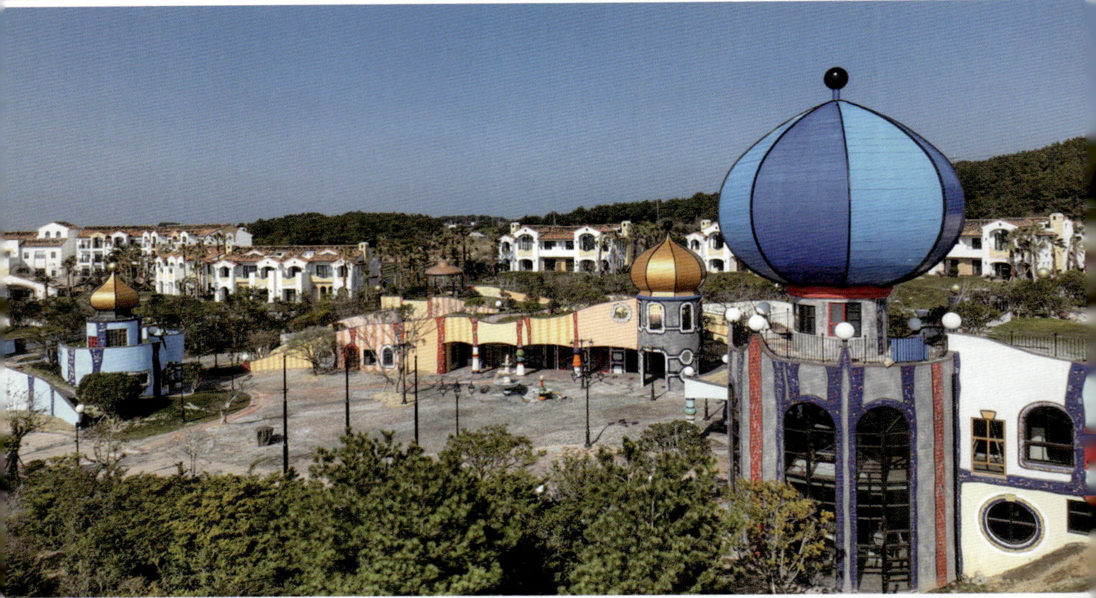

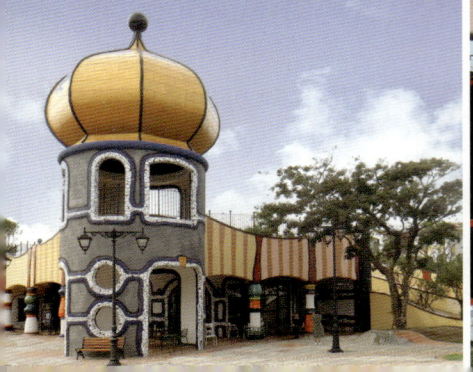

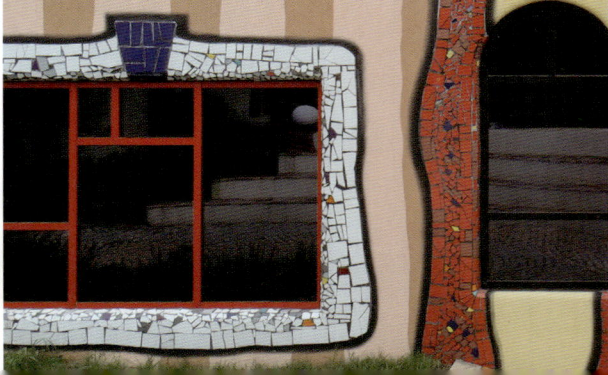

우도에 피어난 거장의 예술
훈데르트바서파크

#훈데르트바서
#우도 #건축여행
#훈데르트윈즈

A 제주시 우도면 우도해안길 32-12 **T** 064-766-6077 **H** 09:30~18:00
W 15,000원 / 경로·제주도민·임산부 10,000원, 초등학생 50% 할인 / 미취학 아동 무료 **P** 가능 www.hundertwasserpark.co.kr

프리덴슈라이히 훈데르트바서는 오스트리아의 화가이자 건축가로 클림트, 에곤 실레와 함께 오스트리아의 3대 거장으로 불리며, 스페인의 가우디와 함께 유럽에서 가장 독창적인 건축가로 꼽힌다. '인간은 자연에 들른 손님'이라는 신념으로 자연을 해치지 않는 건축, 자연과 인간의 공존을 지향하며 독창적인 형태의 건축물을 만들어왔다. 우도의 훈데르트바서파크는 자연을 대하는 그의 진심과 건축 철학이 그대로 담긴 커다란 예술품이다. 오스트리아의 훈데르트바서 재단과 협력해 그의 생전 작품들의 콘셉트와 디테일을 그대로 살린 건축물을 구현했다. 파크 내의 건축물은 78개의 기둥과 131개의 창문이 있는데 그중 같은 모양, 같은 색깔을 가진 것은 하나도 없다. 나무, 돌, 풀, 꽃 등 자연에는 똑같은 것이 하나도 없는 것과 같은 이치다. 건축물이 자연을 해쳐서는 안 된다는 그의 신념 또한 파크 곳곳에서 드러난다. 자동하수처리시설을 도입하고 카페, 리조트 등에서 나오는 음식물을 조경수 퇴비로 사용한다. 원래 부지에 자생하던 수목 1,600여 그루를 파크 곳곳의 정원과 옥상 등으로 모두 옮겨 심었다. 우도에서 가장 오래된 연못인 '각시물'도 그대로 보존됐다. 우도의 천혜 자원을 훼손하지 않으려 애쓴 흔적이다. 훈데르트바서파크는 훈데르트바서의 작품과 생애를 둘러볼 수 있는 훈데르트바서 전시관, 기획전시가 열리는 우도미술관, 매표소와 굿즈숍으로 이용되는 건물로 이뤄져 있다. 양파 모양의 동그란 지붕이 있는 양파돔 전망대에 올라 내려다보는 전망도 훌륭하다. 파크를 모두 둘러본 후, 성산일출봉이 한눈에 보이는 카페 훈데르트윈즈의 창가에 앉아 우도를 담은 음료와 디저트로 우도의 여유를 만끽하면 좋겠다.

섬으로 떠나는 여행
제주 속의 섬

#우도 #마라도 #가파도

바람도
쉬어가는 섬
우도

우도는 제주 본섬에서 배를 타고 약 15분이면 닿는 가까운 섬이지만, 본섬과는 다른 매력과 다른 빛깔의 바다를 품고 있다. 면적 약 $6km^2$, 둘레 약 17km 남짓으로 걸어서 둘러보려면 쉬지 않고 걸어도 3~4시간 정도 소요되는 작지 않은 섬이다. 대부분의 여행자는 우도 순환버스를 이용하거나 스쿠터, 전기자전거 등을 대여해 섬을 둘러본다. 하고수동 해수욕장, 검멀레 해변, 서빈백사, 훈데르트바서파크, 우도봉 등 다른 매력과 개성을 가진 여행지들이 동서남북 곳곳에 흩어져 있어 우도에서는 마음이 바쁘다.

우도 들어가기

① 성산포항종합여객터미널
우도에는 천진항과 하우목동항 두 곳의 선착장이 있으니 배편을 정할 때 위치를 미리 확인하자. 계절에 따라 첫 배와 마지막 배 시간 다르며, 천진항행과 하우목동항행 출발 시간도 매번 다르니 매표소에서 꼭 확인하자.

- Ⓐ 서귀포시 성산읍 성산등용로 112-7
- Ⓣ 064-782-5671
- Ⓗ 07:00~18:30 매시 정각, 매시 30분 출발
- Ⓦ 왕복 10,500원(우도 도립공원 입장료 포함) / 청소년 10,100원 / 경로·장애인 9,000원 / 초등학생 3,800원 / 유아 3,000원 / 제주도민 할인 / 2세 미만 무료
- Ⓟ 1일 최대 8,000원
- ⓘ 신분증 지참 필수(주민등록등본 가능, 대합실 내 무인민원발급기 이용)

② 종달항
종달항에서는 우도 하우목동항으로 들어가게 된다. 성산항보다 시간이 배편이 적으니 잘 확인하고 이용하자.

- Ⓐ 제주 제주시 구좌읍 종달리
- Ⓣ 064-782-7719
- Ⓗ 4월~9월 09시, 10시, 11시, 13시, 14시, 15시, 17시 / 10월~3월 09:30, 11:30, 13:30, 15:30
- Ⓟ 무료

③ 차량 가져가기
성산항과 종달항에서 차량도 함께 여객선에 승선할 수 있다. 다만 임신부와 65세 이상 어르신, 7세 미만의 영유아를 동반하거나 대중교통 이용 약자, 장애인일 때만 가능하다. 또한 업무용 차량과 우도 숙박(숙박확인증 필요)을 예약한 렌터카 이용자도 차량으로 들어갈 수 있다.

- Ⓦ 중소형 차량 기준 왕복 26,000원
- 🌐 udoboat.smart9.net

우도 이동수단

① 우도 순환버스

하얀 버스는 해안도로를 따라 27개 구간을 한 방향으로 순환하며, 빨간 버스는 주요 관광지를 위주로 다니는 마을버스다. 환승 가능하며 내린 곳에서 승차하면 된다. 천진항과 하우목동항에 내리면 보이는 매표소에서 바로 티켓을 사자.

- Ⓗ 배차 간격 20분 / 짝수일 시계방향으로 운행 / 홀수일 시계 반대 방향으로 운행
- Ⓦ 성인 6,000원 / 청소년 5,000원 / 어린이 3,000원
- ⓘ 신분증 지참 필수(주민등록등본 가능, 대합실 내 무인민원 발급기 이용)

② 스쿠터·전기자전거·전기차 대여

천진항과 하우목동항에 내리면 바로 대여 업체를 만나게 된다. 전기자전거는 면허와 상관없이 이용할 수 있고, 스쿠터와 전기차, 사이드카는 운전면허증이 필수다. 포털사이트에서 예약 후 이용하는 것이 좀 더 저렴하다. 예약할 때는 내리는 항구 위치와 이용하는 시간을 꼭 확인할 것. 천진항과 하우목동항은 도보로 약 40분 거리에 있다.

- Ⓦ 오전·오후·종일 15,000원~60,000원

우도 핫플레이스

홍조단괴해변 : 서빈백사

홍조단괴란 홍조류가 스스로 광합성을 해 탄산칼슘을 축적하면서 하얗고 단단하게 굳어진 것을 말한다. 우리나라뿐 아니라 세계적으로도 흔히 볼 수 없는 희귀한 현상으로 천연기념물 제438호로 지정하여 우도 밖으로의 반출을 엄격히 규제하고 있다. 우도 서쪽의 하얀 모래 해변이라 하여 서빈백사라 부르기도 한다. 에메랄드빛에서 짙은 색으로 서서히 물드는 아름다운 바다와 홍조단괴가 쌓인 해변의 경치가 말할 수 없이 아름답다.

검멀레해변

검멀레의 '검'은 '검다', '멀레'는 '모래'라는 뜻으로 검은 모래 해변을 뜻한다. 우도봉 아래 협곡 사이에 숨은 작은 해변이지만, 멋진 경관과 더불어 보트 투어, 땅콩 아이스크림 등을 즐기기 위해 찾는 사람이 많은 인기 여행지다.

하고수동해변

제주 본섬 서쪽의 협재해수욕장과 함께 '물빛이 가장 아름다운 해변', '물놀이하기 좋은 해변'으로 꼽힌다. 수심이 얕고 파도가 잔잔해 아이들이 물놀이를 즐기기에도 더없이 좋다. 해변 주변으로 숙박시설, 식당, 카페 등이 밀집해 있고, 샤워장, 화장실 등의 편의시설도 잘 갖춰져 있다.

바람도
쉬어가는 섬
가파도

'청보리의 섬'이라 불릴 정도로 섬 전체에 청보리가 가득한 섬이다. 유채꽃, 갯무꽃, 해바라기, 코스모스, 보리 등이 계절을 달리하며 피어나 가파도를 아름답게 물들인다. 특히 청보리 물결이 넘실거리는 4월은 가파도 전체가 흥겨운 축제 분위기로 들뜬다. 제주 본섬과 한라산, 송악산, 산방산을 조망할 수 있는 풍광도 훌륭하다. 가장 높은 곳의 높이가 해발 250m밖에 되지 않는 납작한 섬으로 바닷바람을 맞으며 자전거 타기에 더없이 좋은 곳이다. 섬 전체를 걸어서 천천히 둘러보는데도 성인 걸음으로 2시간이면 충분하다. 여행자들이 떠난 후 찾아오는 고요한 섬의 여유를 느끼고 싶다면 하룻밤 머무는 느린 여행을 추천한다.

가파도 들어가기

운진항 가파도 정기 여객선

모슬포에 있는 운진항에서 가파도 정기 여객선에 탑승하면 10분 만에 가파도 상동포구에 내릴 수 있다. 여객선은 50~60분 간격으로 하루 8편 운항하며 차량은 가져갈 수 없다. 청보리 축제 기간에는 30분 간격으로 증편 운항한다. 청보리 축제 기간에는 섬에서 머물 수 있는 시간이 길지 않으므로 2~3시간 후 돌아오는 표까지 미리 예매할 것을 추천한다.

- Ⓐ 제주 서귀포시 대정읍 하모리 운진항
- Ⓣ 064-794-5490
- Ⓗ 09:00~15:50
- Ⓦ 14,100원(해상공원 입장료 포함) / 청소년 13,900원 / 65세 이상·장애인 10,500원 / 소인 7,100원 / 24개월 미만 무료
- Ⓟ 무료
- 🌐 island.haewoon.co.kr (청보리 축제 기간에는 왕복 여객선 예약 필수)
- ⓘ 신분증 지참 필수(주민등록등본 가능, 대합실 내 무인민원발급기 이용)

가파도 둘러보기

도보로 다니기
가파도는 둘레 약 4km 남짓의 작은 섬으로 천천히 걸어서 둘러봐도 충분하다. 높낮이가 거의 없는 납작한 섬이라 최적의 도보 여행지다. 올레길 10-1코스를 따라 마을 안쪽까지 걸어보는 것을 추천한다.

자전거 대여
길이 깨끗하게 정비되어 있고 오르막이 거의 없어 자전거 타기에 참 좋은 섬이다. 섬을 빨리 둘러보고 싶거나 특히 사람이 많은 청보리 축제 기간에는 자전거를 타고 둘러보는 것을 강력 추천한다. 자전거 대여소는 가파리 마을회에서 직접 운영하며 상동포구 선착장 앞에서 빌리고 같은 곳에서 반납한다. 요금은 1인용 5,000원, 2인용 10,000원.

청보리 축제
청보리의 초록 물결이 장관을 이루는 3월 말에서 5월 중순 사이에 가파도 청보리축제위원회에서 매년 개최한다. 보리밭 걷기, 문어 통발 체험, 소라 잡기, 벽화마을 걷기, 페이스페인팅, 공연 등의 다양한 행사로 축제 기간 내내 섬 전체가 들썩인다. 축제 기간에는 배편도 증편해 운항한다. 보리쌀, 새싹보리가루, 돌미역, 톳, 청보리 차 등의 가파도 특산품도 한자리에서 만나볼 수 있다.

대한민국 최남단
마라도

모슬포 운진항에서 뱃길 따라 약 25분. 그 길의 끝에는 대한민국의 끝 마라도가 있다. 섬 전체가 천연기념물로 지정될 만큼 빼어난 장관을 자랑하는 아름다운 섬이다. 바다에서 불어오는 모진 바람과 바람 속의 소금기 탓에 마라도에는 나무가 잘 자라지 못한다. 그 때문에 섬 대부분을 차지하고 있는 것은 넓고 평평한 들판이다. 섬의 크기는 가파도의 약 1/3 크기로 천천히 걸어서 둘러보는 데 한 시간이 채 걸리지 않는다. 걷다가 찾아오는 허기는 마라도의 명물, 짜장면으로 달랜다.

마라도 들어가기

① 모슬포 운진항
운진항에서 여객선을 타면 25~30분 만에 마라도 자리덕 선착장에 닿는다. 40분~60분 간격으로 하루 6~8편 운항한다. 차량은 들어갈 수 없다.

- H 09:40~15:10
- T 064-794-5490
- W 왕복 19,000원 / 청소년 18,800원 / 65세 이상 14,400원 / 초등학생 9,500원 / 2세~6세 9,000원 / 24개월 미만 무료
- P 무료
- i 신분증 지참 필수(주민등록등본 가능, 대합실 내 무인민원발급기 이용)

② 송악산 산이수동항
산이수동항에서 탑승하면 약 25~30분 후 마라도 살레덕 선창장에 내리게 된다. 50~60분 간격으로 하루 8편 운항한다. 차량은 가져갈 수 없다.

- H 09:20~15:30
- T 064-794-6661
- P 무료
- i 신분증 지참 필수(주민등록등본 가능, 대합실 내 무인민원발급기 이용)

마라도 핫플레이스

대한민국 최남단 비

마라도의 가장 남쪽 끝 바다 앞에 세워져 있다. 기념 촬영을 하는 사람들이 끊이지 않는 마라도 최고의 포토 스폿이다. 최남단 비까지 산책로가 잘 정비되어 있어 경치를 감상하며 천천히 걷기에 좋다. 최남단 비 앞에서 바라보는 바다는 무언가 특별한 기운이 느껴진다.

마라도 성당

마라도에서 가장 예쁘고 포토제닉한 건물이다. 버섯을 닮은 스머프의 집이 연상되지만, 문어와 전복, 소라를 형상화한 건물이라고 한다. 사제가 상주할 수 없어 미사를 드릴 수 있는 성당은 아니지만, 누구나 안에 들어가 기도 드릴 수 있는 경당으로 개방되어 있다.

마라도 등대

1915년에 지어진 등대로 동중국해와 제주 남부 해안을 운항하는 선박의 길잡이 역할을 하고 있으며 인근 해안에서 가장 중요한 역할을 하는 등대로 꼽힌다. 등대 앞에서 형제섬, 산방산, 한라산이 어우러진 아름다운 제주 본섬의 풍경을 감상할 수 있다.

마라도 짜장면

1997년 모 통신사 광고에 등장한 '짜장면 시키신 분~!'이라는 문구 덕분에 짜장면은 마라도에서 꼭 먹어야 하는 음식으로 등극했다. 잊을 만하면 한 번씩 유명 예능프로그램에서 마라도를 찾아 짜장면을 먹고 여행 프로그램이나 잡지 등에도 꾸준히 등장하며 짜장면은 마라도의 명물이 되었다. 뿔소라, 톳, 전복 등 제주 해산물을 더한 짜장면으로 여전히 인기가 좋다.

SPECIAL

제주 바다의 매력에 풍덩

#제주바다
#제주해수욕장
#제주해변

김녕해변

협재해변

월정리해변

동부 `김녕` 넓은 백사장과 얕고 투명한 물, 깨끗한 화장실과 샤워 시설을 갖췄다. `월정리` 서핑, 제트스키, 카약, 스노클링 등 다양한 수상스포츠를 즐길 수 있으며, 카페와 음식점, 숙박시설, 수상 스포츠 렌트 샵 등의 편의시설도 많다. `세화` 잔잔하고 평화로운 해변. 주변에 카페, 식당 등이 많고 해녀박물관도 근처에 있다. `코난비치` 코난벽화로 유명하며 카약, 스노클링을 즐기기 좋은 동화처럼 아름다운 해변이다. `광치기` 용암이 굳어지며 형성된 독특한 지형을 볼 수 있어 유명하다. 성산일출봉 옆으로 해가 떠오르는 일출 포인트다.

서부 `협재` 제주를 대표하는 해수욕장으로 에메랄드빛 물감을 풀어놓은 것처럼 아름답고 신비로운 물빛을 감상할 수 있는 곳이다. 멀리 보이는 비양도의 풍경도 눈부시게 아름답다. 수심이 얕고 파도가 잔잔해 물놀이를 즐기기에 안성맞춤이다. `금능` 협재 해변과 이웃하고 있는 해변으로 협재와 비슷한 풍경을 감상할 수 있지만 비교적 한산한 해변이다. 해 질 무렵 노을이 특히 아름다운 곳이다. `곽지과물` 용천수로 이뤄진 노천탕이 있으며 넓은 백사장을 갖췄다.

제주의 바다는 동서남북 위치에 따라 물빛도 분위기도 다르다. 풍덩 몸을 담그고 해수욕을, 신나는 서핑과 카약을, 때론 아무것도 하지 않고 그저 바라보기만 해도 언제나 아름답게 반짝이는 그곳. 갈 때마다 새로운 얼굴로 맞아주는 바다가 있어 제주 여행은 늘 설렌다.

광치기해변
포선해변
곽지과물해변

남부 `표선` 백사장이 넓고 수심이 얕아 물놀이를 즐기기 좋다. `중문` 야자수 아래서 해수욕을 즐길 수 있는 곳으로 이국적인 경치를 자랑한다. 파도가 높은 편이라 서퍼들이 사랑하는 해변이다. `화순금모래` 산방산과 가파도, 마라도, 형제섬 등이 한눈에 펼쳐지는 아름다운 풍광의 해변이다. 해변의 모래가 짙고 고와 금모래해변이라 불린다. `황우지 해안` 현무암이 요새처럼 둘러싸인 곳에서 물놀이를 즐길 수 있는 천연 수영장이다. `태웃개` 도민들이 즐겨 찾는 물놀이 명소. 돌담으로 주위를 둘러 물놀이에 더없이 좋은 곳이다.

북부 `함덕` 제주 북부에서 가장 유명한 해변. 식당, 카페, 숙박시설 등이 모여 있어서 보다 편하게 이용할 수 있다. 서핑, 제트스키, 카약 등의 수상스포츠도 즐길 수 있다. `이호테우` 빨간색과 하얀색의 조랑말 등대로 유명한 해변이다. 공항에서 가장 가까운 해변으로 사진 찍기 좋은 곳이다. `삼양검은모래` 화산암편과 규산염광물이 많이 함유되어 검은색을 띠는 고운 모래로 이루어져 있다. 검은 모래로 찜질하면 관절염과 신경통에 효과가 있다고 알려져 여름에 모래찜질을 위해 찾는 사람도 많다.

03
WHERE TO EAT JEJU

제주에 왔다면 꼭 맛봐야 할 음식들을 소개한다.
아주 오래된 노포부터, 지금 제주에서 가장 핫한 식당, 혼밥 명소까지!
절대 놓쳐선 안 되는 최고의 메뉴들을 만나보자.

제주 맛집 전도

제주시
- 고길 p.140
- 숙성도 p.141
- 온센 제주 p.148
- 미도리제주 p.149
- 스시테이 카이센동 p.151
- 마구로쇼쿠도 p.153
- 산지해장국 p.155
- 우진해장국 p.156
- 삼대국수 p.159
- 자매국수 p.159
- 카페 9O1 p.166
- 관덕정분식 p.181
- 사랑분식 p.184
- 소담히로 p.191
- 싱푸미엔관 p.195
- 와르다 레스토랑 p.199
- 넉둥베기 p.200
- 말고기연구소 p.202
- 카고크루즈 p.203
- 도토리키친 p.205
- 엘리펀트힙 p.207
- 다가미 p.210
- 제주시 새우리 p.211

애월읍
- 하우투플레이 p.144
- 피즈 p.147
- 후카후카 p.152
- 스시애월 p.153
- 구스스테이크 p.172
- 모들한상 p.173
- 호커센터 p.193
- 조식애월 p.209

한림읍
- 고향흑돼지 p.142
- 수우동 p.149
- 앤드유카페 p.165
- 옹포 83 p.173
- 태희보데가 p.176
- 머슴네전복김밥 p.211

한경면
- 채훈이네해장국 p.155
- 맛있는 폴부엌 p.168

대정읍
- 나무식탁 p.175
- 올랭이와 물꾸럭 p.176
- 오일장반점 p.188

안덕면
- 일리있는 p.151
- 한라산아래첫마을 p.158
- 산토샤 p.163

중문
- 중문수두리보말칼국수 p.160
- 고집돌우럭 p.174

조천읍
- 무거버거 p.145
- 함덕골목 p.154
- 문개항아리 p.177
- 촌촌해녀촌 p.179
- 오래된 구름 p.197

구좌읍
- 명리동식당 p.138
- 텍시아 p.145
- 송당해장국 p.157
- 칠분의 오 p.164
- 톰톰카레 p.166
- 바람에 스치운다 p.167
- 담백 p.178
- 평대스낵 p.183
- 카페 제주동네 p.204
- 키치니토키친 p.208

성산읍
- 단백 p.139
- 영일 p.140
- 숲식당 p.150
- 면관하이재 p.161
- 가시아방 p.161
- 난산리식당 p.169
- 물고기자리 p.178
- 분식후경 p.185
- 로이앤메이 p.187
- 샤오츠 p.189
- 신왕 p.189
- 월라라 p.198
- 카페애옥 p.206
- 난산리다방 p.209

표선면
- 제주 판타스틱버거 p.146
- 당케올레국수 p.160

남원읍
- 로빙화 p.146
- 범일분식 p.154
- 별맛해장국 p.157
- 틴우드맨 p.170
- 취향의 섬 키친 p.171
- 공천포식당 p.201

서귀포
- 흑돼지 해물삼합 p.143
- 히비 안도 코하쿠 p.152
- 정이가네 p.156
- 영은맛집 p.160
- 오병이어 p.179
- 홍당무떡볶이 p.180
- 짱구분식 p.184
- 천일만두 p.188
- 세계의 가정식 p.194
- 몬스테라 p.196
- 천짓골식당 p.201
- 오는정김밥 p.210
- 한라네김밥 p.210
- 다정이네 p.211

info.
- 자연 명소·인기 관광지
- 박물관·미술관·미디어아트관
- 재래시장
- 식사
- 음료·디저트
- 각종 체험 공간

믿고 먹는 제주 돼지
오늘은 고기 앞으로

(#고깃집) (#제주돼지) (#제주흑돼지)

아는 사람만 아는 자투리고기의 맛
명리동식당 구좌직영점

#흑돼지맛집
#자투리고기
#뒷고기

ⓐ 제주시 구좌읍 일주동로 3010-17
ⓣ 064-783-2225 ⓗ 11:30~22:00 / 수요일 휴무 ⓟ 가능

저지리 본점과 애월 2호점에 이어 문을 연 명리동식당의 3호점이다. 흑돼지 삼겹살, 흑돼지 목살, 자투리 고기, 김치전골 등의 메뉴 중에서 가장 인기가 좋은 것은 자투리 고기. 삼겹살, 목살, 등심 등을 손질하고 난 나머지 부위인 꼬들살, 눈꽃살, 낙엽살 등을 자투리 고기라 부르는데, 도축장에서 일하는 사람들이 자투리 고기의 참맛에 빠져 뒤로 빼돌린다고 하여 뒷고기라 부르기도 한다. 두툼하게 썰어 알맞게 구운 고기는 육즙이 가득해 씹는 순간 입안에 고소함이 터진다. 사장님이 처음부터 끝까지 딱 맛있게 구워주니 고기 굽는 걱정은 하지 말자.

혼자서 즐기는 고기타임

단백

#성산단백
#혼고기
#1인고깃집 #모찌리도후

Ⓐ 제주시 성산읍 성산중앙로 17　Ⓣ 064-902-9611　Ⓗ 18:00~22:30 / 월요일 휴무　Ⓡ 네이버 예약　Ⓟ 공한지무료 주차장 이용
Ⓞ @sikdang_dan100

나 홀로 여행자가 많은 제주도에는 혼밥을 할 수 있는 식당도 메뉴도 많아 혼밥 레벨, 혼밥 난이도 등과 상관없이 혼밥을 즐길 수 있다. 하지만 혼자서 구워 먹는 고기는 여전히 부담스러운 것이 사실. 그런 여행자에게 성산의 단백은 최고의 선택지가 될 수 있다. 주방과 마주 보는 바 테이블에 나란히 앉아 각자의 식사를 즐길 수 있는 구조로 1인 손님이 대부분이다. 고기는 주방에서 숯불로 구워 1인용 화로에 내어준다. 27일간 숙성한 암퇘지 목살은 육즙이 풍부해 더할 나위 없다. 땅콩크림치즈를 넣어 고소하고 쫀득한 모찌리도후는 이곳만의 별미다. 숙성이 필요한 메뉴라 예약 시 미리 주문해야만 맛볼 수 있다.

우아한 흑돼지
영일

#성산고기집
#흑돼지오마카세
#특수부위

Ⓐ 서귀포시 성산읍 성산중앙로37번길 1   Ⓣ 010-3020-1916
Ⓗ 16:30~22:00 / 일요일 휴무   Ⓡ 네이버 예약   Ⓟ 가능

일식의 오마카세를 차용한 흑돼지 오마카세는 최근 제주에 유행 중인 고깃집의 운영 방식이다. 그날그날 가장 신선한 부위의 흑돼지를 세트로 구성해 처음부터 끝까지 알맞게 구워 소금, 고추냉이, 쌈장 등 어울리는 소스를 추천해준다. 삼겹살, 목살 등의 흔한 부위가 아닌 한 마리에서 몇 점 나오지 않는 특수부위를 맛볼 수 있으며, 흑돼지를 더욱 고급스럽게 즐길 수 있어 인기가 좋다. 100% 예약제로 운영되며 예약 시 1인당 20,000원의 예약금을 입금해야 예약이 완료된다. 선입금한 예약금은 식사 후 결제 시 차감된다.

새롭게 즐기는 흑돼지 특수부위
고길

#오션뷰고깃집
#프렌치랙
#숄더랙

Ⓐ 제주시 서해안로 26   Ⓣ 064-746-220   Ⓗ 15:00~22:00 / 월요일 휴무   Ⓞ @gogil_jeju

제주공항 근처 도두동 무지개 해안도로 앞에 자리한 흑돼지 특수부위 전문점이다. 2021년에 오픈해 깔끔한 공간은 널찍하고 탁 트여 단체 여행객이 방문하기에도 좋다. 프렌치랙, 숄더랙과 같은 흑돼지 특수부위가 고길의 시그니처 메뉴. 돼지 한 마리 당 6대 밖에 나오지 않는 고급 부위다. 2인 세트 주문 시 프렌치랙 또는 숄더랙 중 하나를 선택할 수 있으며 부위별로 맛있게 구워 접시에 올려준다. 날씨가 좋은 날에는 테라스에 앉아 바다를 바라보며 근사한 시간을 즐겨보면 좋겠다.

고기에 진심
숙성도

#숙성고기
#오픈런
#웨이팅필수

A 제주시 원노형로 41 노형본점　T 064-711-5121
H 11:30~22:00　P 가능

정용진 신세계 부회장이 이곳을 방문한 후 '제주에 가면 들러야 할 곳이 아니라 이곳 때문에 제주에 가야 한다.'고 개인 SNS에 극찬을 남긴 것으로 유명한 고깃집이다. 숙성도의 고기는 숙성 시간에 따라 960, 720, 560으로 분류하는데, 날짜로 계산하면 각각 40일, 30일, 23일이다. 철저하게 통제된 온도와 습도 속에서 기다림의 시간을 보낸 고기는 풍미가 훨씬 짙어지고 질감이 부드러워진다. 사전 예약은 불가하며 매장 앞 기기로 예약을 해야만 대기열에 이름을 올릴 수 있다. 오픈 시간 전부터 길게 줄을 서는 곳으로 웨이팅은 필수, 오픈런은 선택이다. 노형본점을 비롯해 중문, 함덕, 애월 등 곳곳에 지점을 두고 있다.

제주하면 흑돼지
고향흑돼지

#고향흑돼지
#오션뷰고깃집
#고사리구이

A 제주시 한림읍 한림해안로 29　T 064-796-6426
H 11:00~22:00 / 15:00~17:00 브레이크타임 / 수요일 휴무
P 가능

협재와 한림 사이 옹포포구 바닷가의 흑돼지구이 전문점이다. 통창으로 비양도가 보이는 오션뷰고깃집이다. 세트메뉴에 목살과 오겹살, 전복, 새우 등이 푸짐하게 구성되어 있으며 단품으로 따로 주문도 가능하다. 해산물과 고기는 처음부터 끝까지 사장님이 직접 구워 주시는데 먹기 직전 불을 붙여 불맛을 더한다. 5,000원을 추가하면 올려 주시는 제주산 고사리는 특히 별미다. 돼지 기름에 구운 지글지글 쫄깃한 식감의 고사리와 돼지고기의 궁합이 좋다. 유쾌하고 친절한 사장님 덕분에 식사 시간이 두 배 더 즐겁다.

고기 한 입 바다 한 입
별돈별 협재해변점

#협재고깃집
#오션뷰고깃집
#숙성흑돼지

Ⓐ 제주시 한림읍 협재1길 4, 2층 Ⓣ 064-796-5895
Ⓗ 12:00~22:00 Ⓟ 근처 공영주차장 이용 / 6시 이후 수우동 주차장 이용 Ⓘ @byuldonbyul

품질 좋은 흑돼지를 엄격하게 선별해 가장 맛있는 상태로 숙성해 판매하는 고깃집이다. 전문 숙성고에서 숙성하고 육즙이 빠져나가지 않도록 초벌해 내어주는 고기의 맛은 더할 나위 없이 훌륭하다. 하지만 이곳에서 고기보다 더 유명한 것은 흑돼지가 익어가는 불판 너머의 협재 바다다. 식사를 하는 모두가 바다를 바라볼 수 있도록 모든 테이블이 창가에 배치되어 있으며, 불판 위의 고기는 직원들이 세심하게 구워준다. 해 질 무렵 별돈별을 찾는다면 협재 바다 너머로 넘어가는 그림 같은 노을과 함께 흑돼지를 즐길 수 있다.

푸짐하게 즐기는 한 상 차림
흑돼지 해물삼합

#해물삼합
#흑돼지
#서귀포흑돼지

Ⓐ 서귀포시 태평로482번길 50 Ⓣ 064-733-3833 Ⓗ 12:00~22:00
Ⓟ 가능 Ⓘ @blackpighi

흑돼지, 뿔소라, 전복, 문어, 키조개, 새우, 버섯 등이 세트로 구성된 푸짐한 한 상 차림이다. 제주에서 나고 자란 특산물을 한꺼번에 즐길 수 있어 인기가 좋은 곳이다. 육식파와 해산물파 모두가 만족스러운 식사를 할 수 있는 집. 고기와 해산물은 익는 속도와 익힘 정도가 다르기 때문에 직원이 처음부터 끝까지 모두 구워주는 것도 장점이다. 남은 고기와 해산물, 채소, 김치 등을 넣고 맛깔스럽게 볶아주는 볶음밥도 놓치지 말자.

패스트푸드가 아닌 진짜 버거
버거도 요리다

(#수제버거) (#제주버거) (#버거맛집)

이보다 힙할 수 없다
하우투플레이

#수제버거
#치킨버거
#온실정원

ⓐ 제주시 애월읍 일주서로 6935　☎ 064-747-7346　🕙 11:00~20:00 / 화요일 휴무　ⓟ 가능　@howtoplay_jeju

참깨 번부터 소스까지 버거에 들어가는 모든 것을 직접 만드는 진정한 수제 버거 가게다. 육즙 가득한 두툼한 패티의 클래식버거와 제주산 닭으로 만든 치킨버거가 시그니처 메뉴. 풍미 가득한 버거는 상하목장 우유로 만든 밀크셰이크와 독특한 조화를 이룬다. 시원하게 탁 트인 실내 공간과 야외의 온실 정원까지 넓은 공간에서 자유롭게 버거를 즐길 수 있다. 티셔츠, 모자, 문구류 등을 제작해 판매하는 편집숍도 꼭 들러볼 것.

자연과 가까운 버거
무거버거

#함덕버거
#당근버거 #시금치버거
#마늘버거 #먹보와털보

A 제주시 조천읍 조함해안로 356   T 0507-1319-5076
H 10:00~20:00   P 가능   O @mooger__burger

넷플릭스의 예능 프로그램 〈먹보와 털보〉에서 노홍철과 비가 바이크를 타다가 들러 버거를 먹었던 곳이다. 시원한 함덕 바다를 바라보며 버거를 즐길 수 있다. 이곳의 메뉴는 당근버거, 마늘버거, 시금치버거 딱 세 개다. 메인 재료인 당근과 마늘, 시금치는 모두 제주산을 사용하고, 달걀과 버터를 넣지 않으며 유기농 밀가루에 채소로 색을 낸 번을 사용한다. 정크푸드를 대표하는 버거에서 벗어나 자연과 가장 가까운 건강한 버거를 만든다는 신념이 담긴 착한 버거다.

제주 옛집에서 만나는 미국인의 버거
텍시아

#텍시아
#미국버거
#텍사스요리사

A 제주시 구좌읍 평대2길 39-28   T 010-2696-4801   H 11:00~18:00 /
월·화 휴무   P 바닷가 주차장 이용   O @texiacafe

텍사스 출신 미국인 요리사가 직접 운영하는 수제 버거집 텍시아. 제주에서 즐기는 미국 본토의 수제 버거와 수제 맥주를 판다. 오래된 가정집을 개조한 텍시아의 외관은 '이런 곳에서 미국인이 버거를 판다고?'라는 생각이 들 정도로 한국적이다. 그러나 문을 열고 들어가면 머리가 천장에 닿을 만큼 키가 큰 미국인이 능숙한 한국어로 주문받고 음식을 만든다. 내부가 협소해 앉아서 먹을 수 있는 공간은 세 테이블 정도. 날씨가 좋은 날에는 야외 테이블에서 여유롭게 즐기는 것도 좋겠다.

맛도 비주얼도 판타스틱
제주 판타스틱버거

#흑돼지패티
#흑돼지버거
#화이트킹버거

A 서귀포시 표선면 토산중앙로15번길 6　T 0507-1339-6990
H 10:00~18:30　P 가능　O @yes_imfantastic

매일 매장에서 번과 흑돼지 패티를 직접 만드는 수제 버거집으로 그날 준비한 100인분의 재료가 소진되면 문을 닫는다. 패티 위에 어니언 크림소스를 부어 먹는 화이트킹버거가 이곳의 시그니처 메뉴. 직원이 직접 소스를 부어주는 순간 손님들은 사진과 동영상을 찍느라 여념이 없다. 근사한 비주얼만큼 버거의 맛도 훌륭해 식사 시간에 방문하면 웨이팅은 필수다. 모든 메뉴는 포장할 수 있지만, 매장에서 소스를 부어주는 퍼포먼스와 함께 즐기는 것을 더 추천한다.

제주 낭만 버거
로빙화

#낭만버거
#피자맛집
#루프톱 #해먹

A 서귀포시 남원읍 남태해안로 13　T 070-4643-7069
H 10:00~22:00　P 가능　O @the.dull_ice_flower

서귀포 수제 버거 맛집으로 유명한 곳으로 산장 느낌의 외관과 인테리어가 독특하다. 창밖으로 보이는 해송과 해안도로 너머의 바다가 정취를 더해주어 이국적인 낭만을 느낄 수 있다. 이곳의 다양한 메뉴 중에서도 가장 인기 있는 수제 버거와 피자를 골고루 주문하면 가장 좋다. 2층에는 손님이 직접 그림을 그릴 수 있는 공간과 루프톱 그리고 이곳의 포토존이라 할 수 있는 해먹이 있다.

제주 바다를 닮은 공간
피즈

#애월_수제버거
#피즈애월
#피즈버거

A 제주시 애월읍 애월리 2459-1 애월점 T 0507-1348-5148
H 10:00~19:30 P 가능 O @fizz_jeju

시원한 파란색으로 채운 모던한 공간으로 제주 바다를 닮고 싶다는 마음을 담은 수제 버거집이다. '피즈'라는 이름은 탄산음료 뚜껑을 딸 때 나는 소리를 뜻하는 단어 'Fizz'에서 따왔다. 시그니처 메뉴 이름도 피즈버거. 탄산음료를 딸 때 들리는 시원한 소리처럼 메뉴판과 테이블, 햄버거 케이스, 캐릭터까지 온통 파랑으로 물들어 있다. 애월의 본점에서 시작해 공항 근처에 2호점인 노형점을 열었다. 매장 앞 주차장이 매우 협소하므로 근처 공영주차장이나 한담공원 주차장을 이용하는 것이 편하다.

따뜻하고 정갈한 한 그릇 요리
제주에서 만나는 일식

#일식 #일식당 #일식덮밥 #일식라멘

가장 완벽한 일본 가정식
미도리제주

#일본가정식
#생선구이
#연어구이덮밥

A 제주시 우령4길 5 T 064-901-5635 H 11:00~20:00 / 14:30~17:00 브레이크타임 / 월·화 휴무 P 인근 공영주차장 이용
O @midori_jeju

정갈한 일본 가정식을 선보이는 미도리제주. 일본식 생선구이 정식을 맛볼 수 있다. 먹기 전에 눈으로 먼저 즐기는 일본 음식의 아름다움을 제대로 구현해내는 곳이다. 유자고등어구이, 생강연어구이, 참마연어구이덮밥 등 소담하고 정갈한 일식 한 상만큼이나 가게 분위기도 고즈넉하고 깔끔한 느낌.

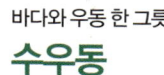

바다와 우동 한 그릇
수우동

#바닷가우동집
#수제우동
#웨이팅필수

A 제주시 한림읍 협재길 11 T 064-796-5830 H 10:30~17:00 / 화요일 휴무 P 가능 i 당일 오전 7시부터 매장 앞 대기표에 대기 명단 작성. 전화 예약 불가.

협재해변의 슈퍼스타라 불리는 수우동의 메뉴는 사실 특별하지 않다. 기본 우동을 비롯해 유부 우동, 어묵 우동, 냉우동, 수제 돈가스 등 다른 우동집에서도 흔히 볼 수 있는 차림표다. 그러나 사람들은 수우동의 우동 한 그릇을 만나기 위해 아침부터 대기표에 이름을 적고 멀리서 찾아오기도 한다. 수우동의 특별함은 손으로 반죽해 썰어낸 면발에 있다. 입안에서 부서지듯 끊어지는 힘없는 면발이 아닌 적당히 탄력 있고 쫀득한 면발은 씹을수록 고소하고 풍미가 느껴진다. 창밖의 협재 바다와 비양도가 친구처럼 마주 앉는 전망도 만점이다.

제철 식재료로
만드는 음식
슌식당

#슌식당 #제철음식
#슌삭카레 #흑돼지스키야키우동
#제주우니냉우동

🅐 서귀포시 성산읍 시흥상동로 87　🕽 010-8936-0765
🕘 11:00~16:00 / 화·수 휴무　🅟 가능　◉ @shunsikdang

우리말로 제철 식당을 뜻하는 슌식당. 일본식 카레와 우동, 튀김 등을 파는 일식집이다. 아기자기하고 아늑한 분위기의 공간은 일본 골목의 작은 식당과 어딘가 닮았다. 테이블이 많지 않아 식사 시간에는 어김없이 웨이팅이 생기니 서두르는 것이 좋다. 고기, 채소, 해산물 등 그날 사용할 메인 식재료는 매일 아침 시장에서 장을 봐 준비한다. 제철 식당이라는 이름답게 여름과 겨울철에는 제철 재료로 만들어 계절에 어울리게 차려낸 계절 한정 메뉴가 준비된다. 재료가 떨어져 음식이 준비되지 않는 경우가 더러 있으니 방문 전에 SNS나 전화로 미리 확인할 것을 권한다.

제주 식재료가 일식을 만나면
일리있는

#일리있는
#한우미소아에동
#낙지젓파스타 #퓨전일식

- A 서귀포시 안덕면 사계남로 216번길 29 T 010-8525-2616 H 12:00~20:30
- P 가능 O @llly_12

일반적으로 많이 알려진 덮밥, 가정식, 튀김 등의 일식이 아닌 독특한 일본 음식을 파는 곳이다. 제주 현지 식재료에 일식의 조리법을 더한 퓨전 일식에 가깝다. 다진 한우를 특제 미소 소스로 버무려 밥 위에 올린 일본식 육회 덮밥인 한우 미소아에동과 갓 뽑은 들기름으로 비벼 먹는 낙지젓 파스타가 대표 메뉴다. 흑돼지등심카츠도 질 좋은 제주산 흑돼지를 바로 튀겨내 식감이 일품이다. 산방산 용머리해안 근처 플레이 사계 안에 자리하고 있다.

제주 바다를 한 그릇에
스시테이 카이센동

#회덮밥
#카이센동
#넘치는카이센동

- A 제주시 연북로 440 T 064-727-7272 H 12:00~20:30 / 14:30~18:00 브레이크타임 / 일요일 휴무 P 가능

제주공항 근처의 카이센동 전문점으로 대표 메뉴는 '넘치는 카이센동'이다. 이름 그대로 밥 위에 싱둥싱둥한 제주산 해산물이 흘러넘치도록 담겨 있다. 38,000원의 가격이 처음에는 비싸게 느껴질지 모르지만, 한 그릇을 다 먹어갈 때쯤이면 가성비 좋다는 깨달음을 얻을 정도로 푸짐하다. 질 좋은 숙성 사시미는 말할 것도 없고, 사시미 밑에 숨어 있는 밥의 맛도 훌륭하다. 제주산 회를 색다르게 즐기고 싶다면 스시테이의 넘치는 카이센동을 추천한다.

마음까지 말랑말랑해지는
후카후카

#마제소바
#히레카츠 #돈코츠라멘
#미소라멘

A 제주시 애월읍 항파두리로 148　**T** 064-799-1102　**H** 11:00~18:00 / 수요일 휴무　**P** 가능　@hukahuka_bythehill

애월 항몽 유적지 근처에 위치한 일식집 후카후카는 우리말로 폭신폭신, 말랑말랑이라는 뜻이다. 히레카츠와 마제소바, 라멘 등이 대표 메뉴다. 파, 김, 간 마늘, 고기, 달걀 등을 넣은 일본식 비빔국수 마제소바는 담음새가 예뻐 사진 찍기 좋은 메뉴다. 가게 입구가 밖에서 잘 보이지 않아 헷갈릴 수 있지만, BY THE HILL이라는 간판 아래 입구로 들어와 한 층 내려오면 입구를 쉽게 찾을 수 있다. 내부가 넓지 않아 식사 시간엔 웨이팅이 발생할 수 있다. '예써Yesir' 어플의 원격 줄서기를 이용하면 보다 빠르게 식사 할 수 있다.

정갈한 공간에서의 따스한 식사
히비 안도 코하쿠

#퓨전일식
#히비정식
#에비카레

A 서귀포시 효돈로 107　**T** 0507-1331-0748　**H** 10:30~15:00 / 월요일 휴무　**P** 가능　@hibi_kohaku

홍대 앞에서 카페 히비를 운영하던 사장님이 제주로 내려와 오픈한 식당이다. 빛바랜 흰색 건물에 식당을 열었다 하여 원래 운영한 카페 이름 '히비'에 덧붙여 히비 안도 코하쿠라 이름 지었다. 해석하자면 '빛바랜 흰색 건물에서의 나날' 정도 되겠다. 신선한 채소를 닭고기와 함께 튀겨내 상큼한 소스를 끼얹은 히비 정식과 큼직한 새우를 올린 에비카레가 이 집의 대표 메뉴. 화사한 색감의 음식과 따스한 분위기로 SNS 감성에 특화된 퓨전 일식집이라 할 수 있다.

저렴하게 즐기는 오마카세
스시애월

#오마카세
#도로초밥
#예약필수 #노키즈존

Ⓐ 제주시 애월읍 장전로 57 Ⓣ 064-799-2008 Ⓗ 11:00~19:00 / 16:00~17:00 브레이크 타임 / 수요일 휴무 Ⓟ 가능 Ⓞ @sushi_aewol

애월읍 장전리 조용한 길가에 자리한 스시 오마카세 전문점으로 100% 예약제로 운영된다. 42,000원으로 사시미, 스시 여덟 피스, 도로 덮밥, 샐러드, 우동, 튀김으로 구성된 오마카세를 즐길 수 있어 예약하기 어려운 식당 중 하나로 꼽힌다. 가성비 좋은 구성에 뛰어난 맛으로 '비행기표와 함께 예약해야 하는 식당'으로 통하기도 한다. 아무리 배가 불러도 마지막에 내어주는 도로와 튀김은 꼭 맛보길 바란다. 입에서 사르르 녹아버리는 도로는 참치를 별로 좋아하지 않는 사람도 참치의 매력에 반해버릴 만큼 완벽하다. 깨끗한 기름에 갓 튀겨낸 튀김이야 말해 무엇 할까.

일본 참치회를 맛보는 한국직영점
마구로쇼쿠도

#참치회덮밥
#하브동 #일식전문점 #
한국직영점 #재오픈

Ⓐ 제주시 신설로 9길 26-12 B동 102호 Ⓣ 064-803-0199 Ⓗ 11:00~20:00 / 19:30 주문 마감 / 월요일 휴무 Ⓟ 인근 공영주차장 이용 Ⓞ @maguro_shokudo

제주에서 만나는 일본의 참치회덮밥집 마구로쇼쿠도. 서울 성수동과 제주 이도이동 두 군데에 한국직영점을 운영하고 있다. 상표권 분쟁 이슈가 해결된 뒤 2021년 4월 28일에 제주 직영점을 이전해 재오픈했다. 주문은 키오스크로 하고 음식 픽업과 반납, 물과 기본 반찬은 모두 셀프로 운영되고 있다. 큼직한 참치회가 듬뿍 올라간 대표 메뉴 하브동을 맛보고 싶다면 서두르는 것이 좋다.

가슴까지 시원해지는
제주 해장국

#해장국 #국밥 #제주해장국 #속풀이 #아침식사

도민들이 사랑한 순댓국
범일분식

#순댓국
#수제순대 #도민맛집
#노포 #호불호있음

이름은 분식집이지만 도민들에게 오랫동안 사랑 받아온 순댓국집이다. 두툼한 막창에 선지, 고기, 부속물, 채소를 아낌없이 넣어 만든 수제 순대를 맛볼 수 있는 곳. 돼지고기와 뼈를 넣고 4시간 이상 푹 우려낸 국물에 큼지막한 순대와 내장, 들깻가루를 넣어 걸쭉하게 끓여낸 순댓국은 보양식 못지않다. 동네 어르신들이 사랑하는 곳이지만 요새는 남녀노소 가릴 것 없이 가게 앞에 줄을 서는 곳으로 준비된 재료가 떨어지면 문을 닫으니 서두를 것. 돼지고기 냄새에 예민한 사람과 들깻가루가 풀어진 걸쭉한 순댓국을 좋아하지 않는 사람에게는 추천하지 않는다.

Ⓐ 서귀포시 남원읍 태위로 658   ☎ 064-764-5069   Ⓗ 09:00~17:00 / 토요일 휴무   Ⓟ 가능

도민이 추천하는 해장국
함덕골목

#골목 #골목해장국
#한우내장탕 #사골해장국
#도민맛집

도민들이 사랑하는 집으로 소문난 해장국집 함덕골목. 한우 내장탕과 사골 해장국 두 메뉴만 판매하고 포장은 불가하다. 식사 시간 웨이팅은 기본이며, 예약이나 원격 줄서기는 불가하고, 식당에 도착해 줄을 서면 대기표를 나눠준다. 회전이 빠른 음식이라 대기시간이 그리 길지 않은 편이니 실망하지 말 것. 최근 새로운 곳으로 확장 이전해 내외부 모두 쾌적하다.

Ⓐ 제주시 조천읍 조천북6길 60
☎ 010-8661-9211

건더기 듬뿍 들어간 속풀이 해장국
산지해장국

#소고기해장국
#소내장탕
#도민맛집 #웨이팅필수

Ⓐ 제주시 임항로 34 Ⓣ 064-723-4978 Ⓗ 06:00~15:00 / 수요일 휴무 Ⓟ 인근 공영주차장 이용

내장탕으로 유명한 해장국집이다. 메뉴는 우거지와 선지를 넣어 푹 끓여낸 소고기해장국, 엄청난 양의 곱창과 양이 들어 있는 소내장탕 딱 2가지. 테이블 수가 적지 않은 편이지만, 평일 주말 상관없이 언제나 줄을 서야 한다. 팔팔 끓여 내온 뚝배기에는 국물이 보이지 않을 정도로 건더기가 가득하다. 깊고 개운한 진한 국물 맛과 어울리는 잘 익은 물 깍두기 역시 집에 포장해가고 싶은 맛. 여행자들보다도 현지인들에게 더 인기가 좋은 진짜배기 해장국집이다.

몸국은 돼지고기 육수에 제주 바다에서 자란 해초 모자반과 메밀가루를 넣고 푹 끓여낸 대표적인 향토 음식이다. 해녀들이 물질을 하고 올라와 차가워진 몸을 데우고 몸을 보양하기 위해 먹었던 음식이기도 하다. 신창 해안도로 근처의 채훈이네 해장국은 몸국과 고사리육개장을 함께 즐길 수 있어 아침 일찍부터 문전성시를 이룬다. 해장국 한 그릇으로 밤새 허기진 속을 뜨끈하게 데우고 하루를 시작해보는 것은 어떨까. 미네랄과 비타민이 풍부한 모자반과 녹진한 육수가 해장에 좋은 것은 말할 것도 없다. 몸국과 고사리육개장 외에 내장탕과 해장국도 주문할 수 있다.

뜨끈하게 시작하는 하루
채훈이네해장국

#한경맛집
#몸국
#고사리육개장

Ⓐ 제주시 한경면 두신로 69
Ⓣ 064-772-3558
Ⓗ 06:30~15:00 / 토요일 휴무
Ⓟ 가능

기다림 끝에 만난 인생 해장국

우진해장국

#고사리육개장
#몸국
#웨이팅필수

Ⓐ 제주시 서사로 11 Ⓣ 064-757-3393 Ⓗ 06:00~22:00
Ⓟ 인근 공영주차장 이용

제주 전통의 고사리육개장으로 유명한 우진 해장국. 고사리가 보이지 않을 정도로 푹 고아 진한 국물에 제주산 흑돼지를 얇게 찢어 넣은 부드러운 식감의 고사리 육개장을 파는 곳이다. 문을 여는 오전 6시부터 끊임없이 사람들이 찾아오는 곳으로 오전 8시가 넘어가면 어김없이 웨이팅이 생긴다. 아침 먹으러 갔다가 점심 먹고 온다는 우스갯소리가 있을 정도로 웨이팅이 긴 날도 있으니, 원하는 시간에 맞춰 아침 식사를 하려면 서두르는 것이 좋다. 저녁 시간은 오전보다 비교적 한산한 편.

과식주의 빈속 필수

정이가네

#정이가네본점
#소한마리국밥
#무한리필

Ⓐ 서귀포시 신동로 27번길 23 Ⓣ 064-739-9868 Ⓗ 08:30~21:30 / 15:00~17:00 브레이크타임 / 수요일 휴무 Ⓟ 인근 공영주차장 이용

푸짐하고 맛있는 국밥으로 입소문이 나면서 제주 곳곳에 체인점을 낸 국밥집이다. 대표 메뉴는 양지, 우설, 차돌박이, 갈빗살, 부챗살 등 다양한 부위의 소고기가 푸짐하게 들어 있는 소한마리국밥. 육개장 스타일의 얼큰하고 깊은 맛의 국물이 "시원~하다!"라는 말을 절로 부른다. 밥이 무한 리필이 돼 든든하게 배를 채울 수 있다는 것 역시 정이가네의 장점이다. 국밥은 물론이고 기본 찬도 하나하나 다 맛있어 과식할 수 있으니 속을 비우고 갈 것을 추천한다.

아는 사람만 아는 숨은 진주
송당해장국

#소고기해장국
#선지해장국
#내장탕 #도민맛집

A 제주시 구좌읍 중산간동로 2270　**T** 064-721-7991
H 08:00~15:00 / 월요일 휴무　**P** 가능

이곳에서 태어나고 자란 사장님이 부모님의 가게를 이어받아 운영하는 40년 전통의 해장국집이다. 여행자보다도 현지인들 사이에서 더 유명한 곳으로 식사 시간에는 길게 줄을 서기도 하니 서두르는 것이 좋다. 메뉴는 콩나물과 소고기가 푸짐하게 들어간 소고기해장국과 선지해장국, 내장탕 3가지가 전부. 고추 양념을 넣어 얼큰하게 끓인 해장국으로 식탁 위에 놓인 다진 마늘을 넣으면 더욱 진한 맛을 즐길 수 있다. 최근 전체를 깔끔하게 리모델링해 쾌적한 공간에서 식사할 수 있다.

해장국 단일메뉴의 자신감
별맛해장국

#해장국전문
#뽀얀해장국
#도민맛집

A 서귀포시 남원읍 남한로 22　**T** 064-764-4784
H 08:00~14:00　**P** 가능

아는 사람만 아는 찐 도민 맛집이다. 메뉴는 해장국 단 하나. 콩나물과 소고기, 선지 등을 사골 육수에 넣고 끓여 뽀얀 국물이 특징이다. 많은 양념을 하지 않으면서도 재료 본연의 맛을 끌어내는 사장님의 내공이 느껴지는 해장국을 맛볼 수 있다. 자극적이지 않은 깔끔하고 담백한 국물이 자꾸만 숟가락을 끌어당긴다. 개인적으로 가장 맛있게 먹었던 해장국 한 그릇이었다. 조그맣게 붙어 있는 작은 간판 외에 전면 간판이 없어 그냥 지나칠 수도 있으니 '해장국전문'이라 쓰여 있는 출입문을 찾을 것.

영혼을 달래는 국수 한 그릇
제주 국수 로드

#제주국수로드 #고기국수 #보말칼국수 #메밀국수

농부들이 만든 100% 메밀국수
한라산아래첫마을

#현지맛집
#메밀국수
#비비작작면

- A 서귀포시 안덕면 산록남로 675 / 서귀포시 표선면 민속해안로 631-46
- T 본점 064-792-8259 / 제주민속촌점 064-787-8899
- H 10:30~18:20 / 15:00~16:00 브레이크타임 / 월요일 휴무
- P 가능   www.hallasan1950m.kr

메밀은 물 빠짐이 좋은 제주 땅에서 재배하기 좋은 농작물이다. 파종 시기를 잘 맞추면 일 년에 2번 수확할 수 있어 수확량도 많은 편이다. 한라산아래첫마을은 고령화로 마을이 사라질 것을 우려한 농민들과 어르신들이 만든 식당으로, 조합 이름이 식당 이름이 되었다. 안덕면의 1호점이 연간 10만 명 이상이 찾는 인기 있는 식당으로 성장해 제주민속촌 안에 2호점을 열었다. 직접 재배한 100% 메밀면 위에 제주에서 자란 제철 나물과 들깨, 들기름, 김가루 등 푸짐한 고명을 얹은 비비작작면은 반드시 주문해야 하는 메뉴. 큼직한 놋그릇에 먹음직스럽게 담긴 담음새는 먹기도 전에 눈이 즐겁다.

현지인이 추천하는 고기국수
삼대국수

#삼대국수
#공항근처고기국수
#현지인추천 #고기국수

A 제주시 삼성로 41　　T 064-759-6645　　H 08:30~02:00
P 가능　　@samdnoodle

제주공항과 가까운 곳에 자리하고 있어 도착하자마자, 혹은 떠나기 전에 가볍게 들러 국수 한 그릇 하기 좋다. 삼대국수의 고기국수는 24시간 이상 우려내 진하고 뽀얀 국물과 식감이 살아 있는 중면, 탄력 있고 부드러운 돼지고기 등 고기국수의 정석을 느낄 수 있다. 가까운 곳에 전농로 벚꽃거리가 있어 벚꽃이 만개하는 3월 말이나 4월 초순에 찾으면 국수 한 그릇 먹은 후에 벚꽃거리를 거닐며 산책을 즐길 수 있다. 여행자뿐 아니라 현지인들도 많이 찾는 진정한 맛집이다.

현지인이 추천하는 고기국수
자매국수

#공항근처고기국수
#고기국수
#웨이팅필수

A 제주시 항골남길 46　　T 064-746-2222　　H 09:00~18:00 / 14:30~16:00 브레이크타임 / 수요일 휴무　　P 가능

본점과 노형점 2개의 매장을 하나로 합쳐 새로 지은 건물로 이전해 운영하고 있다. 주차장도 매장도 훨씬 넓어졌지만, 여전히 사람이 많은 편이라 식사 시간에는 어느 정도의 웨이팅을 감수해야 한다. 예써 앱을 이용해 원격 줄서기가 가능하니 미리 다운받아 예약하면 보다 빠르게 입장할 수 있다. 뽀얗게 우러난 뜨끈한 고기국물 한입에 기다림으로 지친 마음도 누그러진다. 국수의 맛을 돋우는 직접 담근 김치와 깍두기도 훌륭하다.

정성이 가득한 칼국수
중문수두리 보말칼국수

#보말칼국수
#톳면

- **A** 서귀포시 천제연로 192
- **T** 064-739-1070
- **H** 08:00~17:00 / 화요일 휴무
- **P** 인근 공영주차장 이용
- **O** @suduribomal_noodle

중문수두리보말칼국수의 대표 메뉴는 톳으로 반죽한 면에 보말을 듬뿍 넣어 끓인 칼국수다. 작은 보말을 하나하나 손질해 국물을 내고, 톳을 넣어 직접 만든 면으로 끓인 칼국수 한 그릇에는 정성이 가득 담겨 있다. 보말이 진하게 우러난 국물과 갈색빛을 띠는 면발은 보기에는 그다지 먹음직스러워 보이지 않지만, 국물을 한 숟가락 맛보면 생각이 달라진다. 이곳의 칼국수는 비단 칼국수 한 그릇이 아니라 건강하고 든든한 보양식이다.

끝없이 나오는 보말의 향연
당케올레국수

#보말칼국수
#보말죽

- **A** 서귀포시 표선면 표선당포로 4
- **T** 064-787-4551
- **H** 08:00~17:00 / 목요일 휴무
- **P** 표선해수욕장 주차장 이용

아침 8시부터 문을 열어 여행자의 허기진 배를 달래주는 고마운 식당이다. 보말을 한가득 넣고 끓여 푹 우러난 진한 색의 국물을 한 숟가락 먹어보면, 이른 아침부터 매장 앞에 사람들이 줄을 서는 이유를 알게 된다. 2명 이상 방문한다면 칼국수와 죽을 한 그릇씩, 혼자서 방문한다면 죽과 칼국수가 섞여 있는 보말죽을 주문하면 된다.

숨은 고수의 보말칼국수
영은맛집

#보말칼국수
#법환포구

- **A** 서귀포시 막숙포로 66-18
- **T** 064-739-5876
- **H** 10:00~16:00 / 화요일 휴무
- **P** 가능

서귀포 법환포구 쪽에 자리한 아담한 국수집 영은맛집. 노랗게 칠한 가게 외관이 멀리서부터 눈에 띈다. 고기국수와 보말칼국수, 돔베고기와 만두가 전부인 이곳의 메뉴는 심플하다. 그중에서도 이곳에서 꼭 맛 봐야 할 것은 보말칼국수. 보말과 미역이 푸짐하게 들어가 바다 내음이 향긋하게 올라오는 진한 국물은 절로 고개가 끄덕여지는 맛이다. 화려하진 않지만 숨은 고수의 녹진한 보말칼국수가 궁금하다면 법환포구의 영은맛집으로 걸음해보자.

카페 같은 공간에서 즐기는 고기국수
면관하이재

#성산맛집 #고기국수
#멸치고기국수

- (A) 서귀포시 성산읍 신풍하동로 15
- (T) 010-2431-1202 (H) 09:00 ~16:00 / 일요일 휴무 (P) 가능 @jeju_haije

제주 성산에 자리한 곳으로 국수집과 카페, 펜션까지 함께 운영한다. 이곳의 특징은 카페 같은 공간에서 제주 전통의 맛을 즐길 수 있다는 것이다. 대표 메뉴는 멸치 국물에 고기를 넣어 끓인 멸치고기국수. 제주도에서 많이 잡히던 멸치로 국물을 내고, 제사 때 남은 고기를 넣어 끓여 먹던 풍습에서 나온 음식이다. 고기향이 짙은 고기국수에 비해 깔끔하고 담백해 인기가 좋다.

행운을 드리는 국수
가시아방

#고기국수 #커플세트
#이상한변호사우영우
#행운국수

- (A) 서귀포시 성산읍 섭지코지로 10 (T) 064-783-0987 (H) 10:00 ~20:30 / 수요일 휴무 (P) 가능

2022년 인기리에 방영된 드라마 〈이상한 변호사 우영우〉에 '행운국수'라는 가게로 등장하면서 웨이팅 없이는 입장하기 힘들어졌다. 고기국수, 비빔국수, 멸치국수, 돔베고기, 물만두 등 다른 가게와 다를 것 없는 메뉴 구성이지만, 이곳만의 특별함은 커플세트에 있다. 국수 2그릇과 작은 돔베고기를 커플세트로 구성해 다양한 메뉴를 맛보고 싶은 손님의 마음을 헤아리고 있다. 부드러운 돔베고기와 잘 우려낸 국물에 쫄깃쫄깃한 면발까지. 기본에 충실한 국수 한 그릇에 기다림에 지친 마음이 따뜻하게 풀어진다.

이렇게 맛있는 채식이라니
제주에 부는 채식 바람

(#채식) (#비건) (#베지테리언) (#채식주의자)

"제주까지 가서 채식 식당을 찾느냐?"고 묻는다면 옛날 사람 내지는 꼰대라고 낙인찍히기 십상이다. 요즘 여행자들은 회나 흑돼지를 먹는 대신 내 몸과 환경에 이로운 채식 식당을 찾고, 비건 어메니티를 갖춘 숙소에 묵으며 나를 위한 여행의 만족을 찾는다. 지금은 바야흐로 채식과 비건의 시대. 한국채식연합에 따르면, 국내 채식 인구는 약 250만 명으로 추정된다. 식당들은 채식 메뉴를 따로 만들거나 비건 옵션을 만들어 이들을 반기고, 기업은 채식주의자를 위한 제품 개발에 열을 올린다. 신념과 가치관을 지키며 건강도 챙길 수 있는 채식은 이제 하나의 문화가 되었다.

제주 비건 채식지도 www.jejuvegan.com

식사로 힐링할 수 있다면　　　#산방산맛집
산토샤
#비건식당 #비건플레이트
#비건초밥

ⓐ 서귀포시 안덕면 산방로 415　ⓗ 목·금·토요일 11:30~15:00
ⓣ 010-9134-8221　ⓟ 인근 공영주차장 이용　ⓞ @santosha_jeju

'완벽한 수용', '완벽한 만족'을 뜻하는 비건 식당 산토샤. 산방산 근처 조용한 마을에 자리한 산토샤는 유기농 제철 채소를 활용해 완벽한 비건 플레이트를 만들어낸다. 밥과 국, 샐러드와 반찬 두세 가지, 디저트까지 한 접시에 담겨 나온다. 담음새가 예쁜 것은 물론 담백하고 깔끔한 맛이 계속 입맛을 당긴다. 먹으면서 건강해지는 것 같은 치유의 식사. "먹을 것 많은 제주까지 가서 굳이 비건 식당을 찾아야겠냐?"고 묻는 이에게 제주에서 자란 유기농 채소로 차려낸 산토샤의 밥상이 그 답을 대신할 수 있겠다.

되도록 채식, 몸을 이롭게 하다
칠분의 오

#비건식당
#비건버거 #비건플레이트
#비건디저트

A 제주시 구좌읍 해맞이해안로 650-20 111동 H 09:00~16:00 / 수·목 휴무 T 010-9922-2281 P 가능 O @five_seventh__

구좌읍의 칠분의 오는 일주일에 다섯 번은 몸을 이롭게 하는 건강한 음식을 챙겨 먹자는 의미다. 육류와 해산물을 비롯해 달걀, 우유, 버터, 꿀 등 동물성 식재료를 전혀 사용하지 않으며 비건 버터, 비건 패티, 비건 빵 등 대체 재료를 사용해 음식을 만든다. 계절에 맞는 채소로 알차게 구성한 샐러드플레이트와 수프플레이트, 비건 빵과 비건 패티를 넣은 비건버거플레이트, 국내산 콩으로 만든 소스와 제철 채소에 면을 비벼 먹는 마제소바 등 다양한 맛과 식감을 지닌 메뉴를 갖추어 현지인은 물론 여행자들 사이에서도 소문이 자자하다. 식사류 외에 비건티라미수, 비건치즈케이크 등 디저트 메뉴도 갖추고 있어 여행 중 가볍고 건강한 한 끼가 생각날 때 들르면 더없이 좋은 곳이다.

지구를 지키는 씩씩한 카페
앤드유카페

#비건식당 #100%비건
#비건버거
#포장불가

A 제주시 한림읍 한림로 518　T 064-796-0522　H 12:00~19:00 / 화·수 휴무　P 가능　O @andyucafe

제주 서쪽 옹포포구 근처 길을 걷다 보면 커다란 코끼리가 그려진 귀여운 가게가 눈에 띈다. 간판을 대신하는 'AND유CAFE'라는 글자와 함께 눈에 들어오는 것은 '100% VEGAN'이라는 큼지막한 글씨. 기후 위기 해결과 탄소배출 저감의 방안으로 식물성 재료, 친환경 재료, 제주에서 나고 자란 재료를 사용해 음식을 만들고 있다. 제주를 지키기 위해 쓰레기가 발생하는 테이크아웃도 불가하다. 지구를 위해 동물성 식재료와 일회용품을 쓰지 않는 것은 2018년 식목일에 문을 연 후로 꺾지 않고 지켜온 주인장의 신념이다. 100% 비건이라 해서 심심하고 맛이 없을 것이라는 편견은 넣어두길 바란다. 식물성 재료로 만든 버거와 샌드위치, 카레 등 모든 메뉴가 놀랄 만큼 맛있다.

채소로 만들어 낸 진짜 맛있는 카레

톰톰카레

#채식카레
#야채카레 #콩카레
#시금치카레 #반반카레

A 제주시 구좌읍 해맞이해안로 1112 T 070-7799-1535 H 11:00~19:30 / 14:30~17:00 브레이크타임 / 월요일 휴무 P 가능 O @tomtom_jeju

제주산 채소로 맛을 낸 깊고 진한 야채카레, 병아리콩과 강낭콩, 토마토, 생크림을 넣은 달콤하고 부드러운 콩카레, 시금치를 갈아 넣은 고소한 맛의 시금치카레, 제주산 톳을 넣은 톳카레, 버섯을 듬뿍 올린 버섯카레까지. 채소로도 충분히 맛있고 다양한 카레를 만들어내는 채식 카레 식당이다. 무엇을 먹어야 할지 걱정인 손님을 위해 야채카레와 콩카레가 반반씩 담긴 반반카레도 있다. 10년 가까이 카레를 만들며 도민과 여행자의 사랑을 받아온 곳으로 식사 시간에는 웨이팅이 생기기도 한다. 가끔 비정기적으로 문을 닫는 날이 있으니 SNS나 전화로 확인하는 것이 좋다.

제주를 담은 수채화 같은 비빔밥

바람에 스치운다

#제주채소비빔밥
#채식밥상
#비건옵션

A 제주시 구좌읍 문주란로 121-1 T 010-8003-6077 H 11:00~20:00 / 15:00~17:00 브레이크타임 / 화요일 휴무 P 가능
A @seosi__mong

하도리에 자리한 식당으로 제주산 딱새우, 문어, 전복 등으로 만든 정갈한 한 상, 제주산 채소로 채운 비빔밥 등을 판다. 육류 메뉴는 없고 채소와 해물로만 메뉴판을 채워 채식 위주 식사를 하는 손님들에게 사랑받는 곳이다. 달걀과 해산물 등을 섭취하지 않는 비건 옵션으로도 주문이 가능하다. 바다가 한눈에 펼쳐진 창가에서 한라산과 제주 곳곳에서 재배된 나물로 만든 비빔밥, 제주 푸른 바다의 딱새우와 전복 등을 즐길 수 있다. 비빔차롱(비빔밥)은 도시락으로 예약 주문할 수 있다.

자연 그대로 즐기는 생식의 매력

카페 901

#100%비건
#생식 #로푸드
#비건브런치 #스무디볼

(A) 제주시 1100로 2977-10 (T) 010-4614-2518 (H) 09:00~18:00 / 월·화 휴무 (P) 가능 (O) @jeju901_official

카페 901의 이름에는 9 다음에 0으로 비우고 다시 1부터 시작한다는 의미가 담겨 있다. 차면 비우고, 비워지면 다시 채우기 위한 삶의 순환 속에서 몸과 마음을 살피고 쉬어가는 공간이 되고자 하는 마음을 담았다. 100% 비건 로푸드를 내는 카페 901과 함께 운동 명상센터, 숙박시설 스테이 901도 운영하고 있다. 동물성이 함유된 재료는 전혀 사용하지 않고 자연 효소가 살아 있는 식물성 재료와 제철 채소, 유기농 채소, 제주산 채소를 최대한 활용해 음식을 만든다. 열을 가하지 않고 생식으로 즐기는 스무디 볼과 비건 브런치 세트, 비건 수프, 샐러드 볼, 샌드위치 등을 만날 수 있다.

나에게 선물하는 근사한 한 끼
제주 양식 레스토랑

(#양식) (#이탈리안) (#파스타) (#스테이크)

폴의 부엌이 제주를 만나면
맛있는 폴부엌

#딱새우크림파스타
#뿔소라오일파스타
#맛집인정 #저자추천

- A 제주시 한경면 녹차분재로 568
- T 010-2169-1624
- H 11:00~16:00 / 화·토·일 휴무
- R 네이버 예약
- P 가능
- O @paulkitchenjeju

'맛있는 폴부엌'이라는 이름에서부터 셰프의 자신감이 느껴진다. 폴의 부엌에서는 정말 맛있는 것만 만들어지는지 궁금증도 생긴다. '폴'은 이곳의 오너 셰프가 호주 르 코르동 블루 유학 시절에 사용하던 영어 이름. 호주에 살던 시절, 문밖을 나서면 반겨주던 대자연이 그리워 가족과 함께 제주에 정착해 식당을 열었다. 폴의 부엌에서 만들어지는 음식은 분명 서양식이지만, 제주를 오롯이 담았다. 오일장에서 구입한 채소, 제주에서 나고 자란 돼지와 닭, 제주 바다의 뿔소라와 딱새우 등 제주산 식자재에 폴 셰프만의 레시피를 더해 테이블에 올린다. 그냥 먹어도 맛있는 싱싱한 재료들에 셰프의 정성이 더해지니 무엇을 먹어도 맛있다. 폴의 부엌에서는 정말로 맛있는 것만 만든다.

부담 없이 즐기는 제주산 코스요리
난산리식당

#코스요리
#혼밥가능 #오일장
#예약필수

Ⓐ 서귀포시 성산읍 난산로 41번길 38 Ⓣ 010-9848-4169 Ⓗ 런치 1부 11:30, 런치 2부 13:00, 디너 18:30 / 화요일 휴무 Ⓡ 네이버 예약 Ⓟ 근처 골목 및 공터 이용 Ⓞ @nansan_kitchen

100% 예약제로 운영되는 난산리식당은 가성비 좋은 런치와 디너 코스 요리로 도민과 여행자 모두의 마음을 사로잡은 곳이다. 조용하고 한적한 마을의 돌 창고를 이곳의 셰프이자 주인장이 직접 개조해 포근한 느낌의 레스토랑으로 꾸몄다. 흑돼지, 돌문어, 당근, 고사리, 감귤, 감자 등 제주에서 나고 자란 식자재를 사용해 코스를 구성했는데, 되도록 인근의 오일장에서 공수해 식자재를 가장 신선한 상태로 대접한다. 오픈 키친 앞에는 바 테이블을 두어 혼자인 손님도 부담 없이 코스 요리를 즐길 수 있도록 배려했다. 런치는 4~6가지, 디너는 6~8가지 음식으로 구성되며 7세 미만의 아동은 단품 주문도 가능하다.

분위기마저 맛있다
틴우드맨

#오즈의마법사
#남원맛집
#살치살스테이크

Ⓐ 서귀포시 남원읍 태위로 679번길 11
Ⓣ 010-9747-0059   Ⓗ 11:30~22:00 / 15:00~18:00 브레이크타임 / 화요일 휴무   Ⓟ 가게 옆 공영주차장 이용   Ⓞ @tin_woodman.jeju

'틴우드맨'은 〈오즈의 마법사〉에서 주인공 도로시의 친구로 등장하는 양철 나무꾼의 이름이다. 여행자보다 현지인이 더 많은 남원 읍내에 조용히 문을 열어 동네 주민들의 사랑을 한 몸에 받는 인기 식당이 되었다. 대표 메뉴 '오즈의마법사스테이크'는 이름도 담음새도 동화적인 분위기를 한껏 풍긴다. 당근퓌레 위에 가지런히 누운 살치살스테이크, 노릇하게 튀긴 팽이버섯과 마늘이 맛과 멋을 더한다. 4가지 치즈의 꾸덕꾸덕함이 살아 있는 콰트로치즈크림파게리, 향긋한 바질 페스토로 맛을 낸 바질페스토링귀네 등 음식 대부분이 다 맛있다.

이탈리안을 만난 한식
취향의 섬 키친

#고사리멜젓파스타
#노키즈존
#초등학생이상가능

A 서귀포시 남원읍 태위로398번길 7 **T** 064-764-4797
H 11:00~15:00 / 화·수 휴무 **P** 가능 **◯** @chwihyang.wimi

목수였던 남편과 그림 작가였던 아내가 1970년대에 지어진 주택을 개조해 만든 식당이다. 옛집의 느낌을 살린 공간에 식물과 원목 가구로 채운 느낌이 따사롭다. 취향의 섬에서 만날 수 있는 음식은 한식 재료를 더한 이탈리안 파스타다. 제주산 고사리에 멜젓을 넣어 볶은 고사리멜젓파스타, 외할머니의 된장으로 만든 된장라구파스타, 고등어와 참나물, 대파 등을 넣어 안초비로 맛을 낸 고등어오일파스타 등이 대표적이다. 되도록 제주 식자재를 사용하고 부모님과 외갓집 등에서 직접 재배한 채소를 사용해 음식을 만든다.

제주 돌집에서 즐기는 스테이크
구스스테이크

#안심
#채끝
#노키즈존

- A 제주시 애월읍 고하상로 100
- T 064-799-1953
- H 10:30~18:30 / 15:30~16:30 브레이크타임 / 일요일 휴무
- R 네이버 예약
- P 가능
- O @goos_steak

애월의 상가리야자숲 근처에 제주 느낌 가득한 돌집이 소담스럽게 앉아 있다. 문을 열고 들어가니 실내의 느낌은 제주보다 유럽에 가깝다. 유럽 시골 마을의 레스토랑에 온 것만 같은 실내 공간은 구석구석 주인 부부가 손수 꾸몄다. 부드러운 안심스테이크와 채끝스테이크, 고소한 풍미가 일품인 안초비오일파스타가 인기 메뉴다. 식사의 처음부터 끝까지 다정하게 챙겨주는 주인장 덕분에 식사 시간이 더욱 즐겁다. 오후 6시부터 12시까지는 와인, 맥주, 양주와 요리가 어우러지는 바bar로 운영된다.

만 원의 행복
옹포 83

#만원의행복
#예약불가 #한림맛집

A 제주시 한림읍 옹포3길
T 0507-1347-1810
H 11:30~19:30 / 15:00~17:00 브레이크타임 / 월요일 휴무 P 인근 공영주차장 이용(마을 안길 주차 금지)
O @ongpo83

한 그릇에 15,000원을 훌쩍 넘어 20,000원 가까이 하는 파스타를 마주하는 일은 이제 놀랍지 않다. 특히 물가 비싼 제주에서는 더욱 그렇다. 협재와 한림 사이 옹포포구 근처 작은 골목에 자리한 옹포83에서는 한 그릇에 10,000원 남짓한 파스타와 리소토, 피자 등을 만날 수 있다. 가장 비싼 전복게우리소또, 페퍼로니피자의 가격도 11,000원. 놀라움은 여기서 끝이 아니다. 테이블 위에 놓이는 음식의 푸짐함에 두 번 놀라고, 비싼 레스토랑 못지않은 훌륭한 맛에 세 번 놀란다. 가게를 찾는 손님들이 푸짐하고 맛있는 식사를 착한 가격에 즐기기 바라는 진심을 담았다. 사장님의 따뜻한 마음이 느껴지는 행복한 식사를 오랫동안 만날 수 있기를 기도한다.

편안한 인상의 사장님 부부가 맞아주는 퓨전 양식집이다. 파스타, 카레, 돈가스 등의 주메뉴처럼, 격식을 갖추거나 조용히 이용해야 하는 부담이 전혀 없는 편안한 분위기의 밥집이다. 가장 인기 있는 메뉴는 부드럽게 삶아낸 고사리와 보말에 버섯, 애호박 등의 채소를 담뿍 넣어 올리브오일과 함께 볶아낸 고사리보말파스타다. 한입 먹으면 자꾸만 손이 가는 매력적인 맛으로 대표 메뉴로 꼽힌다. 푸짐한 양을 자랑하는 오므라이스와 특제 소스로 맛을 낸 돈가스 등 아이들을 위한 메뉴가 따로 준비되어 있어 가족이 다 같이 즐길 수 있는 것도 장점이다.

편안하게 즐기는 제주산 파스타
모들한상

#퓨전양식
#고사리보말파스타
#가지튀김커리 #돈가스

A 제주시 애월읍 하가로 180
T 070-7576-3503
H 11:00~19:00 / 16:00~17:00 브레이크타임 / 수요일 휴무
P 가능 O @modle_hansang

해산물 천국을 맛보다
제주 해산물

#생선 #해산물 #회 #생선구이

푸짐하게 즐기는 우럭조림 세트
고집돌우럭

#우럭조림
#냥푼밥
#웨이팅필수

Ⓐ 서귀포시 일주서로 879 중문점 Ⓣ 0507-1408-1540 Ⓗ 10:00~21:30 / 15:00~17:00 브레이크타임 Ⓟ 가능 Ⓐ www.gozipfish.com

중문점과 함덕점, 제주공항점 총 3개의 지점으로 나누어 영업 중인 생선 요리 전문점으로 제주 해녀와 그 가족들이 함께 운영하고 있다. 우럭조림, 옥돔구이, 새우튀김, 뿔소라미역국 등이 포함된 한 상 차림이 세트로 구성되어 있다. 제주 해녀들이 먹던 냥푼밥은 모든 세트 메뉴에 기본으로 포함되어 있어 배불리 식사를 즐길 수 있다. 브레이크타임을 기준으로 런치와 디너로 메뉴 구성을 달리하는데, 런치 메뉴에는 없는 돼지고기수육과 숙성회 등이 디너 메뉴에 추가된다. 여행자들 사이에서 인기가 좋은 집이라 대기가 긴 편이니 예써yesir 앱으로 원격 줄서기를 등록한 후 방문하는 것이 빠르다.

이토록 맛있는 고등어라니
나무식탁

#고등어온소바
#고등어보우스시 #고등어초밥
#한치카츠 #웨이팅필수

A 서귀포시 대정읍 도원로 214　T 070-4208-3858　⏰ 11:30~16:00 / 일·월·화 휴무　P 근처 산경도예 주차장 이용　@namu_moment_jeju

대정읍 신도리의 조용한 시골 마을에 자리하고 있는 아담하고 아늑한 식당이다. 바닷가 근처도 아니고 주변에 갈 만한 여행지도 없어 일부러 찾아가는 사람이 많지 않은 조용한 동네에서 이곳 나무식탁 앞에만 사람들이 모여 있다. 이유는 이곳에서만 만날 수 있는 특별한 음식이 있기 때문. 나무식탁의 음식은 제주산 고등어 반 마리가 통째로 올라간 고등어온소바, 새벽 경매시장에서 공수한 싱싱한 고등어를 올린 고등어보우스시, 달큰한 한치를 부드럽게 튀겨낸 한치튀김 등 제주산 해산물을 색다르게 즐길 수 있는 메뉴들로 구성되어 있다. 특히 가장 인기 있는 고등어온소바와 고등어보우스시는 꼭 맛보길 바란다. 훌륭한 재료는 별다른 기교 없이도 훌륭한 맛을 내는 법. 자극적이지 않으면서도 자꾸만 손이 가는 감칠맛과 비린내 없이 신선한 고등어회의 풍미에 저절로 미소가 지어진다.

솥밥으로 변신한 신선한 고등어
태희보데가

#태희보데가
#고등어솥밥 #카페태희
#디너코스요리

ⓐ 제주시 한림읍 한림로 635 ⓣ 064-796-0635 ⓗ 런치 10:00~16:00 / 디너 18:00(예약 필수) / 화요일 휴무 ⓟ 건너편 한림읍주민자치센터 주차장 이용
ⓞ @taeheebodega

곽지해변에서 피시앤칩스를 파는 '카페 태희'의 주인장이 운영하는 또 다른 식당이다. '보데가bodega'는 스페인어로 '와인 저장소' 또는 '와인 가게'를 뜻하는 말. 이름처럼 낮에는 고등어솥밥과 잔와인을, 저녁에는 제주 식자재로 구성한 5가지 코스 요리와 와인을 즐길 수 있는 근사한 식당이다. 잔가시 하나 없이 부드럽게 쩌낸 고등어와 특제 육수로 지은 고등어솥밥은 비린내 없이 담백하고 고소하다. 인근의 한림매일시장과 한림오일장에서 공수해 고등어의 신선함이 입안까지 그대로 전달된다.

겨울 한정판 방어 코스 요리
올랭이와 물꾸럭

#방어회 #겨울한정
#방어코스 #since1988
#예약필수

ⓐ 서귀포시 대정읍 신영로 93-5 ⓣ 064-794-5022 ⓗ 17:00~21:00 / 목요일 휴무 ⓟ 가능 ⓞ @olangjeju

올랭이와 물꾸럭은 오리와 문어를 뜻하는 제주 방언이다. 평상시에는 오리와 문어를 주재료로 한 음식을 팔지만, 11월부터 1월까지 방어가 제철을 맞는 계절에는 방어 코스 요리를 즐길 수 있는 방어 전문점으로 변신한다. tvN <한식대첩>에 제주도 대표로 출연했던 김정호 셰프가 운영하던 가게를 그의 아들 김민규 셰프가 물려받아 운영하고 있다. 10kg 이상의 대방어만 취급하며 방어 등살, 뱃살 위주의 방어회에 배꼽살, 날개살, 사잇살 등의 특수 부위가 곁들여진다. 아버지의 레시피로 담근 감귤김치에 싸 먹는 기름기 풍성한 방어회는 별미 중의 별미. 방어찜과 방어묵은지찌개까지 푸짐하게 구성된 코스를 모두 맛보고 나면 겨울이 끝나지 않기를 바라게 될지도 모르겠다.

해산물 듬뿍 해물라면
문개항아리

#문어에미치다
#문어칼국수
#해물라면

문개는 문어를 뜻하는 제주 방언으로 제주 북동쪽에서 많이 사용하는 말이다. 문개항아리가 자리한 조천, 함덕, 김녕 등이 제주 북동쪽에 속한다. 문개항아리는 오동통한 문어와 새우, 전복, 홍합, 가리비 등 각종 해산물이 다양하게 들어간 해물라면 전문점이다. 대표 메뉴는 문어칼국수와 해물라면을 동시에 끓여 먹는 칼라면. 갈치조림 전문점에서 많이 사용하는 길쭉한 냄비에 문어와 새우, 전복, 조개 등의 해산물을 채소와 함께 푸짐하게 담아낸다. 지도 앱이나 내비게이션에는 '문개항아리'라 검색해야 하지만, 얼마 전 '문어에 미치다'라는 이름으로 간판을 바꿔 달았으니 그냥 지나치지 않도록 주의할 것. 창밖으로 보이는 바다 전망도 훌륭하다.

A 제주시 조천읍 조함해안로 217-1
T 070-4224-4775
H 09:30~20:00 P 가능

솥밥으로 즐기는 제주 갈치
담백

#월정리 #갈치솥밥
#제주갈치 #전복솥밥
#흑돼지솥밥

Ⓐ 제주시 구좌읍 해맞이해안로 518 Ⓣ 064-783-0045 Ⓗ 09:00~16:00 / 비정기적휴무 Ⓟ 가능 Ⓞ @jeju_dambaek

전복과 갈치, 흑돼지는 제주에 가면 꼭 먹고 와야 할 음식으로 꼽힌다. 월정리의 담백은 이 3가지 재료를 전복죽, 갈치조림, 흑돼지구이가 아니라 솥밥으로 정성껏 지어 테이블에 올린다. 도미솥밥, 금태솥밥은 먹어봤어도 갈치솥밥은 생소하다. 잔가시가 많아 손질이 오래 걸릴 뿐 아니라 비린내를 없애기 쉽지 않아 솥밥으로 만들기 어려운 생선이기 때문이다. 가시를 모두 발라 노릇하게 구워 솥밥으로 나오는 갈치솥밥은 그래서 더욱 귀한 음식이다. 잘 지은 밥에 고소한 갈치, 더 이상 무엇이 필요할까. 고추장아찌와 고추냉이를 곁들여 다채롭게 즐길 수 있다.

나만 알고 싶은 횟집
물고기자리

#물고기자리
#성산물고기자리
#모둠회 #예약필수

Ⓐ 서귀포시 성산읍 일출로 257 Ⓣ 064-900-9642 Ⓗ 12:00~22:00 / 15:00~17:00 브레이크타임 Ⓟ 가능

싱싱하고 담백한 모둠회를 부담스럽지 않은 가격에 만날 수 있는 횟집이다. 성산일출봉 근처 수마포해안 앞에 있어 식사 전후에 산책하기도 좋다. 모둠회를 주문하면 싱싱한 고둥, 문어, 전복, 소라 등이 먼저 나와 입맛을 돋우고, 광어, 우럭, 돔, 연어, 갈치 등이 이어서 나온다. 여기에 꽁치구이, 볼락튀김, 새우튀김, 미역국 등 끊임없이 나오는 해산물의 향연에 젓가락을 멈출 수 없는 곳이다. 밑반찬부터 마지막 게우밥까지, 테이블 위의 모든 것이 훌륭하다. 1인당 25,000원에 이렇게 푸짐하고 질 좋은 정식을 즐길 수 있다니, 나만 알고 싶은 곳이다.

자연산 생선구이 한 상
오병이어

#제철생선
#생선구이 #자연산생선
#갈치구이

A 서귀포시 월드컵로 161-1 **T** 064-738-9202 **H** 11:00~20:00 / 일요일 휴무 **P** 가능 **O** @jejufish064_7389202

자연산 생선 여러 마리를 노릇하게 구워 모둠으로 즐길 수 있는 생선구이집이다. 양식이 아닌 자연산 생선구이를 푸짐하게 먹을 수 있어 도민들에게도 크게 사랑받는 곳이다. 은갈치부터 전갱이, 금태, 고등어, 가자미, 벤자리돔, 도루묵 등 계절과 그날그날 잡히는 어종에 따라 매일 조금씩 다르게 구성하고 있으며, 채소와 달걀을 올린 계절밥과 함께 낸다. 금태나 방어, 민어 등 제철을 맞은 귀한 생선이 들어오는 날에는 SNS로 별도 공지하고 있으니 여행 중 틈틈이 확인하면 좋겠다.

회국수의 원조
촌촌해녀촌

#동복해녀촌
#회국수
#원조회국수

A 제주시 구좌읍 동복로 33 **T** 064-783-4242 **H** 09:00~19:00 **P** 가능

싱싱한 제철 회를 매콤하면서 달콤한 고추장소스와 참기름으로 버무린 회국수는 제주에서 쉽게 만날 수 있는 음식이다. 그중에서도 함덕과 김녕 사이에 자리한 동복의 촌촌해녀촌 회국수에는 '원조'라는 수식어가 붙는다. 회국수를 처음 판매하기 시작한 집이기 때문이다. 이곳을 찾는 손님 열에 아홉은 일단 회국수를 먼저 주문한다. 회국수 외에 성게미역국, 성게국수, 회덮밥 등의 메뉴도 신선하고 맛있다. 항상 손님이 많아 자리를 찾기 쉽지 않지만, 테이블 회전이 빠른 편이라 대기시간은 그리 길지 않다.

마니아를 위한 제주 떡볶이 로드
떡볶이는 못 참지

#제주분식 #제주떡볶이 #분식러버

떡볶이 그 이상의 떡볶이
홍당무떡볶이

#오너셰프 #훈제떡볶이
#당근떡볶이
#해물떡볶이 #돔베세트

A 서귀포시 중정로 45 T 010-7401-3374 H 12:00~21:30 / 15:00~16:00 브레이크타임 / 일요일 휴무 P 아랑조을거리 공영주차장 이용 @jeju_carrot_bro

셰프 출신의 부부가 운영하는 곳으로 음식 하나하나에 엄청난 시간과 정성을 들이는 곳이다. 이곳의 떡볶이는 홍당무떡볶이와 게새떡볶이 2가지. 홍당무떡볶이는 참나무로 훈연한 제주 당근을 넣고 뭉근하게 끓여 만든다. 설탕과 물엿 사용을 줄이고 당근의 단맛을 최대한 끌어내는 데 집중한 떡볶이다. 국물에서 느껴지는 은은한 훈제 향과 당근의 단맛이 떡볶이의 품격을 높인다. 게새떡볶이는 게와 새우, 홍합 등의 해물을 아낌없이 넣어 진한 맛을 느낄 수 있는 떡볶이다. 떡은 거들 뿐, 이 정도면 손님상에 올려도 손색없을 고급스러운 요리다. 그 외에 오랜 시간 수비드로 조리한 순대, 흑돼지불고기와 절인 당근, 흑미밥만으로 맛을 낸 김밥 도새기롤, 반죽에 보리새우를 갈아 넣어 만든 채소튀김 등 어느 것 하나 쉽게 만든 음식이 없다. 홍당무떡볶이와 도새기롤, 순대, 튀김 등이 커다란 도마 위에 가지런히 세팅되어 나오는 돔베세트를 주문하면 홍당무떡볶이의 음식을 골고루 맛볼 수 있다.

뉴트로 감성 한 스푼
관덕정분식

#퓨전분식 #뉴트로
#제주감자크림떡볶이
#유부주먹밥

- 제주시 관덕로8길 7-9
- 064-757-0503
- 11:30~20:30
- 가능
- @gwan_ddeok_jeong

관덕정분식이 자리한 동네는 1990년대까지 분식집과 식당이 모여 있던 먹자골목이었다. 인근의 노형동과 연동에 신도시가 개발되면서 원도심이 쇠퇴하고 주변 상인과 손님들이 떠나 먹자골목도 사라진 자리에 '뉴트로'라는 옷을 입고 관덕정분식이 들어섰다. 제주의 가장 오래된 건물이자 원도심의 상징이라 할 수 있는 '관덕정'을 모티프로 과거의 구조를 살리고 현대적으로 재단장해 근사한 공간을 만들어냈다. 관덕정의 메뉴 또한 옛것과 새것이 결합한 퓨전 분식이라 할 수 있다. 기본 떡볶이인 관덕정떡볶이와 모닥치기 외에 토마토떡볶이, 제주감자크림떡볶이, 명란아보카도비빔밥, 유부주먹밥 등 다채로운 분식을 맛볼 수 있다.

바다 보며 즐기는 떡볶이
평대스낵

#평대스낵
#한치튀김
#떡맥

A 제주시 구좌읍 대수길26
T 070-8825-3524 H 11:00~16:00
P 해안가 공터 주차 가능 (마을 안쪽 주차 금지)
O @jjangnyang

새빨간 대문이 인상적인 평대스낵은 평대포구 근처 마을 안쪽에 자리하고 있다. 깔끔한 외관은 생긴 지 얼마 되지 않은 카페처럼 보이지만, 평대리에서 9년째 자리를 지키고 있는 분식집이다. 원래 있던 자리에서 조금 옆으로 이전해 예전의 트레이드마크였던 빨간 대문을 그대로 재현해 놓았다. 메뉴는 떡볶이, 짜장떡볶이, 한치튀김, 왕새우튀김 등으로 예전 그대로다. 달라진 게 있다면 건물을 이전하며 주문도 키오스크 방식으로 바뀌었다는 점과 떡볶이 밀키트가 생겼다는 점. 옥상에 올라가 바다를 바라보며 떡맥(떡볶이+맥주)을 즐길 수 있는 평대스낵만의 장점 또한 그대로다.

추억을 소환하는 떡볶이
사랑분식

#동문시장떡볶이
#튀김만두
#추억소환

ⓐ 제주시 동문로4길 12   ⓣ 064-757-5058   ⓗ 10:30~19:30 / 월·화·수 휴무   ⓟ 동문공설시장 주차장 이용

모녀가 함께 운영하는 사랑분식은 20년이 넘는 오랜 시간 동안 한 자리를 지키고 있는 추억의 분식집이다. 대표 메뉴는 떡볶이에 튀김만두, 김밥 한 줄, 달걀 등이 들어 있는 사랑식. 제주도에서 맛볼 수 있는 모닥치기 1인분 버전이라 생각하면 쉽다. 그리 맵지 않고 달달한 떡볶이는 어린 시절 학교 앞에서 먹었던 떡볶이가 생각나는 추억의 맛이다. 가게 앞에는 언제나 길게 줄을 서고, 길게는 30분 이상 기다려야 할 때도 있다. 가게 안에서 먹고 가는 손님만큼 포장하는 손님도 많아 포장 역시 기다림은 필수다. 동문시장 안에 자리하고 있어 시장을 오고 가며 들르기에도 좋다.

진짜 모닥치기를 맛볼 수 있는 곳
짱구분식

#서귀포 #모닥치기
#튀김떡볶이
#올레시장

ⓐ 서귀포시 중동로48번길 3   ⓣ 064-762-6389   ⓗ 12:00~21:00 / 16:00~17:00 브레이크타임 / 목요일 휴무   ⓟ 인근 공영주차장 이용

서귀포매일올레시장 근처에 자리한 곳으로 저렴한 가격에 배불리 먹을 수 있는 분식집이다. 짱구분식의 대표 메뉴는 모닥치기와 튀김떡볶이. 김밥, 소면, 튀김만두, 달걀, 김치전, 떡볶이 등이 커다란 접시에 흘러넘칠 정도로 푸짐하게 담겨 나온다. 모닥치기야 제주도 어디에서나 맛볼 수 있는 흔한 음식이지만, 이곳만의 특별함은 한 번 튀겨 버무린 떡볶이 떡에 있다. 깨끗한 기름에 한 번 튀겨 훨씬 고소하고 쫄깃하다. 양이 적은 사람이나 나 홀로 여행자라면 김말이와 튀김, 어묵, 달걀 등이 떡볶이와 함께 나오는 튀김떡볶이 1인분을 주문하면 된다.

건강하게 즐기는 분식 한 상
분식후경

#서귀포 #부추김밥
#미나리김밥 #쌀떡볶이
#부추전

Ⓐ 서귀포시 성산읍 온평포구로62번길 22-1 Ⓣ 064-782-2888 Ⓗ 11:30~19:30 / 15:00~17:00 브레이크타임 / 수·목 휴무 Ⓟ 가게 옆 돌담 앞에 주차 Ⓘ @bunsik_hukyung

김밥과 떡볶이, 전 등을 파는 작은 분식집이다. 다른 분식집에 다 있는 튀김과 순대가 없는 대신, 다른 분식집에는 없는 새우부추전과 새우미나리전, 장조림버터비빔밥 등이 있다. 분식후경에서 꼭 먹어야 할 메뉴는 향긋한 미나리와 부추가 듬뿍 들어간 미나리김밥과 부추김밥. 햄과 단무지를 넣지 않고 당근과 달걀, 미나리로만 맛을 내 깔끔하고 담백하다. 바삭하게 부친 전을 떡볶이 국물이 콕 찍어 먹는 것도 분식후경만의 별미. 떡볶이는 방앗간에서 직접 뽑은 국내산 쌀떡으로 만들어 더욱 찰지고 쫀득하다.

185

신선한 재료 덕분에 훌륭한
제주 중화요리

(#중식당) (#중국집) (#중화요리)

제주에서 맛보는 중국 가정식
로이앤메이

#중국요리
#중국가정식
#100%예약제

- **A** 서귀포시 성산읍 온평상하로 15번길 12-7
- **T** 064-782-8108
- **H** 11:30~16:00 / 토·일·공휴일 휴무
- **R** 전화 또는 인스타그램 DM 이용
- **P** 가게 앞과 마을 안쪽 골목길 주차 가능
- **O** @royandmay

중국 허난성 출신의 로이와 한국인 메이가 영국에서 만나 결혼하고 제주에 정착해 차린 중국 가정식 전문 식당이다. 100% 예약제로만 운영하며 메뉴는 '중국 가정식 한 상 차림' 단 한 가지. 보통의 중식당에서는 맛보기 힘든 귀한 음식들이 한 상 가득 차려진다. 가정식 메뉴에 포함된 음식은 모두 중국인 셰프 로이가 어려서부터 먹고 자란 건강한 음식들로, 정갈하면서도 푸짐하게 식탁을 채우는 가정식의 향연에 눈과 입이 모두 즐겁다. 한 상 차림에 포함되지 않는 몇 가지 단품 메뉴를 추가 주문할 수 있지만, 한 상 차림에 포함된 음식들만으로도 충분히 배가 부르다. 주말에는 문을 닫고 평일 점심에만 운영한다.

행복을 부르는 만두
천일만두

#서귀포 #수제만두
#부추군만두 #건두부볶음
#꽃핀가지

A 서귀포시 서문로 25 T 064-733-9799 H 10:00~21:00 / 14:00~17:00 브레이크타임 / 목요일 휴무 P 인근 공영주차장 이용

가게 이름에서부터 알 수 있듯 만두를 전문으로 하는 중식당이다. 만두 외에도 건두부볶음, 가지튀김, 마파두부, 마라탕, 볶음밥 등 다양한 중식 메뉴를 갖추고 있다. 많은 메뉴 사이에서 반드시 맛봐야 할 음식은 단연 '부추군만두'. 만두피와 만두소 모두 가게에서 직접 만든다. 하나하나 정성껏 빚은 만두를 팬에 넣고 뚜껑을 덮어 촉촉하게 굽다가 마지막에 전분물을 넣어 밑면을 튀기듯 바삭하게 구워낸다. 갓 나온 바삭한 군만두 하나에 사르르 행복해지는 마법의 만두다.

기본이 맛있는 중식당
오일장반점

#짬뽕맛집
#대정오일장
#모슬포중식당

A 서귀포시 대정읍 신영로36번길 37 A 064-792-0818 A 10:30~20:30 P 가능

끝자리 1일과 6일에 열리는 모슬포 대정오일장 근처의 중식당이다. 오일장이 열리지 않는 날에도 영업하지만, 오일장이 열리는 날에는 줄을 서서 입장해야 할 만큼 사람이 몰린다. 가장 인기가 좋은 메뉴는 재료를 아낌없이 넣고 진하게 끓인 오일장짬뽕. 칼칼하고 시원한 국물에 수저를 놓을 수 없는 맛이다. 바삭하고 쫄깃한 찹쌀탕수육도 인기가 좋다. 소, 중, 대사이즈 외에 혼자나 두 명이서 주문하기 딱 좋은 양의 꼬마탕수육이 있어서 메뉴 선택 시 고민을 줄일 수 있다. 식당 바로 앞에서 바라보는 푸른 바다의 풍경도 아름답다.

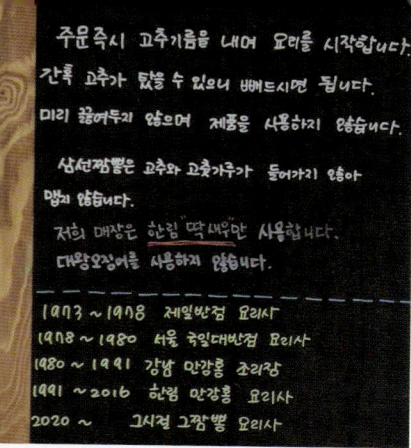

50년 내공이 담긴 짬뽕
그시절 그짬뽕

#간짬뽕
#현지인추천 #딱새우
#한림중식당

🅐 제주시 한림읍 한림북동길7 한림중앙상가 1층 115호 ☎ 064-796-8188
🅗 11:00~15:00 / 화·수 휴무 🅟 가능

50여 년 경력의 주방장 내공이 듬뿍 담긴 짬뽕 한 그릇을 맛볼 수 있는 중식당이다. 되도록 국내산 식자재를 사용해 깨끗하고 정성스럽게 만든 음식으로 도민들에게 사랑받는 찐 도민 맛집으로 꼽힌다. 삼선짬뽕과 해물짬뽕, 간짬뽕, 짜장면, 탕수육 등 보통의 중식당과 비슷한 메뉴 중에서 꼭 맛봐야 할 것으로 꼽히는 것은 간짬뽕. 국물 없이 볶아낸 짬뽕에 면을 비벼 먹는 음식으로 딱새우, 주꾸미, 오징어, 돼지고기, 채소가 아낌없이 들어가 깊은 맛을 낸다. 면 강화제를 사용하지 않고 직접 뽑아내는 생면도 이 집만의 자랑거리. 식사 후에도 속이 편안해 다시 찾고 싶은 중식당이다.

마지막 한 방울까지 진하게
신왕

#명태알
#알짬뽕
#성산중국집 #짬뽕맛집

🅐 서귀포시 성산읍 신양로 112 ☎ 064-784-1711 🅗 10:30~21:00 / 목요일 휴무 🅟 가능

섭지코지 가는 길목에 자리한 신왕의 대표 메뉴는 명태알과 이리가 푸짐하게 들어간 알짬뽕이다. 명태알과 이리뿐 아니라 홍합, 새우, 오징어 등이 아낌없이 들어간 알짬뽕은 보통의 중식당에서 파는 해물짬뽕보다 더 짙은 해물향과 시원한 국물을 자랑한다. 더불어 은근히 느껴지는 불향이 짬뽕의 맛을 더한다. 좀 더 든든히 배를 채우고 싶다면 공깃밥 한 그릇을 주문해 알짬뽕밥으로 다시 시작하는 것을 추천한다. 알짬뽕의 국물은 마지막 한 방울까지 소중하다.

사골 육수로 끓인 진한 짬뽕
소담히로

#다양한짬뽕 #짬뽕맛집
#월정리밥세끼
#공깃밥무료

A 제주시 남광로 4길 21　T 070-7761-1634　H 평일 11:00~20:30 / 15:00~17:00 브레이크타임 / 토요일 11:00~19:00 / 일요일 휴무
P 인근 공영주차장 이용　@sodamhero_jeju

월정리의 인기 식당 '밥세끼'를 운영하던 사장님이 이도이동으로 이전해 차린 아담한 중식당이다. 사장님의 음식 솜씨는 월정리 시절의 단골손님이 이곳까지 찾아오는 것만 봐도 알 수 있을 만큼 명성이 자자하다. 이도이동의 '소담히로'로 이전해 만드는 음식은 제주산 돼지사골을 우려 만든 짬뽕과 덮밥, 군만두 등. 특히 은은한 불향과 진한 육수가 어우러진 짬뽕의 맛이 일품이다. 백짬뽕, 해물짬뽕, 차돌짬뽕, 고추짬뽕, 굴짬뽕 등 선택의 폭이 넓은 것 역시 장점이다. 남은 짬뽕 국물을 위한 공깃밥은 무료로 제공된다. 사장님 혼자서 운영하는 식당이라 주문은 키오스크로 대신한다.

제주에서 맛보는 이국적인 음식
제주 세계 미식 여행

(#동남아요리) (#남미요리) (#중동요리) (#대만요리)

지금 여기 싱가포르
호커센터

#제주호커센터
#싱가포르 #칠리크랩
#예약필수 #예약전쟁

A 제주시 애월읍 애월로11길 25-1 T 064-799-8989
H 12:00~19:00 / 수요일 휴무 P 인근 골목이나 공터 이용
O @aewolhawker

호커센터는 홍콩, 말레이시아, 싱가포르 지역에서 로컬 푸드를 파는 노점과 상점이 모여 있는 푸드코트를 말한다. 동남아시아 지역의 다양한 음식을 즐길 수 있는 곳으로 현지인과 세계 여행자들이 모여 활기 넘치는 곳이다. 제주 애월의 호커센터에서는 칠리크랩, 쉬림프사테, 페퍼크랩 등 동남아 지역에서 보던 음식을 현지 느낌 그대로 만날 수 있다. 거의 모든 테이블에 빠짐없이 오르는 메뉴는 싱가포르에서 가장 유명한 칠리크랩이다. 매콤달콤한 소스와 통통한 게살이 어우러진 현지의 맛을 그대로 재현해냈다. 100% 예약제로 운영되며, 예약하기가 하늘의 별 따기라 도민들조차도 쉽게 만날 수 없는 음식으로 소문이 자자하다. 예약은 네이버로만 가능하며 방문을 원하는 날로부터 30일 전 자정에 예약이 열린다. 보통 30초 이내에 예약이 마감되어 버리니 일행들과 함께 예약에 도전하는 것을 추천한다.

전 세계의 가정식을 제주에서 만나다
#세계여행
세계의 가정식
#서귀동298-5
#혼밥환영

Ⓐ 서귀포시 천지로 42 Ⓣ 064-733-2985 Ⓗ 11:00~24:00 / 14:30~17:30 브레이크타임 / 수·목 휴무 Ⓟ 인근 공영주차장 이용 Ⓘ @euny__ee

'세계의 가정식'이라는 가게 이름보다 '서귀동 298-5'라는 주소가 더 크게 보인다면 맞게 찾아온 것이니 당황하지 않아도 된다. 세계의 가정식은 세계 여러 나라의 가정식 한 상을 맛볼 수 있는 곳으로 이름 그대로 세계의 가정식을 파는 집이다. 매주 금요일 메뉴가 바뀌며 가정식 단일 메뉴로 운영된다. 일본, 영국, 튀르키예, 그리스, 네덜란드, 노르웨이 등 각 나라의 대표 음식을 한국인 입맛에 맞게 정성껏 조리해 손님에게 내어준다. 매주 바뀌는 가정식 메뉴는 인스타그램을 통해 공지하고 있으니 여행 중 틈틈이 확인하면 좋겠다.

잠시 대만으로 떠나는 여행
싱푸미엔관

#대만우육면
#대만음식
#홍소우육면 #창잉터우

🅐 제주시 구남로2길 32 🅣 010-4339-6751 🅗 11:30~20:00
🅟 바로 앞 공영주차장 이용 ⊙ @xingfu_mianguan

가게 문을 열고 들어가니 대만 여행에서 많이 보았던 익숙한 로컬 식당이 나타난다. 간판부터 시작해 벽면의 메뉴판, 테이블과 의자, 포스터, TV에서 재생되는 프로그램까지 모두 대만을 담았다. 공간을 채우는 음악도 대만 뮤지션의 음악. 잠시 대만으로 여행을 떠나온 것 같은 착각에 빠지기에 충분하다. 싱푸미엔관은 '행복면관'이라는 뜻의 대만식 우육면 전문점이다. 첨가제를 넣지 않고 자가제면으로 뽑아낸 면에 아롱사태와 사골을 푹 우려낸 육수를 넣어 만든다. 진하고 깊은 맛은 대만에서 먹던 우육면의 맛 그대로. 참깨와 땅콩장을 섞어 면 위에 얹은 대만식 비빔면 랑미엔, 돼지고기와 마늘쫑을 잘게 다져 볶은 창잉터우, 대만식 돼지고기 덮밥 루러우판 등 대만 로컬 식당에서 만날 수 있는 로컬 메뉴도 다양하게 갖추고 있다. 언젠가 대만의 로컬 푸드가 그리워질 때 제주행 비행기 티켓을 검색하게 될지도 모르겠다.

베트남 출신 부부의

몬스테라

#몬스테라자구리
#베트남음식
#쌀국수 #반미

ⓐ 서귀포시 소암로12번길 7　ⓣ 064-733-6962　ⓗ 11:00~20:30 / 15:00~17:00 브레이크타임 / 수·토 15:00 마감 / 일요일 휴무　ⓟ 가능
ⓞ @monsterajaguri

베트남에서 10여 년 동안 거주했던 부부가 차린 베트남 정통 음식점이다. 서귀포시 서귀동의 주택을 개조한 따뜻한 느낌의 식당이다. 햇살이 잘 드는 밝은 분위기의 실내 공간, 싱그러운 정원이 보이는 창밖 풍경과 곳곳에 배치한 몬스테라 플랜테리어가 산뜻한 느낌을 준다. 쌀국수와 분짜, 해물볶음밥, 반미, 분보싸오 등 10여 년 가까이 베트남에 거주하며 경험하고 익힌 음식 솜씨가 접시에 그대로 담겨 나온다. 부부가 분주하게 움직이는 오픈 키친을 구경하는 재미도 쏠쏠하다.

선흘리 시골 마을에서 즐기는
라틴아메리카 음식
오래된 구름

#양고기
#라틴아메리카
#남미음식 #다이닝바

- A 제주시 조천읍 북선로372
- T 064-784-1015
- H 18:00~02:00 / 수·목 22:00
  마감 / 월·화휴무 P 가능
- O @oldie_cloud

도시에서도 흔치 않은 라틴아메리카 지역의 음식을 맛볼 수 있는 식당이다. 꼬르데로 아사도, 따꼬 데 빠빠, 로도알 참뻬농 등 제대로 발음하기도 쉽지 않은 남미 요리 주문을 위해 QR코드를 활용해 메뉴 선택을 돕고 있다. 장작으로 오랜 시간 구워 잡내를 없애고 촉촉한 육즙을 느낄 수 있는 양고기 프렌치렉 '꼬르데로 아사도', 페루식 고추소스에 끓인 닭고기와 감자에 바질 소스와 올리브유로 볶아낸 면을 곁들인 '까라뿔끄라 꼰 쏘빠 쎄까 친차나'는 꼭 맛볼 것을 추천한다. 이름은 생소하지만, 한국인의 입맛에 묘하게 맞아떨어지는 그 맛에 무릎을 '탁' 치게 된다. 주류를 꼭 주문해야 하는 다이닝 바로 주말에는 보틀 와인 주문이 필수다. 매장 한쪽에 와인 창고가 마련되어 있어 요리와 잘 어울리는 와인을 추천받을 수 있으며 취향껏 골라 마실 수도 있다. 운전자나 술을 못 하는 손님을 위해 무알코올 맥주도 준비되어 있다.

가마솥에 튀겨낸 제대로 된 피시앤칩스   #피시앤칩스
윌라라   #가마솥피시앤칩스
#상어고기 #달고기 #웨이팅필수

A 서귀포시 성산읍 성산중앙로 33 T 0507-1404-5120 12:00~18:00 / 16:00 이후는 포장만 가능 P 근처 골목 또는 길가에 주차

작년 서울 강남의 신세계백화점에서 팝업 스토어를 열었을 정도로 그 맛을 인정받은 집이다. 메뉴는 진짜 상어 고기로 만든 생선튀김과 달고기튀김이 함께 나오는 '윌라라 피쉬앤칩스', 제주산 달고기로 만든 달고기피시앤칩스 2가지. 호주, 뉴질랜드 등에서 피시앤칩스에 많이 사용하는 상어 고기는 쉽게 맛볼 수 없는 생선이라 일찌감치 동나는 날이 많으며, 남북 정상회담 당시 메인 메뉴로 채택된 바 있는 달고기는 피시앤칩스에 널리 사용되는 생선으로 고소함과 담백함이 튀김과 잘 어우러진다. 커다란 가마솥에서 깨끗한 기름으로 갓 튀겨낸 피시앤칩스의 맛은 달리 설명이 필요 없는 맛. 모든 메뉴가 포장할 수 있지만 갓 튀겨낸 바삭하고 촉촉한 피시앤칩스를 맛보려면 기다림을 감수하더라도 매장에서 직접 먹기를 추천한다.

제주에서 만나는 중동 음식

와르다 레스토랑

#후무스
#중동음식 #할랄푸드
#비건옵션

A 제주시 관덕로8길 24-1 T 064-751-1470 H 12:00~22:00 / 15:00~17:00 브레이크타임 / 일요일 휴무 P 매장 앞 공영주차장 이용

중동 음식은 다소 생소하다. 그것도 도시가 아닌 제주에서 중동 음식이라니. 여행 중 한 번쯤 색다른 음식을 맛보고 싶을 때, 비건 레스토랑을 찾아야 할 때 방문하면 좋은 곳이다. 이곳은 예멘 난민 출신의 셰프가 그의 아내와 함께 운영하는 음식점이다. '와르다'라는 이름은 아랍어로 '꽃'을 뜻하는 말. 셰프가 아내에게 선물한 이름이다. 와르다 레스토랑에서는 병아리콩과 마늘, 양파 등을 갈아 반죽해 튀겨낸 팔라펠, 중동식 볶음밥 캅사, 병아리콩을 으깬 후무스, 케밥 등 중동 지역의 할랄 음식을 만날 수 있다. 모든 메뉴는 할랄 방식으로 만들어 이슬람 문화권에서 여행 온 여행자나 유학생들에게는 오아시스 같은 식당이라 전해진다. 이슬람 종교인 손님들을 위해 식당 안쪽에 기도할 수 있는 공간을 마련해 둔 것도 세심하다.

제주에서만 맛볼 수 있는 특별한 맛
온리, 제주의 맛

(#말고기) (#청귤) (#구좌당근) (#돔베고기) (#자리물회) (#성게미역국)

베지근한 접짝뼈국 한 사발
넉둥베기

#접짝뼈국
#향토음식 #산적구이
#고사리육개장

Ⓐ 제주시 서문로 9-11
Ⓣ 064-743-2585
Ⓗ 09:00~재료 소진 시까지 12:30 마지막 주문 / 수요일 휴무, 화요일 격주 휴무
Ⓟ 인근 공영주차장 이용
ⓞ @nukdoongbegi_jeju

이름도 생소한 접짝뼈는 돼지 앞다리와 갈비뼈 사이의 넓적한 부위다. 이를 푹 고아 국물을 내고 메밀가루를 풀어 진득하게 만든 것이 접짝뼈국. 제주도에서는 혼례 때 신랑 신부의 상 위에만 올리던 귀한 음식이었다. '고깃국물이 진하고 기름지면서도 구수하게 맛있다'는 뜻의 제주 방언 '베지근하다'를 가장 잘 느낄 수 있는 묵직한 고깃국이다. 용연계곡 근처의 넉둥베기는 그릇이 넘치도록 푸짐하게 담긴 접짝뼈국을 만날 수 있는 식당이다. 예사롭지 않은 비주얼에 한 번 놀라고, 젓가락만 살짝 스쳐도 뼈에서 살이 후두두 떨어지는 부드러움에 또 한 번 놀란다. 구수하고 녹진한 고깃국물에 따뜻한 밥 한 그릇이면 세상 누구도 부럽지 않은 완벽한 밥상이 완성된다. 잔칫날 먹던 돼지고기 산적구이, 고사리를 넣어 푹 고아낸 고사리육개장도 맛있다.

30년 전통의 돔베고기
천짓골식당

#돔베고기
#멜젓양파 #흑돼지
#백돼지 #향토음식

A 서귀포시 중앙로 41번길 4　**T** 064-763-0399　**H** 17:30~21:30 / 일요일 휴무
P 인근 공영주차장 이용

돔베고기는 갓 삶은 돼지고기를 도마에 얹어 상 위에서 썰어 먹는 제주 향토 음식이다. 돼지고기 수육이야 육지에서도 흔하게 먹었던 음식이지만, 제주만의 특별함은 김이 펄펄 나는 고깃덩어리를 도마째 상 위에 올려 칼로 쓱쓱 썰어 먹는 데에 있다.
서귀포 올레 시장 근처에는 1992년부터 오로지 돔베고기 한 가지만을 내는 식당, 천짓골이 있다. 물에 빠진 고기는 안 먹는다는 사람도 천짓골의 돔베고기는 일부러 찾아가서 먹는다는 말이 있을 정도로 유명한 곳이다. 메뉴는 돔베고기 한 가지로 흑돼지와 백돼지 중 선택할 수 있다. 살코기와 지방 중 특별히 더 좋아하는 부위가 있다면 주문할 때 미리 말하면 된다. 별다른 소스나 양념이 없어도 충분히 맛있는 수육의 참맛을 느낄 수 있다. 멜젓에 버무린 양파, 직접 담근 신김치와 함께 곁들이면 더욱 더 별미다.

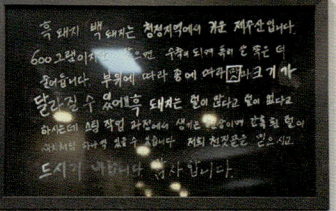

여름철 한정 메뉴 자리물회를 만나는 곳
공천포식당

#자리물회
#전복물회
#자리돔 #향토음식

A 서귀포시 남원읍 공천포로 89　**T** 064-767-2425　**H** 10:00~20:00 / 목요일 휴무　**P** 가능

자리돔은 제주 남해와 동해에 서식하는 물고기다. 제주에서만 자라고 제주에서만 잡히기에 제주에서만 맛볼 수 있는 생선이다. 공천포 해변 바로 앞에 자리한 공천포식당은 신선한 자리물회를 맛볼 수 있는 대표적인 식당으로 꼽힌다. 물회 한 대접을 주문하니 따뜻한 밥 한 공기가 함께 상 위에 놓인다. 제주 사람들은 따뜻한 밥을 차가운 물회에 말아 먹기 때문. 자리돔이 제철이 아닌 시즌에는 한치물회와 전복물회, 전복덮밥 등이 인기가 좋다.

어서 와 말고기는 처음이지?
말고기연구소

#말고기연구소
#말고기 #말고기초밥
#말고기소시지

(A) 제주시 북성로 43　(T) 0507-1308-8251　(H) 09:00~17:00
(P) 인근 공영주차장 이용　(O) @jejuhorselab

많은 사람들이 갖고 있는 말고기에 대한 오해는 '더 이상 뛸 수 없는 늙은 경주마를 도축한 것'이라는 점과 '근육이 과하게 발달해 육질이 단단하고 질길 것'이라는 점이다. 하지만 두 가지 모두 사실이 아니다. 제주의 말고기 식당에서 취급하는 말고기는 소나 돼지처럼 식용으로 사육되는 것이니 안심해도 좋다. 한번 맛본 사람은 특유의 부드러움과 감칠맛에 반드시 다시 찾게 된다는 고기가 말고기다. 제주공항 근처의 말고기연구소는 제주의 훌륭한 말고기를 더 많은 사람이 맛있게 즐기길 바라는 마음으로 말고기육회초밥, 말불고기초밥, 말고기소시지 등을 만드는 곳이다. 대부분의 말고기 전문 식당에서는 주로 말고기를 불판에 구워 먹거나 육회로 먹지만, 이곳에서는 말고기를 재해석해 초밥과 소시지로 만든다. 말고기가 낯설고 어렵게만 느껴지는 초심자에게는 말고기연구소의 초밥과 소시지를 꼭 한번 맛보라고 권하고 싶다. '말고기가 이렇게 맛있는 거였어?'라며 두 눈을 동그랗게 뜨게 될 테니 말이다. 안 그래도 부드러운 말고기를 잘게 다져 초밥 위에 올린 말고기육회초밥, 불고기 양념으로 구워 밥 위에 올린 말불고기초밥, 무려 236번의 테스트를 거쳐 만들었다는 육즙 폭발 말고기소시지까지, 무엇을 골라야 할지 고민이라면 셋 다 선택하는 것도 좋은 방법이다. 소시지는 조리 전 상태로 구입할 수도 있으며, 모든 메뉴는 포장만 가능하다.

당근으로 만든 라구 소스 파스타
카고크루즈

#당근파스타
#갈치속젓파스타
#비건옵션

Ⓐ 제주시 탑동로 43, 2층 Ⓣ 070-8970-8994 Ⓗ 12:00~21:00 / 일·월 휴무 Ⓟ 인근 골목이나 공영주차장 이용
Ⓞ @cargocruise.cafeteria

제주공항 근처 탑동의 조용한 골목 2층에 자리한 식당이다. 볕이 잘 드는 화사한 공간을 밝은색의 가구로 채워 산뜻하고 깔끔하다. 구좌 당근과 토마토, 각종 채소를 넣어 만든 라구소스파스타, 갈치 속젓으로 만든 버터와 버섯을 넣어 볶은 파스타, 제주산 시금치와 뿔소라를 갈아 만든 소스에 소라 모양의 파스타를 버무린 콜드파스타 등 제주산 식자재를 창의적으로 재해석한 음식을 테이블에 올린다. 갈치속젓파스타나 시금치뿔소라파스타는 비건 옵션으로 변경해 주문할 수 있다. 다양한 메뉴 중에서 당근 라구 소스로 만든 파스타, 캐롯토니는 꼭 맛볼 것을 추천한다. 서귀포 성산읍에서 유기농으로 자란 당근으로 만들었다는 라구 소스는 고기 없이도 이렇게 풍부한 맛을 내는 라구 소스를 만들 수 있구나 싶어 놀랍다. 주문 후 음식을 기다리는 동안 오픈 키친을 구경하는 재미도 쏠쏠하다.

구좌 당근이 눈꽃빙수를 만나면
카페 제주동네

#당근빙수
#당근주스
#구좌당근

A 제주시 구좌읍 종달로5길 23 T 070-8900-6621
H 10:00~16:30 / 일요일 휴무 P 가능 @jejudongne

우리나라에서 자라는 당근 중 60%~70%는 제주에서 나온다. 그중 90% 이상을 차지하는 것이 구좌 당근. 구좌는 우리나라 최대의 당근 산지다. 육지보다 온화한 날씨와 기름진 토양이 당근 농사에 알맞아 맛있는 당근을 만드는 데 최적의 장소로 꼽힌다. 구좌 당근이 다른 지역의 당근보다 맛있고 향기로운 이유는 바로 우영팟, 즉 제주의 텃밭 때문이다. 화산회토로 이루어져 물빠짐이 좋고 양분이 많아 당근이 더 맛있고 알차게 여문다. 파종 후 약 4, 5개월 후 수확하는 다른 지역의 당근에 비해, 구좌 당근은 파종 후 8, 9개월 동안 우영팟의 양분을 충분히 먹으며 천천히 여무는 것도 구좌 당근의 맛과 향이 훨씬 좋은 이유다. 그냥 먹어도 맛있는 구좌 당근이 디저트가 되면 평소에 당근을 좋아하지 않는 사람까지도 당근 앞으로 불러 모으는 무적의 음식이 된다. 당근으로 만든 디저트 중 제주에서 꼭 맛보길 추천하는 것은 제주에서만 맛볼 수 있는 당근빙수다. 당근주스와 우유를 함께 얼려 눈꽃처럼 폭신하게 갈아낸다. 과하게 달지 않으면서도 부드럽고 향긋해 누구나 좋아할 맛의 디저트다. 종달리의 카페 제주동네는 구좌 당근을 활용한 당근빙수를 처음으로 만들어 판매하기 시작한 곳이다. 2014년부터 시작해 햇수로 9년째 같은 자리에서 빙수를 만든다. 아기자기한 종달리 마을이 한눈에 내려다보이는 루프톱에서 여행의 여유를 누려보는 것도 좋겠다.

한 그릇의 오감만족
도토리키친

#도토리키친
#청귤소바 #메밀소바
#수제쯔유 #청귤

- A 제주시 북성로 59
- T 0507-1463-1021
- H 11:00~17:00 (재료 소진 시 조기 마감)
- P 인근 공영주차장 이용
- @dotoree_jeju

일 년 중 딱 45일, 8월부터 9월 중순까지만 수확할 수 있는 청귤은 비타민 C 함유량이 레몬의 10배에 달할 정도로 높다. 면역력을 강화하고 감기를 예방하며 피부 미용과 노화 방지에도 효과가 있다고 알려진 똑똑한 과일이다. 껍질은 초록색이지만 과육은 레몬과 감귤 중간 정도의 노란색을 띠고 있는 것이 특징. 감귤보다 상큼하고 레몬보다 달콤해 디저트로 만들기에 알맞은 과일이다. 따라서 제주에서는 청귤청으로 만든 청귤 주스와 에이드, 아이스크림, 케이크 등 청귤을 활용한 다양한 디저트가 만들어지고 있다. 제주공항 근처의 도토리키친은 청귤을 활용한 디저트가 아닌, 청귤소바를 맛볼 수 있는 제주 유일의 식당이다. 48시간 동안 숙성한 수제 쯔유에 새콤달콤한 제주 청귤을 넣어 만드는 메밀국수다. 도토리키친의 청귤소바는 쯔유의 짭조름한 감칠맛과 청귤의 상큼함이 만나 그 어디서도 맛볼 수 없는 독특한 맛이 난다. 단맛, 짠맛, 신맛, 쌉싸름한 맛에 면발의 쫄깃함이 더해진 다채로운 맛. 한 그릇을 다 비울 때까지도 전혀 질리지 않는 새로운 맛이다. 제주산 톳과 당근, 달걀이 넉넉하게 올라간 톳유부초밥을 곁들이면 더 배불리 먹을 수 있는 한 끼 식사가 완성된다. 식사 시간에는 늘 대기가 있는 편이니 서두르는 것이 좋다.

하루쯤은 우아하게
오늘은 브런치

(#제주브런치) (#브런치카페) (#분위기맛집)

싱그러운 햇살 맛집
카페애옥

#가지라자냐
#한치크램차우더
#스테이애옥 #성산브런치카페

- 서귀포시 성산읍 삼달로 4
- 010-5127-3027
- 09:40~15:00 / 화·수 휴무
- 가능 @cafe_aeok

넓은 뒷마당이 딸린 가정집을 개조한 따스하고 화사한 브런치 카페다. 카페와 함께 숙소 스테이애옥도 운영하고 있다. 온실과 정원, 카페 세 곳으로 나뉘는 이곳의 하이라이트는 온실이다. 카페에 들어서면 가장 먼저 손님을 반기는 곳으로 유리천장으로 쏟아지는 햇살과 싱그러운 식물이 반짝거리는 공간이다. 인기 메뉴는 한치클램차우더와 가지라자냐, 포카치아샌드위치 등이며 담음새 만큼이나 맛도 뛰어나다. 바람이 부드러운 날에는 정원에 앉아 한낮의 여유를 만끽하는 것도 좋겠다.

탑동의 신 스틸러
엘리펀트힙

#탑동브런치카페
#제주공항브런치카페
#에그인헬

🅐 제주시 탑동로 20 🅣 010-6833-2877 🅗 10:00~15:00 / 월·화 휴무 🅟 가능 🅘 @elephant.hip

SNS 감성이 폭발하는 엘리펀트힙은 잊혀진 탑동에 생기를 불러일으킨 브런치 카페다. 산뜻한 외관과 프렌치 감성이 더해진 실내 공간, 담음새부터 아름다운 브런치로 사람들의 발걸음을 탑동으로 이끌었다. 주인장의 정성이 느껴지는 예쁜 공간과 음식 앞에서 손님들은 사진을 찍느라 여념이 없다. 빵과 함께 제공되는 에그인더헬과 블루베리 가득한 또띠아드블루베리가 대표메뉴. 오후 1시 30분에 마지막 주문을 받고 오후 2시 30분이면 문을 닫는다.

줄 서서 먹는 브런치 카페
키치니토키친

#송당브런치카페
#호주식브런치
#베이컨라이스플레이트

- 제주시 구좌읍 송당5길 18
- 064-782-0586
- 10:00~15:30 / 일요일 휴무
- 가능
- @kichinito_kitchen

구좌읍 송당리의 키치니토키친은 예쁜 담음새와 뛰어난 맛, 깔끔한 공간 등으로 입소문 나 언제나 줄을 서야 하는 브런치 카페다. 통창으로 들어오는 햇살이 따스하고 부드럽게 머무는 곳이다. 호주식 브런치에 기반을 둔 키치니토키친의 대표 메뉴는 토마토라이스에 수제 베이컨과 머랭오믈렛을 곁들인 베이컨라이스플레이트. 하얀 테이블 위 검은색의 식기와 그 안에 담긴 다채로운 색감의 음식이 참 예쁘다. 오믈렛과 토마토라이스를 듬뿍 떠 한 입 먹으니 조화롭고 풍성한 맛이 입안을 가득 채운다. 보기에 예쁜 음식이 맛도 좋다는 것을 다시 한번 깨닫는다.

카페를 지키는 댕댕이 두 마리
조식 애월

#애월브런치카페
#조식플레이트
#반려견동반

Ⓐ 제주시 애월읍 어림비로 272　Ⓗ 10:00~16:00 / 화요일 휴무
Ⓟ 가능　Ⓞ @josik_aewol

손님을 가장 먼저 반겨주는 금발의 레트리버 레오와 덩치 큰 귀염둥이 말라뮤트 칸을 만날 수 있다. 두 마리 모두 훈련받아 위험하지 않지만 대형견을 무서워하는 사람에게는 추천하지 않는다. 스크램블드에그와 빵, 흑돼지, 과카몰리, 소시지 등이 푸짐하게 담긴 조식 플레이트가 대표 메뉴. 그 외에 프렌치토스트, 샌드위치 등도 있다. 반려견은 오후 1시부터 동반할 수 있다.

난산리의 작은 동화
난산리다방

#성산브런치카페
#오픈샌드위치
#반려견동반

Ⓐ 서귀포시 성산읍 난산로 41번길 39-2　Ⓣ 010-8490-3692
Ⓗ 09:30~16:00 / 14:30 주문 마감　Ⓡ 네이버 예약　Ⓟ 가능
Ⓞ @nansan_likeu

성산 난산리 작은 마을의 브런치 카페로 테이블이 많지 않아 예약제로 운영하고 있다. 귤 창고를 개조한 아담한 공간의 창문 너머로는 탐스러운 귤이 주렁주렁 달린 귤밭이 그림처럼 펼쳐진다. 빈자리가 있을 때는 당일 방문이 가능하나 되도록 예약하고 방문하는 것을 추천한다. 카페 안 작은 공간에서 '조아가지구'라는 사진관도 운영 중이다. 제주에서 활동 중인 사진작가의 작품이 작게 전시되어 있어 음식을 주문하고 기다리는 동안 둘러보면 좋다.

SPECIAL

김밥의 천국은 바로, 제주

오는정 김밥

#유부김밥 #전화예약필수

제주 김밥을 이야기할 때 빼놓을 수 없는 대표선수. 전화로 예약하지 않으면 김밥 한 줄 사 먹기조차 힘든 데다 예약마저도 쉽게 연결되지 않는다. 부지런함과 인내심이 필요한 콧대 높은 김밥이지만, 김밥만큼은 참 맛있다. 김밥 사이에 숨은 짭조름하고 바삭한 유부튀김 덕에 먹을수록 자꾸만 당기는 매력적인 김밥이다.

A 서귀포시 동문로 2 T 064-762-8927 H 10:00~20:00 / 13:30~14:30 브레이크타임 / 일요일 휴무

다가미

#대왕김밥 #멸치김밥

김 한 장 반을 연결해 만드는 김밥으로 일반적인 김밥보다 1.5배 크다. 멸치볶음, 장조림, 삼겹살구이, 쇠고기볶음 등 집에서 즐겨 먹는 반찬을 속 재료로 넣어 큼직하게 말아주는 것이 특징이다. 큼지막한 크기 때문에 젓가락이 아닌 일회용장갑을 함께 넣어준다.

A 제주시 도남로 111 T 064-758-5810 H 07:00~15:00 / 일요일 휴무

한라네 김밥

#제주고메스푼 #무짠지

서귀포시청 근처에 자리한 김밥집으로 포장 판매만 가능하다. 김밥의 종류와 상관없이 두 줄 이상 주문하면 제공되는 무짠지는 꼭 맛보길 권한다. 감칠맛이 풍부한 무짠지가 김밥과 완벽하게 어우러진다. 2018년부터 5년 연속으로 제주고메스푼 맛집으로 선정된 곳.

A 서귀포시 일주동로 8697 T 064-763-7360 H 06:30~16:00 / 화요일 휴무 P 인근 골목이나 공터 이용

제주는 맛있고 특별한 김밥집이 모여 있는 의외의 김밥 천국이다. 제주산 당근, 흑돼지, 해산물 등을 사용하는 것은 기본, 아름다운 바다와 싱그러운 숲, 탁 트인 오름에서 맛보는 한입의 호사를 누릴 수 있다.

다정이네

#서귀포올레시장 #달걀김밥

서귀포올레시장 근처의 본점에 이어 서귀포 신시가지에 2호점을 열었다. 2호점은 매장에서 먹고 갈 수 있도록 테이블을 넉넉하게 두었고, 본점에는 없는 떡볶이, 라면 등의 분식 메뉴도 생겼다. 다정이네 김밥은 부드럽고 폭신한 달걀지단을 듬뿍 넣는 것이 특징이다. 워낙 인기가 많은 곳이니 주말이나 성수기에는 전화로 미리 주문하는 것을 추천한다.

Ⓐ 서귀포시 이어도로 796 Ⓣ 064-739-9140 Ⓗ 08:00~20:00 / 14:30~16:00 브레이크타임 / 월요일 휴무 Ⓟ 가능 ⓘ @jejudajungkimbob

머슴네 전복김밥

#전복내장김밥 #흑돼지김밥

협재해변 인근에 자리한 김밥집으로 이곳은 밥부터 남다르다. 전복 내장을 넣어 비빈 밥으로 만들어 훨씬 더 뛰어난 풍미를 느낄 수 있다. 달걀지단으로 김밥을 한 번 더 말아 고소함을 더했고, 김밥을 쌈무와 깻잎에 싸 먹는 것도 독특하다. 매운 맛과 순한 맛을 선택해 주문할 수 있다.

Ⓐ 제주시 한림읍 옹포2길 8 Ⓣ 064-764-5559 Ⓗ 08:00~20:00 Ⓟ 가능

제주시 새우리

#딱새우김밥 #딱새우라면

딱새우튀김이 들어간 딱새우김밥이 유명한 공항 근처 분식집이다. 알록달록한 김밥을 포장해 근처 바닷가나 오름에서 피크닉을 즐기는 예쁜 사진들이 SNS를 타고 입소문이 나며 유명해진 곳이다. 사이드 메뉴인 매콤한 꼬막무침과 김밥의 조합도 완벽하다. 재료 소진 시 마감하니 미리 전화 후 방문하는 것을 추천한다.

Ⓐ 제주시 무근성7길 24 Ⓣ 064-900-2527 Ⓗ 09:00~19:30 / 16:00 이후 픽업은 전화 예약 Ⓟ 가능 ⓘ @sewooori_jeju

04

WHERE TO DRINK JEJU

유난히 핫한 카페는 제주에 와야 만날 수 있다.
작은 카페, 대형 카페, 베이커리 카페, 해변 카페, 루프톱 카페…
셀 수 없이 많은 핫플 카페들 중 꼭 가봐야 할 곳들을 테마별로
정리했다.

제주 카페 전도

제주시
- 스테이위드커피 p.218
- 아날로그 감귤밭 p.224
- 빽다방 제주사수점 p.235
- 카페 진정성 종점 p.242
- 우연못 p.254
- 블루하우스 p.256
- 바라나시 책골목 p.259
- 고요새 p.272
- 오드씽 p.279
- 내도음악상가 p.281

애월읍
- 제레미 p.217
- 그린마일커피 p.222
- 블랙이쉬레드 p.228
- 새빌 p.230
- 슬로보트 아틀리에 p.238
- 카페동경앤책방 p.261
- 윈드스톤 p.262
- 랜디스도넛 p.266
- 노티드도넛 p.267
- 고토커피바 p.268
- 인디고인디드 p.234
- 인디안썸머 p.282
- 마틸다 p.282
- 애월브금 p.283

한림읍
- 비양놀 p.239

한경면
- 크래커스 p.220
- 하소로커피 p.223
- 산노루 p.251
- 유람위드북스 p.260
- 우호적무관심 p.270
- 제주개 생활연구소 p.278
- 올트라마린 p.236

안덕면
- 코데인커피로스터스 p.219

중문
- 스타벅스 제주 p.264

가파도

마라도

SNS를 위한 커피가 아닌 진짜 커피를 만나다
진심을 담은 커피

#찐커피   #로스터리카페   #커피맛집

'한 집 걸러 한 집은 카페'라는 우스갯소리가 있을 정도로 카페 천국인 제주다. SNS에서 '핫플'로 통하는 카페도 있고, 화려한 장식으로 치장한 디저트로 무장해 '디저트 맛집'이라 불리는 카페도 많지만, 카페의 근본은 커피에 있다. 포토스폿으로 유혹하고 휘황찬란한 디저트로 사로잡아도 커피가 맛있지 않다면 두 번은 찾지 않게 되는 법. 카페의 기본을 지키며 진심을 담은 커피를 내주는 카페를 만나면 제주 여행이 훨씬 더 행복해질 것이다.

자꾸 생각나는 커피
제레미

#제레미애월
#라테맛집
#제레미커피

A 제주시 애월읍 애월로 106-1　T 070-7717-6857
H 09:00~17:30 / 일·월 휴무　P 주변 골목 및 공터 이용
O @jeremy_aewol

시끄럽고 복잡한 애월 카페 거리를 지나 읍내에 자리한 작고 조용한 카페다. 차분한 색감의 스테인드글라스가 공간을 따스하게 감싸고, 잔잔한 음악과 손님들의 낮은 대화 소리가 공간을 채우는 아름다운 곳이다. '제레미'라는 카페의 이름은 영화 〈마이 블루베리 나이츠〉에서 따왔다. 영화의 배경이 되는 카페 주인의 이름 '제레미'처럼 언제나 자리를 지키며 손님과 대화를 나눌 수 있는 카페가 되고 싶은 마음을 담았다. 손님을 향한 진심은 그의 커피에도 진하게 묻어난다. 커피에 진심을 담아 공부하고 연구한 10년 이상의 시간이 그가 내어준 커피 한 잔 속에 모두 담겨 있다. 언제나 자리를 지키는 영화 속 그 카페처럼, 카페 제레미도 언제나 같은 자리를 지키며 맛있는 커피와 따뜻한 공간을 내어주기를 기도한다.

Coffee of Coffee
스테이위드커피

#로스터리 #핸드드립커피
#스페셜티커피
#로스팅카페

- Ⓐ 제주시 해안마을 5길 29　Ⓣ 070-4400-5730
- Ⓗ 09:00~18:00　Ⓟ 가능　🌐 www.staywithcoffee.com

스테이위드커피는 바리스타들이 입을 모아 추천하는 카페들의 카페다. 제주에 몇 안 되는 로스터리 카페 중 하나로 핸드드립으로 스페셜티 커피를 내려준다. 2010년부터 제주 남쪽 사계 해변에서 영업하다가 2021년 지금의 해안동으로 이전했다. 새로운 곳으로 이전하며 로스팅 실도 더욱 넓어져 커피 장인들의 커피 제조과정을 지켜볼 수 있고 1, 2, 3층과 베란다에 이르는 넓은 공간에서 더 여유롭게 커피를 즐길 수 있게 되었다. 다양한 핸드드립 원두와 드립백, 커피용품 등을 구입할 수 있으며, 스페셜티 커피를 즐기는 커피 마니아들을 위해 온라인 원두 쇼핑몰도 운영하고 있다.

커피 한 잔의 행복
코데인커피로스터스

#산방산카페
#핸드드립커피
#코데인커피

Ⓐ 서귀포시 안덕면 사계북로 76　Ⓣ 010-9344-2127　Ⓗ 10:00~18:00 / 화요일 휴무　Ⓟ 가능　Ⓘ @codeinecoffee

산방산 근처 조용한 마을에 자리한 코데인커피로스터스는 오랫동안 자리를 지키며 동네 주민과 여행자들의 사랑을 받아온 곳이다. 향긋한 커피 향과 잔잔한 음악 속에서 커피를 즐길 수 있는 편안하고 아늑한 카페다. 종류도 다양하다. 5가지 원두 중에서 취향에 맞게 골라 마실 수 있는 핸드드립커피와 코데인만의 추출과 여과 방법을 통해 만들어진 코데인커피, 일반적인 아메리카노와 카페 라테, 에스프레소 등이 준비되어 있다. 편안한 공간에서 즐기는 내 취향에 맞는 커피 한 잔에 행복해지는 곳이다.

찐으로 맛있는 커피
크래커스

#크래커스카페
#로스터리카페
#브루마블커피

A 제주시 한경면 낙수로 1 한경점 **T** 064-773-0080 **H** 08:30~17:30 **P** 가능 **O** @crackerscoffeeroasters

한경점, 대정점 카페 2곳과 원두를 가공하는 로스터리까지, 총 3개의 매장을 갖고 있는 로스터리 카페다. 크래커스 이전에 같은 자리에서 브루마블커피를 운영하던 주인장이 브루마블커피를 재정비해 오픈한 곳이다. 커피 생두를 로스팅할 때 커피의 수분이 날아가면서 생두의 가장 약한 부분이 벌어지는데, 이를 '크랙'이라 하며 '크랙을 만드는 사람들'이라는 의미를 담아 크래커스라 이름 지었다. 로스터리와 마주보고 있는 크래커스 한경점은 고요하고 따뜻한 분위기이고, 돌창고를 개조한 대정점은 조금 더 제주 느낌이 많이 나는 활기찬 공간이다. 중배전의 밝은 산미를 가진 커튼콜, 중강배전의 초콜릿 향을 머금은 리허설 2가지 원두 중 선택할 수 있으며, 핸드드립, 콜드브루, 차, 아이스크림 등 다양한 메뉴를 갖추고 있다.

달콤쌉싸름한 커피

비브레이브

#COE수상커피
#파나마게이샤
#로쉐커피

ⓐ 서귀포시 서호중앙로 85-13 혁신도시점 ⓣ 010-5751-6591
ⓗ 09:00~22:00 ⓟ 가능 ⓞ @be_brave_korea

문을 열고 들어서자 진한 커피 향과 함께 친절한 바리스타들의 미소가 반갑게 맞아준다. 높은 층고의 깔끔한 외관과 인테리어, 우드와 초록 식물이 조화를 이룬 공간은 세련되면서도 따뜻하다. 커피 업계의 올림픽이라 불리는 C.O.E Cup of Excellence 대회에서 상위권을 차지한 커피를 일 년 내내 접할 수 있는 곳으로, 제주에서는 이곳 비브레이브가 유일하다고 한다. 비브레이브의 정체성을 오롯이 담은 대표 메뉴는 파나마 게이샤와 로쉐. 특히 우리가 잘 아는 초콜릿에서 이름을 따온 로쉐는 초콜릿의 달콤함과 커피의 쌉쓸함이 잘 어우러지는 맛으로 가장 인기가 좋다.

사이폰 커피의 특별함
그린마일커피

#그린마일애월
#사이폰커피
#애월호지라테

A 제주시 애월읍 애월로 137-1 T 010-2585-1284 H 월~수 10:00~19:00, 금~일 11:00~19:00 / 목요일 휴무 P 주변 골목 및 공터 이용
O @greenmilecoffee_jeju

서울 북촌에서 사이폰 커피로 유명한 그린마일커피가 제주 애월에 2호점을 열었다. 밝은 색상의 우드로 꾸민 산뜻한 공간과 사이폰으로 추출한 시그니처 커피 등 그린마일커피의 정체성 그대로 제주에 가져왔다. 사이폰 커피는 연결된 2개의 플라스크 사이의 압력 차이를 이용해 추출하는 커피다. 더욱 풍부한 향과 선명한 맛의 커피를 추출할 수 있지만, 파손과 화상의 위험, 용기 세척의 번거로움 등의 이유로 보통의 카페에서 만나보기 힘든 커피이기도 하다. 그린마일커피에 방문한다면 쉽게 만나기 어려운 사이폰 커피를 꼭 맛보기 바란다. 우유와 호지차, 그래놀라, 생크림이 어우러진 애월호지라테도 맛있다.

공장형 로스터리 카페

하소로커피

#하소로커피
#로스터리카페
#드립백 #조수리라테

A 제주시 한경면 불그못로 72　T 064-799-6699　H 10:00~18:00
P 가능　O @hasoro_coffee

제주 전역의 카페에 원두를 납품하는 하소로커피는 원두 로스팅과 블렌딩을 주력으로 하는 곳이다. 곳곳에 쌓여 있는 커피 원두 포대와 압도적인 크기의 로스팅 기계, 대용량으로 묶어 판매하는 드립백 세트 등을 보고 있노라면, 카페가 아니라 커피 공장으로 견학을 온 것만 같은 착각이 들기도 한다. 가게를 가득 채운 강한 커피 향에 취해 어떤 커피를 마셔야 할지 모르겠다면, 하소로에서 직접 블렌딩한 원두로 내린 아메리카노 또는 수제 바닐라 시럽을 넣어 만든 조수리라테를 주문하면 된다. 커피를 마시고 매장을 나올 때는 나도 모르게 드립백 세트를 계산하고 있을지도 모른다.

커피 한 잔에 담긴 초록의 위로
숲 전망 카페

(#숲뷰카페) (#숲전망) (#감귤밭전망카페)

진짜 맛있는 감귤
아날로그 감귤밭

#무농약감귤
#감귤따기체험 #포토존

A 제주시 해안마을 8길 46
T 010-4953-0846   H 11:00~17:00 / 화요일 휴무   P 가능   O @jeju_a_geubat

농가를 개조한 작은 카페 아날로그 감귤밭의 특별함은 카페 앞 감귤밭에 있다. 감귤 나무 사이사이에 감각적으로 꾸며 놓은 포토스폿이 숨어 있어 사진 찍기에 좋을 뿐 아니라 감귤이 제철인 계절에는 감귤 따기 체험도 할 수 있어 남녀노소 모두에게 사랑받는 곳이다. 이곳의 감귤밭은 보기에만 그럴싸한 것이 아니다. 무농약으로 정성스레 재배한 감귤은 당도가 뛰어나 온라인으로 감귤만 따로 주문하는 사람도 많다. 감귤밭 천지인 제주에서 아날로그 감귤밭이 더 돋보이는 이유다.

프렌치 감성 가득한 공간
뮈르

#프렌치스타일 #감귤밭뷰 #빈티지카페 #오후의사과

Ⓐ 서귀포시 하예로 28, 2층 Ⓣ 064-900-3685
Ⓗ 11:00~19:00 / 월요일 휴무 Ⓟ 가능 Ⓞ @mur_jeju

프랑스어 뮈르 mûr는 우리말로 '(과일이나 곡식 등이)무르익은'이라는 뜻이 있다. 뮈르에 머무는 손님들의 시간이 편안하게 무르익기를 바라는 마음을 담은 이름이다. 프렌치 스타일의 빈티지한 감성으로 채워진 공간 너머로 감귤밭과 먼바다가 보이는 따사로운 카페. 아몬드와 시나몬 향의 홍차에 사과 맛이 더해진 음료 '오후의 사과'가 대표 메뉴. 프렌치토스트, 샐러드, 크루아상샌드위치 등 식사를 대신할 만한 간단한 음식도 판매한다.

동백숲에서의 인생사진
동백포레스트

#동백숲
#동백꽃
#인생사진 #동백카페

A 서귀포시 남원읍 생기악로 53-38   T 0507-1331-2102
H 10:00~17:30   P 가능   O @camelia.forest_cafe

해마다 동백꽃 필 무렵이 되면 SNS에 빠지지 않고 등장하는 곳이다. 대표적인 포토스폿인 동백나무가 보이는 창문을 비롯해 오두막과 전망대 등 동백숲 곳곳에 크고 작은 포토스폿을 만들어 두어 사진 찍기 더없이 좋은 곳으로 꼽힌다. 동백꽃이 만개하는 겨울철에는 카페를 이용하지 않더라도 입장권을 구매하면 동백숲을 배경으로 사진 촬영을 할 수 있다. 1월 말이 지나면 꽃잎이 떨어지기 시작하므로 예쁜 사진을 남기고 싶다면 꽃잎이 지기 전에 찾는 것이 좋다. 동백 시즌이 끝나는 3월부터는 입장료 없이 카페만 이용할 수 있다.

숲을 담은 카페
고사리커피

#귤피커피
#다쿠아즈
#숲뷰 #숲멍

A 제주시 구좌읍 중산간동로 2064　T 010-7916-9316
H 11:00~18:00 / 수요일 휴무　P 가능
O @gosari.coffee

카페와 식당이 모여 있는 송당리를 지나 중산간 방향으로 올라가다 보면 우거진 수풀 아래 자리한 빨간 벽돌집이 보인다. 문을 연 지 얼마 되지 않았지만, 제주의 숲을 바라보며 커피를 즐길 수 있는 조용한 공간으로 소문난 카페 고사리커피다. 고즈넉한 분위기의 실내에서 한쪽 벽면을 가득 채운 창 너머의 짙푸른 녹음을 감상하며 즐기는 커피 한 잔은 단지 커피 한 잔이 아니라 휴식과 힐링이다. 귤피차와 에스프레소가 어우러진 고사리커피가 대표 메뉴. 밀가루 대신 우리 쌀로 구운 다쿠아즈도 훌륭하다.

제대로 숲 멍
블랙이쉬레드

#홍차콜드브루
#숲뷰카페
#숲멍카페 #밀크티

🅐 제주시 애월읍 하소로 769-10 🅣 1533-3251 🅗 10:00~18:00 / 일요일 휴무 🅟 가능 🅞 @blackishred.jeju

널찍한 공간에 테이블도 띄엄띄엄, 어느 자리에 앉아도 각기 다른 풍경을 감상할 수 있는 여유로운 카페다. 내부에 들어서자마자 보이는 창밖의 숲은 마치 벽면 곳곳에 커다란 그림이 걸린 것처럼 아름답다. 2층 공간은 1층보다 더 여유롭다. 커다란 홀 한쪽을 벽으로 나누어 독립된 방에서 훨씬 더 편하게 시간을 보낼 수 있다. 방마다 커다란 창이 있어 자연을 감상할 수 있는 건 기본이고 오랫동안 아늑하게 머물 수 있도록 편안한 의자가 배치되어 있다. '블랙이쉬레드 blackish red'라는 이름은 거뭇거뭇한 붉은색을 띠는 홍차를 의미한다. 이곳은 홍차를 베이스로 만든 밀크티 전문점이다. 기본 밀크티뿐 아니라 깔끔한 맛의 홍차 콜드브루, 홍차캐러멜, 밀크티푸딩 등 홍차에 진심을 담은 다양한 메뉴를 맛볼 수 있다.

숨이 모여 쉼이 되는 시간
숨도

#카페숨도
#석부작박물관 #동백꽃
#한라산뷰

A 서귀포시 일주동로 8641 T 064-739-5588 08:00~18:00
P 가능 @cafe_soomdo

석부작박물관 안에 있는 카페로 박물관 입장권이 있어야 이용할 수 있다. 숨도는 '숨이 모여 쉼이 되는 정원'이라는 뜻을 가지고 있으며, 카페에 머물면서 창밖의 풍경을 감상하는 것만으로도 완벽한 휴식이 되는 공간이다. 1,000여 종의 야생화와 태초의 제주를 재현한 야외 박물관 석부작박물관을 둘러본 후 카페 숨도의 차 한잔으로 마무리하는 시간은 힐링 그 자체다. 날씨가 좋은 날에는 멀리 한라산을 조망할 수도 있다. 이팝나무, 벚꽃, 수국, 코스모스, 철쭉, 동백 등 계절에 따라 피어나는 꽃을 만나기 위해 계절마다 방문하고 싶은 카페다.

새별오름이 한눈에
새빌

#레트로 #카페새빌
#새별오름 #핑크뮬리
#오름뷰카페

A 제주시 애월읍 평화로 1529 T 064-794-0073 09:30~19:00
P 가능 @saebilcafe

봄, 여름에는 싱그러운 초록으로 뒤덮인 새별오름과 초원을, 가을에는 몽환적인 핑크뮬리를, 겨울에는 억새가 장관을 이루는 새별오름을 감상할 수 있는 전망 카페다. 특히 물결치는 핑크뮬리를 배경으로 사진 찍기 좋은 명소로 유명해져, 핑크뮬리가 절정을 이루는 계절에는 몰려드는 인파로 인해 주차장 입구부터 혼잡하다. 폐업 후 방치된 리조트를 개조한 카페로 그린리조트호텔이라는 옛 명칭을 건물 정면에 그대로 두어 레트로 감성이 물씬 풍긴다. 사람들로 붐비는 가을철보다는 제주의 초록을 만끽할 수 있는 봄과 여름을 더 추천한다.

선물 같은 숲

인터포레스트

#숲뷰카페 #숲멍
#송당무끈모루
#포토존

Ⓐ 제주시 구좌읍 비자림로 1655　Ⓣ 010-5793-1913
Ⓗ 11:00~19:00　Ⓟ 가능　Ⓞ @interforest.cafe

송당리 중산간 숲속의 카페로 카페 왼쪽의 찻길을 제외하면 앞, 뒤, 오른쪽 모두가 숲과 초원이다. 긴 창 너머로 그림 같은 숲이 걸려 있는 1층을 지나 2층의 테라스와 3층의 루프톱으로 올라가면 시원하게 펼쳐진 푸른 숲을 감상할 수 있다. 인터포레스트 인근의 무끈모루숲은 놓치지 말아야 할 포인트. 오직 카페 이용자들에게만 입장이 허락되는 선물 같은 숲이다. 길쭉하게 뻗은 편백 숲길을 걸으며 삼림욕과 숲멍을 즐길 수 있으니 영수증을 꼭 챙길 것. 카페에서 무끈모루숲으로 가는 길목의 포토스폿도 놓치지 말자.

남프랑스의 별장 같은 카페

자드부팡

#숲뷰카페 #숲멍
#포토존
#인생사진

A 제주시 조천읍 북흘로 385-216 T 070-7715-0202
H 11:00~17:00 / 수·목 휴무 P 가능 O @jas_de_bouffan

조천읍의 깊은 숲속에 자리한 동화 같은 카페다. '자드부팡 jas de bouffan'은 프랑스의 화가 '폴 세잔'이 지내던 남프랑스의 별장에서 딴 이름이라 한다. 유리온실처럼 투명한 건물과 프로방스풍의 건물, 널찍한 감귤밭으로 이루어진 근사한 이곳은 정말로 프랑스 남부의 별장에 놀러 온 것만 같은 기분에 마음이 들뜨는 곳이다. 야외뿐 아니라 카페 내부에도 싱그러운 식물이 가득해서 마음이 편안해지며, 포토제닉하고 채광이 좋은 공간에서 예쁜 사진을 얻을 수 있어 기분이 좋아진다. 주인 부부가 새벽부터 직접 만드는 음료와 디저트는 맛의 균형이 좋은 편이라 질리지 않고 즐길 수 있다.

제주에서만 볼 수 있는
오션뷰 카페

`#오션뷰카페` `#바닷가카페` `#경치` `#바다전망`

뷰 만점, 디저트 만점
인디고인디드

#애월카페
#루프톱
#디저트맛집

- 🅐 제주시 애월읍 애월해안로 204
- 🅣 064-799-1218
- 🅗 11:00~19:00 / 일요일 휴무
- 🅟 가능 🅞 @indigoindeed_

애월을 지나는 해안 도로에 자리하고 있는 전망 좋은 카페다. 심플하고 깔끔한 단층 건물이 돌담 안에 다소곳이 앉아 있다. 탁 트인 오션뷰 덕분에 창가 자리는 가장 먼저 만석이지만, 창가가 아닌 어느 자리에 앉아도 커다란 창 너머의 바다를 감상할 수 있으니 실망하지 말자. 날씨가 좋은 날에는 야외 테라스나 루프톱에 앉아 햇살을 맞으며 애월 바다와 함께 커피를 즐겨도 좋겠다. 커피와 잘 어울리는 마들렌, 피낭시에, 파운드케이크 등을 매장에서 직접 굽는다.

2,000원으로 즐기는 백만 불짜리 오션뷰

빽다방 제주사수점

#빽다방
#빽다방빵연구소
#2000원커피

Ⓐ 제주시 서해안로 291-5 Ⓣ 064-711-0228 Ⓗ 10:00~22:00(루프톱 마감 20:00) Ⓟ 가능

제주까지 가서 웬 빽다방이냐고 생각할지도 모르지만, 제주사수점은 얘기가 다르다. 바다를 통째로 전세 낸 최고의 오션뷰를 가진 데다가 매일매일 매장에서 직접 빵을 굽는 '빽스베이커리'도 겸하고 있기 때문이다. 제주공항과도 가까워 공항을 오고 가며 들르기에도 좋다. 무엇보다 훌륭한 것은 다른 카페들의 절반도 되지 않는 저렴한 커피 가격이다. 커피 한 잔에 6,000~7,000원이 아무렇지도 않은 제주에서 2,000원짜리 커피 한 잔으로 최고의 오션뷰를 덤으로 얻을 수 있다. 매일 오전 10시부터 오후 2시까지 한 시간 간격으로 갓 구워낸 다양한 빵이 나온다.

오션뷰 of 오션뷰
울트라마린

#제주서쪽카페
#오션뷰끝판왕
#일몰 #노키즈

A 제주시 한경면 일주서로 4611   T 064-803-0414
H 10:00~19:00   P 가능   O @ultramarine_jeju

이름 그대로 울트라급의 바다 전망을 자랑하는 카페. 바다와 최대한 가까운 곳에서 짙푸른 색의 서쪽 바다를 감상할 수 있어 '오션뷰 끝판왕'이라 불린다. 카페 옆 계단을 내려가 1층의 입구로 들어가면 커다란 통창을 통해 어느 자리에서나 푸른 바다를 바라볼 수 있다. 해가 질 무렵이면 서쪽 바다 너머로 짙게 물들어가는 노을을 만날 수 있다. 음료의 종류가 다양해 취향에 따라 골라 마실 수 있으며 제주 당근으로 만든 당근 케이크, 스콘, 말차앙버터 등의 디저트와 함께 즐길 수 있다. 어린이는 10세 이상 입장할 수 있으며 반려동물은 이동장 동반 시 입장할 수 있다.

바다 위 감성 한 스푼
비수기애호가

#제주동쪽카페 #구좌카페
#카페겸와인바 #어린이환영
#반려동물환영

A 제주시 구좌읍 해맞이해안로 997, 2층 T 064-782-4217
H 09:30~21:00 / 와인바 13:00~18:00 P 가능
O @slowseasonlover

마음을 툭 건드리는 감성이 녹아 있어 노래 제목 같기도, 수필집의 제목 같기도 한 이곳은 카페 겸 와인바로 운영된다. 구좌읍 한동리의 바다를 3면을 가득 채운 통창을 통해 원 없이 볼 수 있는 곳으로 바다와 맞닿은 해녀 작업장 2층에 자리하고 있어 더더욱 가까이서 바다를 감상할 수 있다. 오후 1시부터 오후 6시까지는 제주를 담은 안주와 함께 와인을 즐길 수 있다. 음료를 마시러 처음 이곳을 찾았을 때 결심했다. 다음에는 최대한 이곳과 가까운 곳에 숙소를 잡아 놓고, 대낮의 푸른 바다를 바라보며 와인 한 잔, 노을이 내려앉은 제주 바다를 바라보며 와인 두 잔을 해야겠노라고.

시간도 조용히 쉬어 가는 곳
슬로보트 아틀리에

#제주서쪽카페 #애월카페
#카페겸갤러리
#반려동물환영 #노키즈

A 제주시 애월읍 하귀2길 46-16 T 010-9986-7741 H 10:00~19:00 / 화요일 휴무 P 가능 O @slowboat_atelier

사진가 김한준 작가가 만든 공간으로 카페이자 갤러리, 그리고 사진집 도서관으로 운영된다. 바다를 향한 통창을 통해 애월의 바다가 그림처럼 걸려있고 핸드드립으로 천천히 내린 커피 향이 가득한 공간이다. 1층과 2층 곳곳에는 김한준 작가가 직접 찍은 사진이 전시되어 있다. 자유롭게 열람할 수 있는 사진집과 매거진, 소설책 등이 비치되어 있어 혼자서도 충분히 즐겁게 머물 수 있는 곳이다. 김한준 작가는 처음 이 공간을 구상할 때, 사진 책을 보다가 커피를 마시고 파도 소리를 듣는 공간을 만들고 싶었다고 전한다. 여럿이 둘러앉아 수다를 떨며 즐기는 사람보다는 조용히 머물며 책을 읽거나 작업을 하는 사람이 훨씬 많은 이유다. 내부에 계단이 많아 안전상의 이유로 어린이 손님은 입장할 수 없다.

평범하지 않은 시간
카페 아오오

#제주동쪽카페
#성산카페
#포토존카페

A 서귀포시 성산읍 환해장성로 75　T 064-782-0007
H 09:00~19:30　P 가능　@cafe.ooo

성산읍의 카페 아오오는 '아웃 오브 오디너리 Out Of Ordinary'의 줄임말이다. 공간에 머무는 사람들이 더 특별하고 색다른 시간을 보내기를 바라는 마음을 담은 이름이다. 넓은 주차장과 탁 트인 바다 전망, 다양한 종류의 음료와 디저트, 한적하고 널찍한 실내·외 공간, 곳곳에 숨겨진 포토 스폿까지. 아오오에서의 시간은 부족함이 없다. 시그니처 음료로는 견과류와 너츠크림이 더해진 커피 올디너츠, 크림과 제주 한라봉 청이 더해진 한라봉 라테 등이 있다.

노을 내리는 카페
비양놀

#제주서쪽카페
#한림카페
#일몰

A 제주시 한림읍 한림해안로 311　T 010-5399-4962
H 11:00~19:00　T 카페 앞 길가 주차　@biyang_nol

비양도가 보이는 한림읍 바닷가에 자리한 카페. 유리 천장에서 쏟아지는 따스한 햇살과 통유리 너머의 바다가 그림처럼 공간을 채우고 있다. 특히 비양도 너머로 뉘엿뉘엿 넘어가는 제주의 노을은 이곳만의 자랑거리. 덕분에 '노을 맛집'이라는 별명도 얻었다. 해가 지려 할 때 비양놀을 찾아야 하는 이유다. 유리 천장 위로 투둑투둑 빗방울이 떨어지는 비 오는 날의 분위기도 무척이나 좋다. 매일 아침 매장에서 직접 구워내는 스콘도 훌륭하다.

사랑과 낭만의 카페
허니문하우스

#제주남쪽카페
#올레길카페
#수리남카페

Ⓐ 서귀포시 칠십리로 228-13 ☏ 070-4277-9922 🕙 10:00~18:30
Ⓟ 가능 @honeymoonhouse_official

소정방폭포를 어깨에 두른 남쪽 바다와 섶섬, 문섬이 한눈에 들어오는 전망 좋은 곳에 자리한 카페. 과거 신혼여행지로 유명했던 예전 파라다이스 호텔의 허니문하우스를 단장해 카페로 재개장했다. 높은 곳에서 내려다보는 탁 트인 바다 전망과 사진 찍기 좋은 예쁜 건물, 예쁜 산책로 등 여행자의 마음을 사로잡는 매력이 넘쳐나는 곳이다. 소정방폭포와 검은여 해안을 지나는 올레길 6코스와도 가까워 올레길을 걷다가 들르기에도 좋다. 최근 넷플릭스에서 방영된 드라마 <수리남>에 등장하면서 줄을 서서 입장하기도 한다.

제주 동쪽의 숨은 보석
수마

#제주동쪽카페
#성산일출봉카페
#아는사람만아는곳

Ⓐ 서귀포시 성산읍 일출로 264-6 ☏ 10:00~18:00 🕙 064-784-2902 Ⓟ 근처 길가에 주차 @jejusuma

카페 수마의 이름은 카페 앞 수마포 해안의 이름에서 따왔다. 제주 사람들도 잘 모른다는 수마포 해안. 수마포 해안은 섭지코지를 바라보는 성산일출봉의 옆구리, 그러니까 성산일출봉의 남서쪽이다. 화산이 만든 응회암, 바람과 파도가 만든 절벽을 가까이서 볼 수 있고, 섭지코지를 포함한 제주의 숨은 절경을 만날 수 있는 곳이다. 수마 카페는 이런 수마포 해안 앞에 자리 잡고 바다를 향해 큰 창을 내어 수마포 해안을 카페로 들였다. 햇살이 좋은 날에는 수마포 해안이 한눈에 들어오는 옥상에 올라가 성산일출봉과 함께 커피 한잔하는 것도 좋겠다.

카페 그 이상의 카페

오른

#제주동쪽카페
#종달리카페
#올레길카페 #노키즈존

ⓐ 서귀포시 성산읍 해맞이해안로 2714 ⓗ 10:30~19:00 / 둘째·넷째 수요일 휴무 ⓣ 064-783-1559 ⓟ 가능 ⓞ @orrrn_official

건물과 주변 환경, 시원한 전망을 최대한 활용한 공간 구성, 멋들어진 화장실, 공간을 채운 가구와 작은 소품들, 외부에 심어 놓은 작은 풀잎 하나까지도 모든 것이 근사하게 조화를 이루고 있는 곳이다. 공간도 전망도 아름답기로 유명해 바다가 잘 보이는 명당자리를 차지하려면 서두르는 것이 좋다. 시그니처 음료는 우도 땅콩으로 만든 오른라떼. 많이 달지 않고 고소한 풍미가 있어 찾는 사람이 많다. 해안도로 바로 앞에 자리해 해안도로 드라이브를 하거나 올레길 1코스를 걷다가 들르기에도 좋다. 계단과 유리가 많은 2층 공간은 어린이 손님은 입장할 수 없다.

밀크티에 진심
카페 진정성 종점

#제주북쪽카페
#밀크티
#도두봉카페

A 제주시 서해안로 124 T 064-747-7674 H 09:00~21:0
P 가능 O @cafe_jinjungsung

카페 진정성은 경기도 김포에서 시작해 제주까지, 전국에 여섯 개의 대형 매장을 가진 브랜드로 밀크티를 좋아하는 사람이라면 모르는 사람이 없을 정도로 유명한 곳이다. 신선한 우유와 직접 만든 연유, 산지에서 공수해 냉침과 숙성으로 향을 살린 차를 사용한다. 좋은 재료로 정성껏 만든 밀크티는 전지분유와 티백으로 간편하게 만든 밀크티와는 첫 모금부터 다르다. 착한 재료를 사용해 가장 맛있는 맛을 담아내겠다는 마음을 담아 카페 이름을 '진정성'이라 지었다. 여섯 개의 매장 중 '종점'이라 불리는 제주 지점은 도두봉 근처의 바닷가에 조용히 자리 잡았다. 커피도 있고 당근 주스도 있지만, 이곳에서는 진정성이 가득 들어간 밀크티를 꼭 맛볼 것을 권한다.

비움으로 채운 공간
공백

#제주북쪽카페
#갤러리카페
#건축기행

📍 제주시 구좌읍 동복로 83   ☎ 064-783-0015   🕙 10:00~19:00   🅿 가능
📷 @gongbech.official

200평 부지에 4개의 동으로 이루어진 곳으로 '2020 한국건축대상'에서 신진건축사 부문 대상을 받은 건축물이다. 구좌읍 동복리의 바다 바로 앞에 4개의 건물이 띄엄띄엄 배치되어 있다. 새로 지은 2개의 건물은 카페와 베이커리로, 냉동창고로 이용하던 건물을 리모델링한 2개의 건물은 갤러리로 활용하고 있다. 이곳을 관통하는 커다란 키워드는 이곳의 이름이기도 한 '공백'이다. 건축물을 비우고, 실내 공간을 비움으로써 비워낸 공간에 제주의 아름다움을 채웠다. 국내·외 작가들의 작품 전시는 물론 기업과의 협업 전시도 꾸준하게 진행하고 있으니 여유를 갖고 천천히 둘러보면 좋겠다.

나만 알고 싶은 카페
카페 숑

#제주남쪽카페
#공천포카페
#민트초콜릿

📍 서귀포시 남원읍 신례리 27-6   ☎ 070-4191-0586   🕙 09:30~18:00 / 일요일 휴무   🅿 인근 공영주차장 이용   📷 @cafe_syong

인적이 드물던 공천포의 바닷가에 노란 건물을 짓고 10년 가까이 바다를 지키며 영업하고 있는 카페다. 이곳이 처음 생겼을 때부터 지금까지, 개인적으로 제주에서 가장 좋아하는 카페 중 하나로 꼽는다. 공천포의 바다가 액자처럼 걸려있는 조용하고 포근한 카페. 친절하고 나긋나긋한 목소리로 따뜻하게 챙겨주는 주인장의 모습과 닮은 공간이다. 이곳을 찾는다면 벨기에산 카카오를 녹여 만든 리얼 초콜릿 음료를 꼭 맛보면 좋겠다. 초콜릿 음료에 생 민트 잎을 넣어 주는 벨지안민트 초콜릿이 특히 맛있다.

수준 높은 디저트를 만날 수 있는
제주 베이커리 카페

#카페투어 #디저트카페 #빵지순례 #디저트타임

들판이 보이는 구움 과자 전문점

양과자회관

#디저트카페
#구움과자 #피낭시에
#마들렌 #포토스폿

A 서귀포시 표선면 녹산로 14
T 0507-1341-2571
H 11:00~18:00 / 화·수 휴무
P 가능 @ @patisserie._hall

표선면의 한적한 곳에 자리한 고급스러운 타운하우스 느낌의 디저트 카페다. 넓은 들판 위의 예쁜 이층집 중 1층 공간을 카페로 운영하고 있다. 양과자회관에서 만날 수 있는 디저트는 마들렌, 피낭시에, 타르트, 파이, 갈레트브르통 등의 구움 과자다. 유기농 밀가루와 천연의 깨끗한 재료들을 이용해 해롭지 않은 디저트를 만든다. 지나치게 달지 않으면서 커피와 잘 어울리는 디저트 한입에 여행 중 행복을 느낀다. 박공지붕을 따라 커다란 창을 낸 창문 앞자리는 양과자회관의 포토 스폿. 이 창을 통해 보이는 너른 들판도 시원하다.

나무 위로 흐르는 꽃
한동리 화수목

#디저트카페
#아이스크림
#아포가토

Ⓐ 제주시 구좌읍 해맞이해안로 1028　Ⓣ 0507-1304-8795　Ⓗ 09:30~18:00 / 주말 11:00 오픈 / 화·수 휴무　Ⓟ 가능　Ⓘ @handong_ffot

한동리 화수목의 '화'는 화요일의 '화火'가 아니라 꽃을 뜻하는 '화花'다. '나무 위로 흐르는 꽃'이라는 근사한 이름의 카페다. 오가는 사람이 적어 파도 소리가 잔잔하게 들리는 한동리 바다 앞에서 6년째 문을 열고 커피와 디저트를 내고 있다. 여행자와 동네 주민 모두에게 사랑받는 화수목의 대표 메뉴는 귀여운 비주얼의 화수목 아이스크림과 아포가토. 둘 다 상하목장의 유기농 우유와 유기농 재료를 배합해 만든 아이스크림을 사용한다. 사장님이 정성을 다해 배합한 원두로 내린 커피, 매장에서 직접 굽는 스콘과 파운드케이크도 훌륭하다.
"카페 이름이 참 멋지네요."라고 사장님께 인사를 건네니, "실은 화수목 3일을 쉬고 싶어서 지은 이름이에요."라고 웃으며 답한다. 화수목은 화, 수요일에만 쉰다.

연구하듯 구워낸 독창적인 디저트
베카신

#디저트카페
#말차브라우니
#메가톤갸또쇼콜라

🅐 제주시 조천읍 우진오름길 144　🆃 010-8305-8921　🅗 11:30~20:00 / 비정기적 휴무(인스타그램 확인 필수)　🅟 가능　@ @becassine_jeju

베카신은 엉뚱 발랄, 천진난만, 순수함, 러블리의 대명사라 불리며 오랫동안 사랑받아 온 프랑스의 캐릭터 이름에서 차용한 이름이다. 여행자의 발길이 많이 닿지 않는 선흘리의 조용한 마을에 자리해 동네 주민들의 참새 방앗간이라 불리기도 하는 곳이다. 베이킹은 온도와 습도, 오븐의 상태 등에 따라 수시로 맛이 변하기에 매우 예민한 분야에 속한다. 베카신의 주인장은 밀가루와 버터의 종류, 오븐의 온도 등 섬세한 요소들을 하나하나 실험해가며 정성으로 디저트를 구워낸다. 그렇게 탄생한 독창적인 디저트 말차브라우니, 메가톤갸또쇼콜라 등은 오직 이곳에서만 볼 수 있는 디저트이니 꼭 맛보길 바란다.

정성을 담은 건강한 빵
가는곳, 세화

#베이커리카페
#세화빵집 #시오빵
#소금빵 #천연발효종

🅐 제주시 구좌읍 세화14길 3　🆃 064-782-9006　🅗 09:30~19:00
🅟 가능　@ @whisky_sehwa

앙버터, 소금빵으로 유명한 베이커리 카페로 도민과 여행자 모두에게 인기 있는 집이라 대표 메뉴는 금세 동이 나는 날이 많다. 저온발효로 깊은 풍미를 느낄 수 있으며, 천연발효종을 사용해 글루텐 형성을 최소화하여 먹고 난 후 속이 편안한 빵을 만든다. 가는곳, 세화의 대표 메뉴인 소금빵은 그 맛을 잊지 못해 육지에서도 찾는 사람이 많아 택배 판매도 겸하고 있다. 통창 너머로 보이는 돌담과 푸르른 무밭의 풍경도 정겹다.

섭지코지 앞 초대형 카페
서귀피안베이커리

#베이커리카페
#오션뷰베이커리카페
#브런치카페

- A 서귀포시 성산읍 신양로 122번길 17 T 064-783-7884
- H 08:00~20:00 P 가능 O @seogwipean_bakery

섭지코지 인근 바닷가에 우뚝 서 있는 커다란 4층 건물, 건물 전체가 모두 베이커리 카페 서귀피안베이커리다. 4층짜리 건물을 단독으로 사용하는 규모가 놀랍다. 다양한 종류의 빵과 쿠키 등을 판매하고 있어 취향에 맞는 빵을 부족함 없이 구입할 수 있다. 오전 8시에서 11시까지는 서귀피안수프와 함께 즐기는 모닝 세트 메뉴도 있으니 창밖의 바다를 바라보며 브런치를 즐겨보는 것도 좋겠다. 제주 남쪽 보목동의 호텔 서귀피안, 보래드 베이커스와 함께 서귀피안 프로젝트로 통칭한다.

화덕에서 구운 쫄깃쫄깃한 베이글 　　　#베이커리카페
베이글림림
　　　　　　　　　　　　　　　　　　　　#화덕베이글
　　　　　　　　　　　　　　#베이글맛집 #이탈리아화덕

🅐 제주시 구좌읍 월정1길 27, 나동　　🅣 064-782-1116
🅗 09:30~17:30 / 화요일 휴무　🅟 가능　🅞 @bagel__rimrim

화덕에서 구워 더욱 쫄깃쫄깃한 베이글을 맛볼 수 있는 빵지 순례 스폿이다. 이탈리아 화덕 피자 가게에서나 봄 직한 화덕에서 참나무 장작으로 베이글을 구워낸다. 오븐보다 훨씬 높은 온도에서 빠르게 구운 베이글은 수분 증발이 적어 겉은 바삭하고 속은 훨씬 더 쫄깃하며 촉촉하다. 베이글림림의 베이글이 다른 곳보다 맛있는 이유다. 구워낸 베이글은 베이글 자체로 즐겨도 맛있지만, 샌드위치로 먹으면 또 다른 풍미가 더해진다. 아침 9시 30분부터 문을 여니 아침 일찍 방문해 갓 나온 베이글로 아침 식사를 대신해도 좋겠다.

참을 수 없는 에그타르트의 유혹
성산해나

#디저트카페
#에그타르트
#다쿠아즈 #구움과자

- Ⓐ 서귀포시 성산읍 성산중앙로 30-1 Ⓣ 0507-1331-2820
- Ⓗ 11:00~21:00 / 일요일 휴무 Ⓟ 공한지 무료 주차장 이용
- Ⓞ @cafe_sungsanhaena

성산일출봉 가는 길목에 자리한 구움 과자 전문 디저트 카페다. 화려하지 않아 그냥 지나치기 쉬운 소박한 외관이지만, 향긋하고 고소한 빵 굽는 냄새에 그냥 지나치기 어려운 곳이다. 성산해나의 대표메뉴는 프랑스 이즈니버터와 유기농 밀가루를 사용해 구운 바삭하면서도 몽글몽글 부드러운 에그타르트. 바삭하면서도 부드럽고, 고소하면서도 달콤한 수준 높은 에그타르트를 만날 수 있다. 진열하기가 바쁘게 동이 나버리는 에그타르트는 카페에서 맛보고 나갈 때 몇 개씩 포장해가는 손님이 대부분일 정도로 인기가 좋다. 에그타르트 외에 마들렌, 애플파이, 쿠키, 다쿠아즈 등 다양한 종류의 구움 과자를 매일 정성껏 구워낸다.

천천히 흐르는 차(茶)의 시간
제주에서 마시는 차

#제주찻집   #티하우스   #전통찻집   #녹차

물 빠짐이 좋고 통풍이 원활한 토양과 온화한 날씨, 풍부한 바람 등 제주는 차나무가 건강하게 성장하는 데 알맞은 조건을 갖추고 있다. 덕분에 일본의 후지산, 중국의 황산과 함께 세계 3대 녹차 재배지역으로 꼽힌다.

제주 녹차 산업은 생산 인구의 고령화, 대형 다원과 대기업 쏠림현상, 유통 과정의 문제 등으로 속앓이를 하고 있는 게 현실이다. 산노루는 중소형 농가와의 협업을 통해 품질 좋은 차를 소비자에게 빠르게 전달하고자 카페를 열었다. 그러므로 산노루는 단순히 카페가 아니라 제주 녹차 연구소라는 수식어가 필요한 곳이다. 철저하고 올바른 유기농법으로 차를 재배하고, 수확한 차의 상태를 가장 좋게 유지하기 위해 원료수급 직후 소분해 최적의 온도와 습도가 유지되는 보관실에 보관한다. 최상의 차 한 잔을 만들기 위해 까다롭고 번거로운 과정을 거치는 것이다. 이렇게 만들어진 녹차는 녹차 그대로, 또는 가루가 되어 말차라테나 말차아이스크림으로 손님에게 제공된다. 자동차 없이 가기 힘든 깊은 곳에 있지만, 제주 녹차에 대한 진심과 신념이 묻어나는 차 한 잔을 만날 수 있는 곳이다.

제주 녹차 연구소
산노루

#녹차연구소
#녹차카페 #말차라테
#말차아이스크림

Ⓐ 제주시 한경면 낙원로 32
Ⓣ 070-8801-0228 Ⓗ 10:00~19:00 / 수요일 휴무 Ⓟ 가능 Ⓘ @sannolu.co.kr

차와 함께하는 힐링의 시간
호월 티하우스

#호월티하우스
#티하우스 #차회
#찻자리 #팽주

- A 제주시 남원읍 남한로 418-11
- T 010-6838-5372
- H 14:00, 16:00
- R 네이버에서 이용일 5일 전부터 예약 가능
- P 인근 공영주차장 이용
- O @howol_teahouse

차茶와 관련된 용어 중에 '팽주烹主'라는 단어가 있다. '차를 우려서 내어 주는 사람'이라는 뜻이다. 차를 마시는 자리, 즉 찻자리의 4대 요소로 꼽히는 것은 차와 물, 다기, 그리고 팽주다. 팽주가 누구냐에 따라 그날의 찻자리가 크게 달라진다. 분위기를 주도하며 차에 대한 이야기, 일상 이야기, 함께 즐기는 다식에 대한 이야기를 나누고 자리를 끌어나가야 하기 때문이다. 그뿐만 아니라 팽주의 손길에 따라 차의 맛과 향이 달라지기에 좋은 팽주를 만나는 것은 좋은 차를 만나는 것보다 더 중요하다. 그런 의미에서 호월은 좋은 팽주가 있는 티하우스다. 차에 대해 친절하면서도 어렵지 않게 설명해 주고, 부담스럽지 않게 대화를 이끌어가며, 나긋한 목소리로 찻자리를 만들어가기 때문. 다양한 산지에서 엄선한 3가지 종류의 차를 맛볼 수 있으며, 차가 바뀔 때마다 그에 어울리는 다식을 내어 준다. 100% 예약제로 운영되며 한 타임당 4~5명 남짓의 소수로만 진행된다. 정갈하고 단아한 공간뿐 아니라 차의 종류에 따라 바뀌는 다기와 차를 우려낼 때 사용하는 기물까지, 모든 것이 아름다운 공간이다.

시간마저 천천히 흐르는 공간
우연못

#노형동찻집
#블렌딩티
#나이트오브곶자왈

Ⓐ 제주시 은수길 110, 2층　Ⓣ 064-712-1017　Ⓗ 12:00~19:00 / 화요일 휴무
Ⓟ 가능　Ⓘ @wooyeonmot.teahouse

핫플레이스, SNS 성지 등 요즘 유행하는 카페를 찾아다니며 사람들에게 치이는 것은 때론 피곤하고 지치는 일이 아닐 수 없다. 그럴 때는 나만 아는 조용한 찻집에 들러 느긋한 시간을 보내고 싶어지는 법. 노형동의 우연못은 조용하고 느긋한 시간을 보내기에 더없이 좋은 찻집이다. 정갈하고 차분한 분위기의 우연못에서는 다양한 종류의 블렌딩 티를 즐길 수 있다. 가장 기본적인 하우스 티부터 계절마다 바뀌는 시즌 티, 서귀오름, 나이트오브곶자왈 등의 시그니처 블렌딩 티까지 다양하게 준비되어 있다. 차에 대해 잘 몰라도 작은 병에 담긴 찻잎을 시향할 수 있어 취향에 맞는 차를 고를 수 있다. 테이블이 띄엄띄엄 배치되어 다른 사람의 대화 소리에 방해받지 않으며 티타임을 즐길 수 있는 것도 장점. 신발을 벗고 올라가 편하게 앉을 수 있는 좌식 테이블은 언제나 만석이다.

치유 한 모금
차한모금

#평대리찻집
#올티스녹차
#가래떡구이

Ⓐ 제주시 구좌읍 해맞이해안로 1108　Ⓣ 0507-1378-8581
Ⓗ 12:00~17:00 / 월요일 휴무　Ⓟ 가능　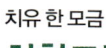 @tea_and_jeju

제주의 별명인 삼다도三多島의 '삼다' 중 하나를 카페로 바꿔야 한다는 농담을 할 정도로 제주에는 카페가 많다. 카페 천국 제주에는 오늘도 여전히 새로운 카페가 생기고 있다. 제주시 평대리의 차한모금은 저마다의 개성으로 무장한 카페들이 세포 분열하듯 생겨나는 가운데, 조용히 문을 열고 다소곳하게 자리를 지키고 있는 작은 찻집이다. 제주 곶자왈에서 유기농으로 재배한 올티스의 홍차와 녹차, 차와 함께 곁들이는 가래떡구이, 제주산 팥으로 만든 단팥죽, 초당옥수수, 딸기, 망고 등 제철 과일을 올린 빙수, 국내산 대추와 밤, 감초, 생강 등을 넣고 푹 끓여낸 대추차 등의 메뉴도 준비되어 있어 선택의 폭이 넓다. 차를 한 모금씩 천천히 음미하길 바라는 마음으로 지은 카페 이름처럼, 천천히 즐기는 차 한 잔에 마음이 차분해지고 머리가 맑아지는 치유의 찻집이다.

제주에서 만나는 홍콩밀크티

블루하우스

#노형동카페
#홍콩밀크티 #동윤영
#에그타르트

ⓐ 제주시 노형5길 11 제주점 ⓣ 010-5541-1688 ⓗ 09:00~19:00 (주말 11:00 오픈) ⓟ 맞은편 공영주차장 이용 ⓘ @bluehaus_jeju

부드럽고 달콤한 홍콩식 밀크티를 맛볼 수 있는 카페로 서귀동과 노형동까지 총 2개의 지점을 운영 중이다. 홍콩 출신의 대표가 만드는 홍콩식 밀크티와 에그타르트를 만날 수 있으며, 밀크티 재료는 홍콩에서 직접 공수해온다. '실크스타킹 밀크티'라는 별명을 갖고 있는 오리지날 홍콩밀크티, 커피와 밀크티의 묘한 어우러짐을 느낄 수 있는 동윤영, 달콤 상큼 쌉쓸한 맛의 레몬블랙티 등 홍콩 현지에서 볼 수 있는 음료들을 제주에서 만나니 내심 반갑다. 에그타르트, 애플파이 등 홍차에 곁들이기 좋은 디저트 종류도 판매하고 있다. 홍콩밀크티, 레몬블랙티, 복숭아블랙티, 그린애플블랙티가 캔 음료로 제작된 세트는 온라인 주문도 가능하다.

차밭을 바라보며 안온한 시간
수망다원

#녹차밭뷰
#차밭카페
#유기농녹차 #유기농말차

🅐 서귀포시 남원읍 수망리 535-5 🆃 064-739-8033
🅗 10:00~17:00 🅟 가능 ⓘ @sumangdawon

서귀포 남원읍 중산간의 수망다원은 기온이 차고 바람과 비가 많은 탓에 감귤 농사가 잘되지 않는 곳이다. 주로 도라지나 더덕 등을 심던 밭에 차나무를 심어 녹차밭을 일군 것은 2008년부터. 마을 안쪽까지 굽이굽이 들어간 깊은 곳에 제주 바다를 닮은 초록 물결이 넘실댄다. 바라보기만 해도 마음이 차분해지고 안온해짐을 느낀다. 가지런한 차밭 끝에는 그윽한 녹차 향이 가득한 카페가 다소곳이 앉아 있다. 유기농으로 재배한 수망다원의 차를 가장 가까운 곳에서 즐길 수 있다. 초록 물결이 넘실대는 창밖을 바라보며 여유 있게 즐기는 따뜻한 차 한 잔에 마음마저 단정하고 정갈해진다.

마음의 평화를 찾는 시간
제주 북카페

#북카페 #책방 #독서 #책방여행

여행 속에서 만나는 가장 낭만적인 소재 중 하나는 책이 아닐까 싶다. 평화로운 제주 여행에서 반짝반짝 빛나는 시간이 되어줄 북카페들을 만나보자. 저마다 한껏 뽐내는 매력에 다시 한번 제주에 풍덩 빠지게 될 것이다.

인도에서 책 한 권을
바라나시 책골목

#용담동카페
#공항근처북카페
#짜이 #라씨

A 제주시 동한두기길 35-2　T 010-7599-9720　⏱ 11:00~18:30 / 토·일 휴무　P 인근 골목 또는 공터 이용　@varanasi_jeju

용두암과 용담공원, 용연계곡이 있는 용담동 골목 깊숙한 곳에 자리한 북카페다. 길에서 보면 눈에 잘 띄지 않기에 열려 있는 대문 안쪽까지 잘 살펴야 찾을 수 있는 숨겨진 보물 같은 곳이다. 양철 지붕의 옛 건물 벽을 노랗게 칠한 뒤 손으로 대충 적어 놓은 듯한 가게 이름이 눈에 띈다. 내부로 들어서면 오래된 가정집을 손수 꾸민 듯한 아기자기하고 아늑한 공간이 드러난다. 사장님이 인도에서 사 온 소품과 인도식 밀크티 '짜이'의 향, 인도 음악이 공간을 꽉 채우고 있어 마치 인도로 순간 이동을 한 것만 같은 독특한 분위기의 북카페다. 대부분의 좌석을 좌식으로 배치해 내 집처럼 편안하게 책을 읽을 수 있다. 사장님이 주방에서 직접 끓이는 짜이는 꼭 맛볼 것을 추천한다.

내 마음속 1등 북카페
유람위드북스

#좌식공간
#다락방 #심야책방
#고양이

A 제주시 한경면 조수동2길 54-36 T 070-4227-6610 H 일~목 11:00~19:00 / 금·토 11:00~22:00 P 가능 @youram_with_books

논밭으로 둘러싸인 시골 마을의 조용한 북카페다. '유람'은 이곳에서 키우는 고양이의 이름. 유람위드북스는 이 고양이에서 시작된 이름이다. 2층짜리 건물 전체가 북카페인 유람위드북스는 북카페가 갖추어야 할 모든 것을 갖추었다고 해도 과언이 아니다. 인문학부터 만화책에 이르기까지 다양하게 준비된 책들은 기본이다. 햇살이 따스하게 들어오는 커다란 창과 신발을 벗고 올라가 다리를 쭉 뻗고 앉을 수 있는 좌식 공간, 책 한 권을 들고 오랫동안 앉아 있어도 눈치 주기는커녕 생글생글 미소를 건네는 친절한 주인장 등 하루 종일 빈둥거리며 머물고 싶은 공간이다. 다락방을 닮은 2층 공간에는 1인용 소파를 여럿 배치해 1층과는 다른 분위기에서 책을 읽을 수 있다. 친절한 사장님이 직접 만드는 음료와 디저트도 맛이 좋다. 음료를 주문하지 않아도 공간이용료 4,000원을 내면 이용할 수 있으며 매주 금요일과 토요일에는 밤 10시까지 심야 책방을 운영한다.

마음에 책자국을 남기다
책자국

#종달리북카페
#2시간이용

ⓐ 제주시 구좌읍 종달로1길 117 ⓣ 010-3701-1989 ⓗ 10:30~18:00 / 화요일 휴무 ⓟ 가능 ⓘ @bookimpression_jeju

종달항 근처에 자리한 조용한 북카페다. 주택을 개조해 만든 곳이라 그냥 지나치기 쉬우니 돌기둥에 달아둔 작은 간판을 꼭 확인해야 한다. 낮은 돌담에 둘러싸인 작은 마당을 지나 건물 안으로 들어서면 큰 창으로 들어오는 햇살이 반겨준다. 책자국의 책들은 사장님이 하나하나 직접 선별한 것들로 주제에 맞게 분류되어 있다. 취향이 맞는 사람이라면 읽고 싶은 책이 너무 많아 무엇부터 읽어야 할지 행복한 고민에 빠지게 될지도 모르겠다. 사장님이 직접 읽고 쓴 코멘트가 적힌 메모지를 훑어보는 재미도 쏠쏠하다. 북카페 이용 시 음료 주문이 필수, 음료 한 잔당 2시간의 이용 시간 제한이 있다.

천천히 오래 즐기고 싶은 북카페
카페 동경앤책방

#애월북카페
#공항근처북카페
#동경산도

ⓐ 제주시 애월읍 하귀로 74, 2층 ⓣ 010-4717-0727 ⓗ 09:00~19:00 / 화요일 휴무 ⓟ 맞은편 공영주차장 이용 ⓘ @jeju_cafe_tokyo

제주공항에서 차로 10분이면 닿는 카페 동경앤책방은 편안하고 아늑한 분위기의 북카페로 오래 머물고 싶어 자꾸만 느려지는 곳이다. 친절한 사장님과 카페 곳곳에 놓인 초록 식물의 싱그러움, 그윽한 커피 향과 잔잔한 음악이 따스하게 맞아준다. 다양한 크기의 책상과 테이블이 놓여 있어 혼자 온 손님부터 여럿이 온 손님까지 눈치 보지 않고 이용할 수 있다. 화제의 신간부터 제주를 테마로 한 책, 어린이를 위한 그림책과 동화책까지 구비된 책들만 하나하나 훑어봐도 시간이 훌쩍 가버린다. 사장님이 일본 여행 중 맛본 샌드위치 맛에 놀라, 그 비법을 배워 만들었다는 샌드위치 '동경산도'와 하소로커피의 원두를 사용해 내린 커피 모두 훌륭하다.

사람과 책과 예술과 삶이 만나는 곳　　#애월북카페
윈드스톤
#드로잉클래스
#전시회

A 제주시 애월읍 광성로 272　　T 070-8832-2727
H 09:00~17:00 / 일요일 휴무　　P 가능
O @windstone_jeju

윈드스톤이라는 이름은 제주의 삼다三多 중에서 바람과 돌, 윈드와 스톤이다. 창밖으로 초등학교 운동장이 한눈에 보이고, 이따금 들려오는 수업 종소리와 아이들의 웃음소리에 나도 모르게 미소 지어지는 카페, 그래서 책보다 창밖을 더 오래 보게 될지도 모르는 평화로운 북카페다. 카페 책장에는 아이들을 위한 그림책, 어른들을 위한 에세이나 소설 등이 가득하고, 마당의 돌 창고에서는 전시회를 열거나 드로잉, 만들기 클래스 등을 진행한다. 윈드스톤은 단순히 음료를 마시고 책을 읽는 북카페가 아니라 사람과 책과 예술과 삶이 만나는 곳이다.

종달리를 닮은 북카페
종달리 746

#종달리북카페
#버킷리스트
#4인이상입장불가

- **A** 제주시 구좌읍 종달동길 29-9 **T** 010-9940-3390
- **H** 10:30~18:00 / 토요일 휴무 **P** 종달리 종합복지타운 주차장 이용
- **O** @jongdalri746

종달리 746은 이름처럼 아기자기하고 따뜻한 공간이 오밀조밀 모여 있는 종달리에서 조용히 책 한 권 읽고 싶을 때 찾으면 좋을 만한 곳이다. '타인의 조용한 시간을 존중해 주세요.'라는 문구 덕분일까. 혼자 찾는 사람이 많고, 4인 이상은 입장이 불가하며, 일행과 함께인 손님도 낮은 목소리로 대화하며 서로 배려하는 카페다. 버킷리스트와 방명록을 남길 수 있는 창문 앞 작은 책상은 종달리 746의 핫플레이스. 다른 사람의 생각을 읽어보고, 내 생각을 적어 내려가는 특별한 책상이다. 고요함 속에서 창밖의 초록 들판을 바라보며 나의 버킷리스트를 적는 시간은 여행을 더욱 특별하게 만들어주는 의미 있는 시간이 된다.

제주라서 더욱 특별한
서울의 핫플레이스

`#랜디스제주` `#노티드제주` `#블루보틀제주` `#스타벅스제주`

제주 스타벅스의 특별함
스타벅스 제주

#스타벅스제주한정메뉴
#까망크림프라푸치노
#쑥떡크림프라푸치노

스타벅스 제주중문점

제주까지 가서 무슨 스타벅스냐고 생각할지 모르지만, 제주에서 스타벅스에 가야 하는 이유는 오직 제주에서만 만날 수 있는 한정 메뉴가 가득하기 때문이다. 제주 당근, 백년초, 한라봉, 쑥, 흑임자, 녹차, 땅콩 등 제주에서 나고 자란 특산품을 활용한 음료와 디저트가 메뉴판 가득이다. 계절별로 등장하는 제주만의 계절 한정 메뉴도 있다. 그뿐만 아니라 텀블러, 머그잔, 스노볼, 스푼 등 제주에서만 구입할 수 있는 굿즈도 많다. 용담, 애월, 성산일출봉, 함덕, 협재, 송악산 등 대부분 탁 트인 오션뷰를 감상할 수 있는 곳에 자리 잡고 있으며, 6개의 지점은 드라이브 스루를 겸하고 있다. 제주도 내의 모든 스타벅스에서는 일회용 컵 대신 다회용 플라스틱 컵을 제공한다. 매장이나 제주공항에 비치된 반납기에 반납하면 컵 보증금 1,000원을 돌려받을 수 있다.

제주에서 만난 뉴올리언스의 맛

블루보틀 제주

#구좌카페
#놀라플로트
#우무푸딩 #커피푸딩

A 제주시 구좌읍 번영로 2133-30 **T** 1533-6906 **H** 09:00~19:00
P 가능

미국 뉴올리언스에서 날아온 스페셜티 전문 커피 브랜드 블루보틀은 2019년 서울에 처음 상륙했을 당시 커피 한 잔을 마시기 위해 몇 시간씩 줄을 서는 사람들로 화제가 된 바 있다. 서울에만 8개의 매장을 운영하던 블루보틀이 9번째 매장으로 선택한 곳은 또 다른 대도시가 아니라 제주다. 제주 돌담 아래 놓인 블루보틀의 간판이 어딘가 낯설면서도 반갑다. 관광지와 멀리 떨어진 송당리 중산간 마을에 있지만, 매장은 늘 문전성시를 이룬다. 성수기나 주말에는 스마트폰으로 번호표를 받고 입장해야 할 정도로 찾는 사람이 많다. 수제 푸딩 브랜드 '우무'와 협업한 '커피푸딩', '제주녹차땅콩호떡' 등의 제주 한정 메뉴를 만날 수 있다.

아이언맨이 사랑한 바로 그 도넛
랜디스도넛

#랜디스제주점
#랜디스애월점
#아이언맨도넛

서울, 부산, 대구 등의 대도시가 아니면 좀처럼 만나기 힘든 브랜드다. 도넛 위에 다양한 재료의 토핑을 얹어 비주얼부터 화려한 도넛을 만날 수 있다. 아침부터 저녁까지 도넛을 사려는 사람들이 줄을 잇는 곳으로 노티드도넛과 함께 도넛계의 양대 산맥으로 꼽힌다. 랜디스도넛은 영화 〈아이언맨〉에서 아이언맨이 즐겨 먹는 도넛으로 알려진 이후, 반드시 먹어봐야 할 도넛으로 등극했다. 〈아이언맨〉뿐만 아니라 디즈니 애니메이션 〈주토피아〉, 〈심슨가족〉 시리즈에도 등장했던 도넛으로 오랜 역사와 전통을 자랑하는 미국의 대표적인 도넛이다. 매장 1층은 포장 주문, 탁 트인 오션뷰를 감상할 수 있는 2층에서는 테이블을 이용할 수 있다. 테이블 이용 시 1인 1음료 주문이 필수다.

- A 제주시 애월읍 애월로 27-1
- T 064-799-0610
- H 10:00~19:00(주말 20:00 마감)
- P 매장 앞 전용주차장

제주에 상륙한 도넛계의 슈퍼스타

노티드도넛

#노티드도넛제주점
#노티드제주
#제주녹차도넛 #제주청귤도넛

A 제주시 애월읍 애월로1길 24-9　T 070-4415-9377　H 10:00~20:00
P 인근 공영주차장 이용

랜디스도넛과 마찬가지로 서울, 부산, 대전 등 대도시가 아니면 만나기 힘든 노티드도넛. 제주를 여행 중이라면 노티드도넛을 손에 넣을 절호의 기회다. 오픈과 동시에 도넛을 사기 위한 줄이 끊이지 않는 곳. 과연 도넛 중의 도넛, 도넛계의 슈퍼스타답다. 도넛 가격, 매장 운영 방식 등은 서울과 동일하지만, '제주녹차도넛'과 '제주청귤도넛' 등 제주 한정 메뉴를 만날 수 있어 이미 먹어본 사람들도 아침부터 줄을 선다. 1층에서는 주문과 포장만 가능하며, 2층에 테이블과 의자가 마련되어 있다. 보기만 해도 기분이 좋아지는 익살스러운 스마일 캐릭터는 노티드도넛의 트레이드마크. 스마일 캐릭터로 만든 다양한 굿즈도 판매중이다.

나만의 안식처를 찾아서
혼자 가기 좋은 카페

(#혼카페) (#조용한카페) (#노키즈존) (#노키즈카페)

성당을 닮은 공간
고토커피바

#스테인드글라스
#반려동물동반가능
#케어키즈존

Ⓐ 제주시 애월읍 구엄동 3길 56 Ⓣ 0507-1945-9665 Ⓗ 11:00~19:00
Ⓟ 건물 옆 돌담길 이용 Ⓞ @goto_coffeebar

제주시 애월읍 구엄포구 인근의 고토커피바는 도피처, 사색, 비움의 공간이라 자신을 소개한다. 마을 안쪽의 평범한 주택을 짙은 우드 톤의 가구와 다채로운 스테인드글라스로 꾸몄다. 마치 성당에 들어선 것처럼 마음이 가라앉고 차분해진다. 거실이었던 공간은 스테인드글라스의 영롱한 빛이 머무는 커피바로, 방이었던 곳은 가정집의 응접실처럼 아늑하게 꾸몄다. 성당을 닮은 고요한 커피바에는 주로 혼자인 손님이, 마주 보며 앉는 테이블과 의자가 놓인 방에는 일행과 함께인 손님들이 앉는다. 마치 2개의 다른 카페가 한 공간에 공존하는 것 같은 독특함이다. 야외에도 테이블을 두어 반려동물과 함께인 손님도 카페를 이용할 수 있도록 배려했다. 시그니처 메뉴는 필터커피(핸드드립 커피)와 아인슈페너. 그 외에 커피와 잘 어울리는 디저트 테린느와 푸딩, 쿠키 등이 있다. 어린이 입장을 제한하지는 않지만, 소란을 피우는 아이를 방치할 경우 이용에 제한을 두는 케어키즈존으로 운영한다.

알맞은 시간에 만나는 오롯한 행복
알맞은 시간

#돌창고카페
#환경친화적카페
#텀블러기증 #노키즈존

A 서귀포시 남원읍 신흥앞동산로 35번길 2-2 T 070-7799-2741
H 10:00~18:00 / 금요일 휴무 P 가능 @egg_hit_time

라틴어 중에 '보나오라 Bona Hora'라는 말이 있다. '너무 이르지도 너무 늦지도 않은 적절한 때, 때마침 오는 무엇'이라는 뜻을 가진 말이다. 행복이란 가장 알맞은 시간에 찾아오는 것임을 의미한다. 남원읍 신흥리의 카페 알맞은 시간은 머무는 손님이 그 '알맞은 시간'을 누리며 행복을 느끼길 바라는 진심을 이름에 담았다. 손님 모두가 불편하지 않도록 최대한 조용하고 차분한 분위기로 운영하려 노력한다. 대화 소리도 작고, 음악도 잔잔하게 흐른다. 혼자 찾는 손님이 유난히 많은 이유, 집중해서 책을 읽거나 무언가를 조용히 기록하는 손님이 많은 이유다. 알맞은 시간의 진심은 환경을 향한 노력에도 선명하게 드러난다. 포장이 필요한 손님에게는 본인이 가져온 텀블러나 기증받은 텀블러에 음료를 담아준다. 일회용 빨대, 일회용 디저트 용기도 사용하지 않는다. 음료 한 잔을 더 파는 것보다 환경을 지키는 것이 더 가치 있는 일이라는 신념으로 오픈 당시부터 지금까지 철저하게 지키고 있는 원칙이다. 시그니처 메뉴는 묵직하고 고소한 맛이 살아있는 커피와 제주 감자를 넣어 만든 무스케이크 '감자한모'. 행복을 위한 알맞은 시간에 딱 알맞은 훌륭한 커피와 디저트다.

절제된 관심, 섬세한 배려
우호적무관심

#혼자카페
#저지예술인마을
#저지리카페

A 제주시 한경면 저지12길 103   T 0507-1313-2866
H 10:00~18:00   P 근처 길가에 가능   @woomoo.cafe

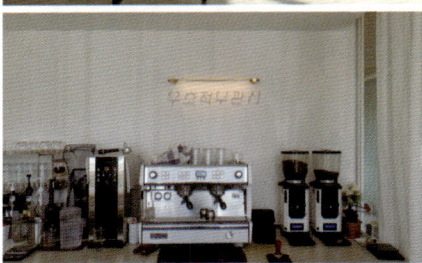

우호적 무관심이란 각자의 공간에서 서로의 영역을 침범하지 않으며 존중과 배려를 하는 것을 말한다. 누군가가 나에게 관심을 갖고 살갑게 대해주는 것이 좋을 때도 있지만, 때론 누구의 방해도 없는 혼자만의 고요한 시간이 필요한 법. 그럴 때 필요한 것이 우호적 무관심이다. 저지 예술인마을의 카페 우호적무관심은 그런 곳이다. 손님과 손님, 손님과 주인장이 적당히 거리를 두고 서로 배려하는 카페. 매장 한가운데에 벽을 세우고 창문을 바라보게 테이블을 배치한 점도 그렇다. 각자의 시간을 존중하며 서로의 영역을 침범하지 않기 위해 낮은 목소리로 대화하는 카페다. 그렇다고 해서 쌀쌀맞거나 차가운 곳은 아니다. 오히려 타인을 향한 섬세한 배려가 공간을 따스하게 감싼다. 시끄럽고 복잡한 곳에 지쳤거나 혼자서 조용히 쉬고 싶을 때 추천하고 싶은 곳이다.

여백으로 채운 공간
중섭의 집

#이중섭거리
#서귀포의환상
#섶섬이보이는풍경 #노키즈존

Ⓐ 서귀포시 명동로 26-1 Ⓣ 0507-1349-6064 Ⓗ 10:00~17:30 / 화요일 휴무 Ⓟ 인근 공영주차장 이용 Ⓞ @jungseop_lhouse

서귀포 이중섭거리 근처의 카페 중섭의 집은 이중섭이 생전에 가장 행복했던 공간 이중섭 생가를 모티프로 만들어진 카페다. 빛이 바랜 듯한 색감의 벽면에 오래된 목재로 만든 가구, 벽과 하나로 이어진 의자와 선반 등 이중섭의 집과 닮아 있다. 공간 전체를 꽉 채우고 있는 것은 가구나 장식이 아닌 여백이다. 많은 가구를 두지 않고 여백 상태 그대로 두어 마치 갤러리 같은 분위기도 풍긴다. 음악은 잔잔하게 흐르고 쿠션이나 소품, 조명 등 무엇 하나 튀는 것이 없다. 과하지 않고 담백해서 오히려 더 감각적인 공간이다. 시그니처 메뉴는 제주 한라봉으로 만든 '서귀포의 환상'과 매실과 바질의 조합이 독특한 '섶섬이 보이는 풍경'이다. 음료 이름은 이중섭의 작품 이름에서 따온 것이다. 말차, 흑임자, 한라봉 등으로 만든 작고 귀여운 양갱 '중섭의 집 양갱'도 인기가 좋다. 길가에서 초인종을 눌러야 마당으로 들어올 수 있는 구조로 눈에 잘 띄지 않아 지나치기 쉬우니 이중섭의 글씨체를 본떠 만든 작은 나무 간판을 잘 찾아야 한다.

고요하고 오롯한 나의 요새
고요새

#삼양해변
#공항근처카페 #추수
#땅콩버터크림라테

Ⓐ 제주시 선사로8길 11　Ⓣ 064-725-6848　Ⓗ 12:00~18:00 / 매주 일·월 휴무　Ⓟ 가능　Ⓞ @goyosae__

고요새라는 이름은 '고요하고 오롯한 나의 요새'라는 뜻이다. 소란한 마음을 잠재우는 고요한 공간이 필요할 때 찾으면 좋은 차분한 공간이다. 제주공항과 함덕 사이, 삼양 검은모래해변 근처에 자리한 카페로 혼자만의 시간을 원하는 손님이 주로 찾는다. 건물 외관은 삼양 검은모래해변의 모래 색깔을 닮은 회색으로, 실내는 낡은 목재 가구와 식물로 꾸몄다. 투박하지만 자연스럽고 담백한 공간은 돌, 나무, 모래 등 제주의 자연에서 가져온 색으로 채웠다. 머무는 내내 마음이 차분해지고 편안해지는 이유다. 아무도 방해하지 않는 조용한 창가에 앉아 아름다운 바다를 바라보는 것만으로도 마음이 잠잠해지는 것을 느낄 수 있는 곳이다. 시그니처 메뉴는 바닐라 아이스크림과 수제 밤절임, 밤시럽, 콩가루, 수제 튀일 등이 조화롭게 어우러진 아이스크림 '추수', 커피 위에 고소한 땅콩크림을 올린 '땅콩버터크림라테' 등이 있다.

식물이 전하는 위로
식물집

#식물집카페
#식물카페 # 식물가게
#플랜테리어

- Ⓐ 서귀포시 서호로 21-3   Ⓣ 010-8908-8815   Ⓗ 11:00~18:00 / 월·화 휴무
- Ⓟ 인근 공영주차장 이용   Ⓘ @sikmuljip

서귀포시 서호동에 자리한 곳으로 식물가게와 카페를 겸한다. 주인 부부가 살던 주택을 개조해 식물과 화분, 가드닝 도구, 소품 등을 구입하고 음료도 마실 수 있는 카페로 단장했다. 햇빛을 머금은 따뜻한 화이트 톤의 벽면과 원목으로 꾸민 실내에 초록의 싱그러움이 가득 앉아 있고, 남쪽을 향해 난 커다란 창으로 들어온 햇살이 카페 안쪽까지 깊숙하게 머문다. 이따금 초록 잎이 흔들리며 만들어내는 빛 그림자는 가만히 보고만 있어도 힐링이 된다. 시그니처 음료는 시원한 차에 수제 오렌지청과 수제 젤리를 넣은 상큼 달콤한 '식물집오렌지'. 피낭시에, 까눌레, 스콘 등 음료에 곁들이기 좋은 디저트류도 판매한다. 바람이 잠잠한 날에는 주인 부부가 정성껏 가꾼 정원에 앉아 새소리를 들으며 즐기는 햇빛 샤워를 추천한다. 마당 가득 피어난 귤꽃 향이 바람과 함께 날아와 몸도 마음도 치유되는 기분을 느낄 수 있다.

신선함으로 무장한
이색 테마 카페

(#이색카페) (#테마카페) (#목장카페) (#산장카페) (#수영장카페) (#반려견동반카페)

말 타고 말 먹이 주기
목장카페 밭디

#목장카페 #승마체험
#말먹이주기 #아이와함께
#가족여행 #펫존

Ⓐ 서귀포시 표선면 번영로 2486 Ⓣ 010-6224-1363 Ⓗ 09:00~18:00
Ⓟ 가능 Ⓞ @batti_jeju

밭디는 제주도 방언으로 '밭에'라는 뜻. 바로 옆 조랑말타운과 함께 운영하는 목장 카페다. 목장 카페라는 이름 그대로 승마, 말 먹이 주기 등의 체험을 할 수 있어 아이를 동반한 가족 여행객들에게 강력 추천하는 체험형 카페다. 제주도에는 승마 체험을 할 수 있는 체험 공간이나 목장 콘셉트의 카페가 더 있지만, 그중에서도 이곳 밭디는 깨끗하고 위생적으로 운영되어 평이 무척 좋다. 호지차크림라테, 아이스크림라테, 밀감스무디 등 온 가족이 즐길 수 있는 다양한 음료와 디저트 메뉴를 갖춘 카페 공간도 깔끔하고 예쁘다. 별도의 입장료는 없으며 현장에서 체험 프로그램과 코스에 맞는 비용을 결제하면 된다. 카페를 이용하지 않고 체험 프로그램만 이용하는 것도 문제없다.

낮에는 디즈니랜드, 밤에는 라라랜드
드르쿰다 in 성산

#드르쿰다
#드르쿰다인성산 #테마파크형카페
#아이와함께 #가족여행 #포토존

(A) 서귀포시 성산읍 섭지코지로 25번길 64 (T) 064-901-2197 (H) 10:00~20:00 (W) 10,000원 / 네이버 예매 시 1,000원 할인 (P) 가능 (O) @delekoomda_official

드르쿰다는 목장과 테마파크 2개의 콘셉트로 제주도 내에 2개의 매장을 운영하고 있다. 둘 중 인기가 더 좋은 곳은 테마파크 콘셉트의 '드르쿰다 in 성산'으로 성산일출봉이 보이는 광치기 해변 옆에 자리하고 있다. '낮에는 디즈니랜드, 밤에는 라라랜드'라는 별명이 붙을 만큼 넓은 부지 전체가 테마파크처럼 꾸며진 초대형 야외 스튜디오다. 로맨틱한 회전목마, 야자수가 늘어선 이국적인 산책로, 유럽의 건물을 재현한 거리, 유채꽃밭, 천국의 계단 등 각양각색의 포토존으로 가득하다. 성산일출봉이 보이는 프라이빗한 해변에서 일광욕을 즐길 수도 있다. 입장권에는 카페 이용권과 음료 1잔이 포함되어 있다.

타닥타닥 장작 타는 소리 #산장카페
친봉산장
#가가멜스튜
#구운우유 #펫존

A 서귀포시 하신상로 417 T 0507-1442-5456
11:00~21:00 P 가능 @jeju_deerlodge

구좌읍 송당리의 유명한 산장 카페 친봉산장이 서귀포시 상효동으로 이전해 더 깔끔하고 이국적인 공간으로 재오픈했다. 예전의 친봉산장이 날것 그대로의 산장 그 자체인 카페였다면, 새로 이전한 친봉산장은 그보다 많이 다듬어지고 절제되어 고급스러운 산장 카페다. 2층 높이의 벽난로는 친봉산장의 트레이드마크. 겨울에는 실제로 장작을 태워 따뜻하고 아늑함을 더한다. 넓은 실내에서는 이따금 음악회가, 탁 트인 정원에서는 플리마켓이 열리기도 하는 등 다양한 행사가 함께하는 재미난 공간이다. 시그니처 메뉴는 아이리시 위스키가 첨가된 '아이리시커피', 우유의 표면을 크림브륄레처럼 달콤하고 노릇하게 구운 '구운우유', 한 끼 식사로도 손색없는 '가가멜스튜' 등이다.

댕댕이가 주인공인 카페
제주개 생활연구소

#제주개생활연구소
#반려견카페 #애견동반카페
#강아지카페 #에그타르트

Ⓐ 제주시 한경면 녹차분재로 502   Ⓣ 010-4459-1995   Ⓗ 10:00~18:30 / 월요일 휴무   Ⓟ 가능   Ⓞ @jejugae_cafe

반려견 인구 1,000만 시대, 반려견과 함께 떠나는 여행은 여행의 새로운 트렌드로 자리 잡고 있지만, 정작 반려견을 반기는 식당이나 카페는 아직 많지 않다. 반려견 동반이 가능한 곳이라 해도 배변이나 마킹 등의 문제로 좁고 답답한 케이지 안에 가둬두어야 하거나, 야외 공간만 이용 가능한 곳이 대다수인 현실. 반려견과 함께하는 여행에는 많은 제약과 포기가 따른다. 한경면 저지리의 제주개 생활연구소는 그런 여행자들에게 강력 추천하는 카페다. 반려견이 주인공인 카페, 반려견과 보호자가 모두 행복한 카페다. 반려견을 위한 음료와 간식은 기본이고 다양한 포토존과 운동장까지 그야말로 댕댕이를 위한 천국이다. 테이블마다 설치되어 있는 목줄 고리에서 보호자를 위한 섬세한 배려가 묻어난다. 반려견의 견종과 크기 상관 없이 이용 가능하며 반려견을 동반하지 않은 손님도 이용할 수 있다. 의외의 에그타르트 맛집이니 꼭 맛볼 것을 추천. 곶자왈이 보이는 창밖의 전망도 훌륭하다.

수영장이 딸린 초대형 카페

오드씽

#수영장
#수영장카페
#초대형카페

A 제주시 고다시길 25　T 070-7872-1074　H 10:00~24:00
P 가능　@oddsing_jeju

오드싱오름 근처에 자리한 초대형 카페다. 낮에는 카페 겸 다이닝 라운지, 밤에는 펍으로 운영되어 온종일 손님이 끊이지 않는 곳이다. 개방감이 좋은 공간과 음료 모두 훌륭한 곳이지만 이곳의 포인트는 역시 대형 수영장이다. 2인 기준 30,000원 이상 주문 시 이용할 수 있는 수영장은 수질 오염을 예방하기 위해 반드시 래시가드수영복을 착용해야 한다. 수영장 중간 중간 설치된 캐노피와 방갈로, 주변의 야자수가 만들어내는 풍경은 휴양지의 리조트가 떠올라 마음이 들뜬다. 수심이 얕은 풀과 깊은 풀로 구분되어 있어 아이들과 함께 방문하기에도 좋다. 수영장은 1부 오전 10시부터 오후 4시, 2부 오후 6시부터 자정까지 운영되며 2부 타임은 노키즈존으로 운영된다. 샤워실과 탈의실도 깔끔하게 구비되어 있다.

분위기 있게 하루를 마무리하는
음악과 술이 있는 공간

(#제주술집) (#리스닝바) (#LP바) (#와인바) (#펍) (#혼술)

코앞에서 즐기는 하이엔드스피커의 감동
오프더레코드 제주

#리스닝바
#하이엔드스피커
#혼술 #예약제

Ⓐ 제주시 구좌읍 월정3길 38   ☎ 0507-1429-5564
Ⓗ 18:00 ~ 01:00   Ⓡ 네이버 예약
Ⓟ 가능   @offtherecord_jeju

JTBC의 예능프로그램 〈해방타운〉에서 가수 장윤정이 극찬했던 하이엔드스피커를 통해 음악을 들을 수 있는 리스닝 바다. 최고 수준의 스피커와 앰프, 케이블 등 리스닝에 집중한 고품질의 음악을 감상할 수 있다. 스피커 바로 앞에 마련한 청음 전용 의자에 앉으면, 앞에서 연주자가 연주하고, 가수가 직접 노래를 불러주는 것 같은 감동을 느낄 수 있다. 1인당 2곡의 신청곡을 받으니, 방문 전 꼭 듣고 싶은 음악을 골라보는 것도 좋겠다.

바다와 함께 음악 감상
내도음악상가

#리스닝바 #LP바
#이호테우해변
#혼술

A 제주시 테우해안로 106, 2층　**T** 0507-1338-9262
H 17:00~24:00　**P** 가능　@recordbar.naedo

술과 음악을 온전히 즐길 수 있는 캐주얼한 분위기의 리스닝 바다. 커다란 창으로 이호테우 해변을 바라보며 근사한 시간을 보낼 수 있는 곳이다. 다만 와자지껄 신나는 분위기의 술자리를 원한다면, 이곳은 어울리지 않는다. 낮은 소리로 대화하며 시간에 따라 변화하는 바다를 느끼고, 음악에 집중하는 공간이기 때문이다. 신나고 활기찬 음악보다는 잔잔하고 차분한 음악 위주로 감상할 수 있다. 맥주와 와인, 위스키, 논알콜 음료를 주문할 수 있다.

바닷가 앞 나의 아지트
인디안썸머

#애월술집 #혼술
#와인바 #뮤직바
#노키즈존

- 🅐 제주시 애월읍 애월로4길 9   ☎ 064-799-8444
- 🕐 17:00~01:00   🅟 가능   @indiansummer_jeju

낮에는 카페, 밤에는 간단한 술과 안주를 파는 와인바로 운영한다. 쉽게 만나볼 수 없는 남아공 와인과 생맥주, 위스키, 칵테일 등을 주인장이 엄선한 음악과 함께 즐길 수 있다. 은은한 조명 아래에서 음악을 들으며 즐기는 가벼운 술 한 잔은 하루의 완벽한 마무리가 된다. 최대 4인까지만 이용할 수 있어 비교적 조용한 시간을 보낼 수 있는 곳이다.

제주의 밤을 더 아름답게
마틸다

#LP바
#진공관앰프
#혼술

- 🅐 제주시 애월읍 고내1길 33   ☎ 064-799-3629
- 🕐 18:00~01:00 / 화요일 휴무   🅟 가능   @matilda.jeju

서울 잠실에서 같은 이름의 LP바를 운영하던 주인장이 2014년 제주로 내려와 차린 리스닝바다. 요즘 제주에 부쩍 늘어나고 있는 리스닝바의 조상님 같은 존재라 할 수 있다. 진공관 앰프를 거친 음악 소리는 천장이 높은 이곳의 구석구석으로 닿아 더욱 묵직하고 풍성하다. 마음에 꽂히는 음악과 술 한 잔에 마음 깊은 곳까지 감동으로 충만해지는 공간.

나만 알고 싶은 리스닝 바
애월브금

#LP바
#혼술
#노키즈존

Ⓐ 제주시 애월읍 애월로 59-1 Ⓗ 7:00~01:00 Ⓟ 가능 ⓘ @jeju_bgm

층고가 높은 2층 건물 전체를 리스닝 바로 사용하고 있어 공간 구석구석까지 울리는 음악 소리가 좋다. 음악을 들으며 혼술을 즐기거나, 일행과 이야기 나누며 시간을 보내고 싶은 사람들에게 추천. 맥주와 와인, 위스키, 논알콜 칵테일 등을 주문할 수 있다.

나의 작은 술집
종달리엔 심야식당

#종달리술집
#혼술
#예약제

Ⓐ 제주시 구좌읍 종달로7길 15 Ⓣ 010-4470-5768 Ⓗ 18:00~23:00 / 화·수 휴무 Ⓡ 문자 또는 인스타그램 DM Ⓟ 가능 ⓘ @jongdalrien

8년째 종달리의 밤을 지키고 있는 예약제 술집이다. 종달리가 조용하고 한산할 때부터 영업해 온 종달리의 터줏대감이라 할 수 있다. 제주를 찾을 때마다 이곳에 들러 주인장과 두런두런 이야기를 나누고 일부러 종달리의 숙소를 예약하는 단골도 많은 곳이다. 혼자인 손님을 위한 혼술객 세트도 준비되어 있다.

제주를 담은 맥주
제주약수터

#수제맥주
#제주맥주
#무료시음 #혼술

Ⓐ 서귀포시 중앙로 35 Ⓗ 17:00~01:00 ⓘ @jeju_beer_fountain

자체 양조한 맥주와 더불어 제주에서 만든 다양한 수제 맥주를 한자리에서 맛볼 수 있는 곳이다. '올레길', '탐라밀맥주', '거문오름', '곶자왈' 등 제주의 특색을 듬뿍 담은 맥주가 메뉴판 한가득이다. 무엇을 골라야 할지 고민이라면 직원들의 도움을 받아 1인당 3잔까지 시음할 수 있는 시음 서비스를 요청해보자. 서귀포올레시장에 포장만 가능한 매장도 있다.

05 SHOPPING IN JEJU

여행의 반은 쇼핑하는 재미 아닐까?
제주에서만 살 수 있는
필수 쇼핑 목록을 결코 놓치지 말자.

제주에서 만나는 독립서점
제주 책방 산책

(#제주책방) (#독립책방) (#동네책방) (#책방여행)

작은 마을의 작은 글
소리소문 小里小文

#책방소리소문
#저지리책방
#블라인드북

A 제주시 한경면 저지동길 8-31　T 010-8298-9884　⏰ 11:00~18:00 / 화·수 휴무　P 가능　@sorisomoonbooks

'책방에선 인생샷보다 인생책을 만나세요.' 저지리의 작은 책방 소리소문의 입구에 붙어 있는 메모다. 인생책을 만나보라는 책방지기의 안내처럼 나만의 인생책을 만날 가능성은 대형서점보다 동네의 작은 책방에서 더 높다. 책방지기의 가치관과 취향에 따라 선별한 소수의 책들만 진열대에 놓이기 때문이다. 소리소문 역시 책방지기의 시선이 담긴 책들로 서가를 빼곡하게 채웠다. 책방지기의 메모가 적힌 블라인드 북은 소리소문의 최고 인기 상품. 포장지에 적힌 책방지기의 메모만으로 책을 고른다. 포장지를 뜯기 전까지 무슨 책이 들어있을지 알 수 없어 자신에게 혹은 여행을 함께하는 일행이나 지인에게 주는 선물용으로 구입하는 사람이 많다. 책방의 가장 큰 무기는 책이어야 한다는 신념으로 좋은 책을 어떻게 더 잘 소개하고 진열할지 끊임없이 고민하는 책방이다.

작은 책방에서 시작된 큰 울림
소심한 책방

#책쇼핑
#제주1호독립책방
#종달리책방

- A 제주시 구좌읍 종달동길 36-10
- T 070-8147-0848
- H 10:00~18:00 / 휴무 인스타그램 별도 공지
- P 가능
- O @sosimbook

종달리에 지금보다 여행객의 발길이 훨씬 더 뜸하던 시절 시골집과 밭으로 둘러싸인 마을 어귀에 작은 책방 하나가 문을 열었다. 제주에 '독립서점'이라는 바람이 불기 훨씬 전의 일이었다. "이 작은 시골 동네에 누가 책을 사러 오겠나." 동네 사람들은 책방지기들을 볼 때마다 걱정했지만, 신기하게도 그 작은 시골 책방에 손님이 끊이지 않았다. 제주에서 처음으로 독립서점을 시작한 소심한 책방의 이야기다. 2014년부터 2021년 3월까지 같은 자리를 지키다가 같은 해 6월, 지금의 자리에 새롭게 문을 열었다. 훨씬 넓어진 서가는 더 다양한 책들로 채우고 쾌적하게 책을 읽을 수 있는 의자와 테이블을 두었다. 책이 너무 좋아서 책을 위한 공간을 시작했다는 두 책방지기가 여전히 같은 자리를 지킨다. 호호 할머니가 될 때까지 책방을 하고 싶다는 책방지기들의 말처럼, 늘 같은 자리에서 종달리를 지켜주기를 응원한다.

내 마음의 작은 섬
섬타임즈

#섬타임즈서점
#소길리책방 #갤러리책방
#작가의방

Ⓐ 제주시 애월읍 소길1길 15 Ⓣ 0507-1331-3219 Ⓗ 13:00~18:00 / 일·월·화 휴무 Ⓟ 가능 Ⓘ @sometimes_jeju

에세이스트 이애경 작가가 운영하는 소길리의 예쁜 책방이다. 제주도의 섬타임즈라니, 이름부터 예사롭지 않다. 섬타임즈는 유명 화가의 그림, 제주에서 활동 중인 작가의 그림과 엽서, 소품 등도 함께 판매하는 갤러리 겸 책방이다. 독립서점이지만 제법 넉넉한 공간에서 여유 있게 다양한 책들을 구경할 수 있다. 취향이 묻어나는 책과 그림, 깔끔하고 화사하게 꾸민 실내 공간 등 곳곳에서 느껴지는 책방지기의 손길이 정겹다. 섬타임즈에서 가장 인기 있는 공간은 책방 안쪽에 자리 잡은 '작가의 방'이다. 책을 구입한 사람만 이용할 수 있는 독립된 공간으로 책방지기인 작가가 따로 선별한 책을 읽거나 필사를 하는 등 나만의 고요한 시간을 보낼 수 있다. 이곳에서 북토크, 강연, 독서 모임 등 다양한 행사를 진행하기도 한다.

늦봄처럼 따스한 책방
만춘서점

#책방투어
#함덕책방 #LP
#만춘피규어

🅐 제주시 조천읍 함덕로 9　🅣 064-784-6137　🅗 11:00~18:00
🅟 가능　🅞 @manchun.b.s

함덕해변에서 도보로 약 5분 거리에 자리한 독립책방이다. 도시에서 편집 디자이너로 일하다가 제주로 건너간 책방지기가 그녀의 시선으로 고른 책들로 채운 작은 서점이다. 책뿐만 아니라 음반과 문구를 비롯해 직접 제작한 피규어, 머그잔 등의 굿즈도 함께 판매한다. 만춘서점은 야자수 아래 나란히 놓인 1호점과 2호점, 2개의 공간으로 나뉘어 있다. 마당이 딸린 새하얀 1호점과 빨간 벽돌의 2호점은 생김새만큼이나 서점의 책도 다르다. 각기 다른 장르, 다른 주제에 따라 1호점과 2호점으로 나누어 진열했다. 1호점은 2호점보다 예술적인 분야의 책과 소설 종류가 많은 것이 특징. 햇살이 들어오는 작은 창가나 마당의 의자에 앉아 책을 읽으며 쉬어갈 수도 있다.

제주시의 문화 사랑방
한라서적타운

#제주시책방
#공항근처책방
#문화사랑방 #종이약국

Ⓐ 제주시 동광로 16길 5　Ⓣ 064-722-7772　Ⓗ 09:00~22:00 / 토요일 09:00~21:00 / 일요일 10:00~22:00　Ⓟ 가능
Ⓞ @hallabooktown

제주공항과 가까운 곳에 자리한 대형 서점이다. 교보문고나 영풍문고 같은 도시의 대형서점에 비할 바는 아니지만 독립 책방들이 주류인 제주에서는 규모가 무척 큰 서점이다. 원래는 참고서와 문제집 위주의 딱딱한 서점이었으나, '문화 사랑방'이라는 핵심 키워드를 갖고 확장 이전해 지금의 한라서적타운을 열었다. 고민에 맞는 맞춤 책을 처방하는 '종이약국', 신발을 벗고 편하게 앉아 책을 읽을 수 있는 계단형 서가, 무료로 대여할 수 있는 다목적 공간 등 딱딱한 서점의 이미지를 완전히 벗고 책으로 소통하는 문화 공간으로 다시 태어났다. 건물 2층에 자리한 널찍한 주차장도 이곳의 자랑거리. 책을 구입하면 주차요금이 무료다.

위미리의 작은 책마을
북타임

#위미리책방
#책마을
#어린이책방 #그림책방

ⓐ 서귀포시 남원읍 위미중앙로 160　ⓣ 064-763-5511　ⓗ 10:00~20:00 / 월요일 휴무　ⓟ 가능　ⓘ @booktime_jeju

북타임의 책방지기는 제주 최초의 어린이도서관인 '설문대 어린이도서관'의 관장을 역임했던 이력이 있다. 도서관장 자리를 내려놓고 서귀포 시내 한복판에 제법 크게 서점을 운영하다가 고향 집으로 돌아와 구석구석 손수 고치고 다듬어 다시 북타임을 열었다. 유년 시절 사용했던 바깥채의 방은 그림책과 사운드북, 컬러링북 등으로 채워진 어린이 책방이 되었고, 가족들과 함께 머물던 안채는 인문학과 문학, 사회학 등의 책들과 제주를 주제로 한 책으로 채워졌다. 대문 안 작은 책방 3개 동이 하나의 책 마을을 이루며 책으로 가득 차 있다. 책방지기는 북타임이 자리한 위미리가, 남원읍이, 제주도가 책마을이 되기를 꿈꾼다고 했다. 책을 향한 진심과 사랑으로 일궈온 북타임의 꿈을 응원한다.

마을의 문화 라운지
인터뷰

#서점인터뷰
#문화예술공간
#호근동책방

ⓐ 서귀포시 중산간동로 8353, 2층　ⓣ 010-5758-3874　ⓗ 11:00~18:00 / 수·일 휴무　ⓟ 근처 길가 또는 공터 이용　ⓘ @interviewjeju

독립서점 인터뷰가 자리한 곳은 서귀포 신시가지와 원도심 중간의 호근동으로 '유네스코 생물권보존지역 생태관광마을'로 지정된 곳이기도 하다. 제주도의 생태와 역사, 문화 등을 취재하던 신문기자 출신 부부가 운영하는 서점이다. 제주를 담은 책, 제주의 생태와 자연환경 등을 담은 책 등 제주다운 책 위주로 선별하여 판매한다. 분야별 명사를 초청해 꾸준히 북토크를 진행하고, 독서모임과 토론회, 책방데이, 심야책방 등 다양한 행사를 진행하며 마을의 문화 거점 시설 역할을 하고 있다. 책방지기의 선구안으로 고른 책을 구경하는 재미도 크다. 취향이 맞는 사람이라면, 마음에 꽂히는 책이 너무 많아 선택이 어려울지도 모르겠다.

산방산 아래의 책바람
어떤바람

#책방산책
#사계리책방
#문화공간

Ⓐ 서귀포시 안덕면 산방로 374 Ⓣ 064-792-2830 Ⓗ 12:00~17:00 / 일·월 휴무 Ⓟ 근처 길가 이용 Ⓘ @jeju.windybooks

파스텔 톤의 노란색으로 외관을 단장한 어떤바람은 산방산 아래 조용한 마을에 자리한 조그마한 책방이다. 조용하고 한적한 분위기의 공간에 제주에 관한 책부터 대중 서적들까지 다양한 책들이 빼곡하게 채워져 있다. 액자처럼 커다란 창문 옆에 기대앉아 책을 볼 수 있도록 꾸민 공간은 어떤바람의 포인트. 나만의 작은 다락방에 앉아 책을 읽는 기분을 느낄 수 있다. 북토크, 사진전, 독서 모임, 출간기념 행사, 책 만들기 클래스 등 다양한 행사를 진행하며 동네의 문화 공간 역할도 하고 있다. 테이블에 앉아 구입한 책을 읽을 수 있도록 간단한 음료도 판매한다.

우도에서 제일 가까운 서점
밤수지맨드라미

#섬투어
#우도서점
#동네책방

Ⓐ 제주시 우도면 우도해안길 530 Ⓣ 010-7405-2324 Ⓗ 10:00~17:00 / 비정기적 휴무(인스타그램 확인) Ⓟ 가능 Ⓘ @bamsuzymandramy.bookstore

우도 최초의 책방이자 우도 유일의 서점이다. 창문 귀퉁이에 써 놓은 '어쩌면 우리나라에서 가장 먼 책방'이라는 말처럼, 비행기를 타고 또 배를 타고 들어가야 하는 우도의 서점은 여행자에게는 멀고 먼 서점일지 모른다. 그러나 우도에 사는 주민들에게는 가장 가까운 서점이자 가장 편안한 서점이다. 멀고 먼 우도에 서점을 연 이유는 우도에 서점이 하나도 없기 때문이었다. 이제는 '누가 우도까지 와서 책방을 오겠냐'며 걱정하시던 동네 어르신들에게 차 한잔하고 가는 사랑방이 되었고 여행자들 사이에서는 '우도에서 꼭 가봐야 할 곳' 중 하나로 꼽히는 명소가 되었다.

특별한 선물을 찾고 싶다면
제주 빵지순례

(#공항근처빵집) (#소금빵) (#시오빵) (#바게트) (#베이글)

나만 알고 싶은 소금빵
빵귿

#공항근처빵집
#소금빵
#베이글

Ⓐ 제주시 구남동6길 45-1　Ⓣ 064-757-0392　Ⓗ 11:00~19:00 / 일요일 휴무　Ⓟ 가능　Ⓘ @bread_bbanggood

세상엔 다 셀 수 없을 정도로 많은 빵이 있지만, 최근 가장 핫한 빵은 시오빵이라 불리는 소금빵이다. 다양한 속 재료나 화려한 토핑으로 무장한 빵들 사이에서 가장 기본적인 재료인 버터와 소금 단 2가지로 승부하는 기본 빵이다. 기본이 맛있으면 다 맛있는 법, 소금빵이 맛있는 빵집은 웬만한 다른 빵들도 다 맛있다. 제주공항 근처 주택가에 자리 잡은 빵귿은 소금빵으로 유명한 아담한 빵집이다. 소금빵 외에 캄파뉴, 데니시, 크루아상, 바게트 등 기본이 탄탄해야 맛있는 빵들을 주로 굽는다. 화학첨가제, 보존제, 개량제를 사용하지 않고, 제주 막걸리로 만든 천연발효종을 넣어 구운 빵귿의 빵은 먹고 나서도 속이 편안해 도민들에게도 소문이 자자하다. 진열되기가 무섭게 팔려나가는 소금빵은 오전 11시, 오후 1시, 오후 3시 빵 나오는 시간에 맞추어 가면 성공할 확률이 높다.

바닷가 앞 타르트 가게
집의기록상점

#한림빵집
#에그타르트
#콘타르트 #오픈런

A 제주시 한림읍 귀덕11길 60　H 13:00 ~ 17:00 / 수·목 휴무
P 가게 뒤편 주차장 이용　O @house_rec.store

'집의 기록'이라는 독채 펜션과 함께 운영하고 있는 한림 바닷가의 빵집이다. 까눌레, 파운드케이크, 타르트 등의 구움 과자류와 감각적인 소품을 함께 판다. 그중에서도 특히 오픈 시간 전부터 손님들이 줄을 서서 기다리는 것은 고소하고 달콤한 콘타르트와 에그타르트다. 부드럽고 달콤한 에그타르트, 치즈와 옥수수를 듬뿍 넣어 알갱이가 톡톡 씹히는 재미난 식감의 콘타르트는 매대에 올려놓기가 바쁘게 팔려나간다. 매장 내에 테이블은 없지만, 야외에 마련된 테이블이나 바로 앞 바닷가에서 피크닉 기분을 낼 수 있다. 오픈 시간에 맞춰 가도 줄을 서야 하는 날이 대부분이니 넉넉하게 시간을 잡고 가는 것을 추천한다.

제주 빵집 대표 선수
아베베 베이커리

#아베베
#공항근처빵집
#우도땅콩크림도넛

ⓐ 제주시 동문로 6길 4　ⓣ 010-8857-0750　ⓗ 10:00~21:00　ⓟ 동문시장 주차장 이용　ⓘ @bakery_abebe

육지에 노티드가 있다면 제주에는 아베베가 있다는 말이 있을 정도로 제주를 대표하는 빵집으로 꼽힌다. 동문시장 내의 자그마한 매장에서 영업하다가 2022년 6월 동문시장 12번 게이트 옆 넓은 매장으로 이전했다. 우도 땅콩, 종달리 딸기, 위미 한라봉, 제주 오메기떡 등 제주를 그대로 담은 재료들로 속을 꽉 채운 도넛을 만날 수 있다. 필링이 푸짐하게 들어간 도넛 외에도 대정 마늘로 만든 대정현무암마농빵, 쫀득한 오메기떡을 넣은 오메기단팥빵. 금능사과크림빵 등 개성 있고 다양한 빵으로 진열대를 꽉 채운다.

식어도 맛있는 식빵
송당의아침

#송당리빵집
#식빵전문빵집
#우유큐브식빵

ⓐ 제주시 구좌읍 중산간동로 2254　ⓣ 064-782-1373　ⓗ 09:00~18:00 (빵 소진시 종료) / 목요일 휴무　ⓟ 매장 앞 이용　ⓘ @songdang_morning

갓 나온 따끈따끈한 식빵은 대충 쭉쭉 찢어 먹어도 맛있다. 문제는 갓 나온 상태가 아닌 보통의 식빵이다. 열기가 식으면서 수분도 함께 빠져나가 퍼석하고 뻑뻑한 식빵은 마음이 상할 정도로 맛이 없다. 빵의 기본 중의 기본이지만, 잘 만들기가 쉽지 않아 진짜 맛있고 촉촉한 식빵을 만드는 집은 그리 많지 않다. 송당리에 자리한 송당의아침은 식은 후에도 촉촉하고 부드러운 식빵을 만날 수 있는 곳이다. 가장 기본적인 우유큐브식빵을 비롯해 우도땅콩식빵, 한라봉식빵, 말차단팥식빵 등 제주의 개성이 담긴 식빵을 매장에서 직접 굽는다. 문을 여는 오전 9시에 맞춰 가면 갓 나온 따끈따끈한 식빵의 진수를 맛볼 수 있다.

세상에서 제일 맛있는 마늘바게트
오드랑 베이커리

#마농바게트
#마늘바게트
#함덕빵집

Ⓐ 제주시 조천읍 조함해안로 552-3 Ⓣ 064-784-5404 Ⓗ 07:00~22:00
Ⓟ 가능

함덕 해수욕장 근처의 오드랑 베이커리에 간다면 이곳의 시그니처 빵인 마농바게트를 꼭 맛보기를 권한다. '마농'은 마늘의 제주 방언. 오드랑 베이커리의 마농바게트는 제주산 마늘로 만든 마늘 소스를 듬뿍 발라 구워낸다. 고소하고 달콤한 크림과 어우러진 향긋한 마늘 소스의 바게트는 지금껏 먹었던 마늘 바게트와는 차원이 다른 풍미가 느껴진다. 오드랑 베이커리에 방문한 손님의 90% 이상이 구입할 정도로 쉴 새 없이 팔려 나가는 최고의 인기 빵이다. 아침 일찍 방문하면 갓 나온 뜨끈뜨끈한 마농바게트를 손에 넣을 수 있다. 쫀득쫀득한 질감의 빵 속을 달콤한 연유크림으로 채우고 콩가루를 소복하게 바른 인절미브레드도 인기가 좋다.

겹겹이 가득 찬 맛
겹겹의 의도

#노형동빵집
#공항근처빵집
#크루아상

Ⓐ 제주시 노형5길 11 Ⓣ 064-763-0990 Ⓗ 11:00~19:00 / 화·수 휴무
Ⓟ 바로 앞 공영주차장 이용 Ⓞ @gyeob_jeju

사실 '겹겹의 의도'는 프랑스의 삽화가 '장 자크 상페'가 2003년에 출간한 그림책 제목이다. 프랑스에서 시작된 크루아상을 다양한 형태로 구워 내는 노형동의 빵집 겹겹의 의도와 절묘하게 맞아떨어지는 이름이다. 이곳의 시그니처 빵은 빵집 이름처럼 반죽을 겹겹이 말아 고소하게 구워낸 크루아상이다. 기본적인 크루아상을 비롯해 아몬드, 초코, 통밀크루아상, 크루아상샌드위치 등 다양한 크루아상을 만날 수 있으며, 달콤하고 바삭바삭한 바통슈크레, 고소하고 짭조름한 소금빵, 초콜릿이 덩어리째 올려진 초코러버 등의 빵도 인기 메뉴다. 커피와 차 등 음료도 구입할 수 있지만, 테이크아웃만 가능하다.

제주 한정판 간식 #우도땅콩샌드
마음샌드 #파리바게뜨

제주공항 렌트카하우스점 공항 1층 5번 게이트로 나와 횡단보도 건넌 후 오른쪽으로 직진, 렌트카하우스 내에 위치 **제주공항점** 국내선 3층 1번 게이트 앞 **제주공항 탑승점** 2층 대합실 탑승자 전용 탑승구 10번과 11번 앞

파리바게뜨에서 만든 제주 한정 상품으로 바삭하고 고소한 쿠키 사이에 우도 땅콩, 버터크림, 캐러멜 등을 넣은 쿠키 샌드다. 매장에서 갓 구워 직접 만들기 때문에 더욱 바삭하고 신선하다. 제주공항의 파리바게뜨에서만 구입할 수 있고, 매일 정해진 수량만 판매하기 때문에 희소성이 높다. 픽업 3일~1일 전 파리바게뜨 앱으로 예약하거나 당일 픽업 예약 후 구입하는 것을 추천한다. 파리바게뜨 매장에서 당일 구입할 수 있지만, 예약 우선으로 판매하기 때문에 허탕칠 가능성이 높다.

제주 해녀의 우뭇가사리로 만든 푸딩
우무 #우무푸딩
#우뭇가사리푸딩

(A) 제주시 한림읍 한림로 542-1 (T) 010-6705-0064
(H) 09:00~20:00 (P) 인근 공영주차장 (O) jeju.umu

제주 해녀가 직접 채취한 우뭇가사리로 푸딩을 만들어 파는 작은 가게다. 제주 우뭇가사리의 우수성을 널리 알리고 해녀들을 보호하면서 지역과 상생하는 착하고 똑똑한 브랜드다. 우무의 장점은 젤라틴이나 한천을 넣지 않고 천연 우뭇가사리로만 푸딩을 만드는 것이다. 식이섬유가 풍부하고 칼로리가 낮아 건강과 맛을 동시에 잡은 훌륭한 간식이다. 손으로 그린 듯한 귀여운 캐릭터는 우무의 마스코트. 마스코트가 그려진 다양한 굿즈와 우뭇가사리로 만든 비누 등도 인기 상품이다.

현무암을 닮은 제주돌빵
제주 바솔트

#제주돌빵
#현무암빵
#무료시식

- A 제주시 가령골3길 6
- T 064-721-7625
- H 10:00~19:00
- P 가능
- @jejubasalt

현무암을 모티프로 만든 '제주돌빵'과 제주 메밀로 만든 메밀쿠키, 톳가루가 첨가된 돌테라(카스테라)와 돌아우니(브라우니) 등을 파는 곳으로 2018년 대한민국 관광기념품 공모전에서 금상을 수상한 바 있다. 현무암을 제대로 구현한 제주돌빵은 감귤, 녹차, 땅콩, 백년초, 톳 등 제주의 특산품으로 속을 채워 만든다. 색감이 아름답고 한 입 베어 물었을 때의 식감이 부드러워 여행자들에게 인기가 좋다. 물건을 사지 않더라도 돌빵과 메밀쿠키, 돌테라, 돌쿠아즈 등의 제품을 시식할 수 있도록 예쁜 접시에 담아 내어 준다.

동화 속 과자집에서 만나는 수제 쿠키
엘리사

#진저쿠키
#과자집

- A 제주시 애월읍 가문동상2길 28
- T 064-744-0124
- H 11:00~17:00 / 일요일 휴무
- @jeju.elisha

동화 속 과자집을 실제로 마주한다면 이런 느낌일까. 애월읍의 엘리사는 생크림으로 장식된 삼각형의 지붕과 크림색 벽, 크림이 흘러 내리는 디테일까지, 동화 속 과자집을 그대로 재현한 수제 쿠키 가게다. 식품첨가물과 마가린을 사용하지 않고 유기농 밀가루와 버터만을 사용해 쿠키를 굽고 당근, 감귤, 백년초, 우도 땅콩 등 제주 특산품을 토핑으로 사용한다. 귀여운 진저쿠키를 스스로 장식할 수 있는 토핑 세트는 아이들뿐 아니라 어른들에게도 즐거운 경험이 된다. 휴지 케이스로 재활용할 수 있는 과자집 선물 박스도 인기 상품이다.

예쁜 것 옆에 귀여운 것 옆에 멋있는 것
제주 소품숍

(#소확행) (#기념품) (#쇼핑) (#문구점) (#잡화점)

〈효리네 민박〉 속 그곳
소길별하

#애월소품숍
#효리네민박
#사전예약제

- A 제주시 애월읍 소길남길 34-37   T 070-8691-3437
- H 10:30~17:30 / 월요일 휴무   R 네이버 예약   P 대문 안 주차장 이용   O @sogil_bh

JTBC의 〈효리네 민박〉을 재미있게 본 시청자라면 이 공간이 더 특별하게 느껴질지도 모르겠다. 방송에서 공개된 이효리, 이상순 부부가 살던 집이 제주의 특색 있는 소품을 파는 소품숍으로 변신했기 때문. 제주의 개성을 담은 귀엽고 실용적인 소품을 주로 진열한다. 손님들과 도란도란 이야기를 나누던 식당과 거실은 상품 진열 공간으로, 2층 샤워실은 피팅룸으로, 작업실로 쓰던 공간은 카페로 바뀌었다. 방송에서 보던 공간을 추억하며 구석구석 둘러보는 재미가 특별함을 더한다. 100% 사전 예약제로 운영되며, 1인당 6,000원의 입장료가 있다. 예약금에는 입장료, 주차료, 음료 1잔 가격이 포함되어 있다.

지속 가능한 쇼핑
솟솟리버스

#업사이클링
#코오롱스포츠
#아웃도어

Ⓐ 제주시 탑동로13 Ⓣ 064-723-8491 Ⓗ 11:00~19:00 Ⓟ 인근 공영주차장 이용 Ⓘ @kolonsport_rebirth

아웃도어 브랜드 코오롱스포츠가 운영하는 매장으로 친환경 업사이클링 제품을 전시, 판매하는 곳이다. 코오롱스포츠의 재고를 활용해 재탄생한 소품, 의류, 잡화류 등을 판매한다. 매장에 진열된 제품은 모두 제주의 솟솟리버스에서만 구입할 수 있다. 매장으로 사용하는 건물은 별도의 마감재를 최소화하고 건물 자체의 구조를 그대로 활용했다. 기존 건물의 역사를 이어나가고 버려지는 것에 새로운 시각을 부여한다는 의미를 더한 것이다.

지름신 주의
종종 제주

#선흘리소품숍
#디자인소품
#문구점

Ⓐ 제주시 조천읍 선교로 66 Ⓣ 010-3100-1889 Ⓗ 10:30~18:00 Ⓟ 가능 Ⓘ @jongjong_jeju

선흘리의 2차선 도로 옆 인적 드문 곳에 선글라스를 낀 갈매기 캐릭터가 존재감을 뽐내는 건물이 있다. 직접 디자인한 소품과 국내 디자이너의 제품을 공수해 판매하는 디자인 소품숍, 종종 제주다. 다른 소품숍에서는 볼 수 없는 독특하고 개성 있는 디자인의 의류와 잡화, 키링, 머그잔, 문구류, 스티커, 마그넷, 인형 등으로 매장을 가득 채웠다. 공장에서 대량으로 생산한 제품보다는 수작업으로 정성껏 만든 제품을 많이 만날 수 있다. 재미있고 귀여워서 미소가 떠나지 않는 소품들이 가득해 나도 모르게 장바구니에 이것저것 가득 담게 될지도 모른다.

귀여운 게 세상을 구한다
가르송티미드 제주

#문구점
#디자인소품
#협재소품점

A 제주시 한림읍 한림로 542　**T** 064-900-1335　**H** 10:00~18:00 / 13:00~14:00 브레이크타임　**P** 인근 공영주차장 이용　**O** @garcon_jeju

'귀여운 게 세상을 구한다'는 깜찍한 슬로건 아래 귀엽고 아기자기한 소품을 파는 작은 가게다. '가르송티미드'라는 이름은 불어로 '수줍은 소년'이라는 뜻. 스티커, 엽서, 테이프, 그립톡, 텀블러, 유리컵, 마그넷 등 일상생활에서 자주 사용하는 실용적인 아이템에 가르송티미드만의 디자인을 담았다. 가격도 그리 비싸지 않아 부담 없이 쇼핑을 즐길 수 있다. 협재 해변, 한라산 소주 공장, 우무 등과 가까운 곳에 자리하고 있어 함께 묶어 들르기에도 좋다.

유럽 감성을 담은 잡화점
마이피기팬트리

#구좌읍잡화점
#식료품점
#내추럴와인

A 제주시 구좌읍 하도13길 6　**T** 0507-1375-2062　**H** 11:30~17:30　**P** 근처 공터 이용　**O** @my_piggy_pantry

구좌읍 하도리에 자리한 식료품, 와인, 그릇 등을 판매하는 잡화점이다. '마이피기팬트리'라는 이름은 돼지띠인 주인장의 특징을 담은 것. 매장을 가득 채운 물건 하나하나에 주인장의 취향을 담았다. 마이피기팬트리의 내부는 유럽 어딘가의 식료품점을 연상케 한다. 해외에서 들여온 소스류와 과자, 향신료, 초콜릿, 치즈 등과 더불어 내추럴 와인도 함께 판매한다. 여행자들에게는 한 번쯤 들러볼 만한 재미있는 잡화점이며, 도민들에게는 제주도에서 쉽게 구할 수 없는 식료품을 구입할 수 있는 곳으로 일부러 찾아가는 사람도 많다.

'You are the butter
to my bread
and the breath
to my life'

'당신은 빵 위에 버터이고,
내 삶의 숨결이에요.'

바닷가 앞 기념품숍 #애월읍소품숍
마켓제주 #감귤모자

Ⓐ 제주시 애월읍 애월해안로 664, 2층 Ⓟ 010-8321-2629 Ⓗ 10:30~21:00(수요일 18:30 마감) Ⓤ 가능
Ⓡ @market_jeju_aewol

'제주도'의 대표적인 기념품과 소품, 간식 등을 파는 곳이다. 애월읍 바다 앞의 전망 좋은 2층에 자리하고 있어 탁 트인 바다를 조망할 수 있다. 여행자들이 많이 착용하는 감귤 모자, 감귤 머리띠와 머리핀, 감귤 가방 등 재미있고 귀여운 소품과 감귤칩, 당근쫀득이, 한라봉청 등의 간식, 해녀 인형, 모빌, 핸드크림, 키링, 그립톡 등의 다양한 제품을 만날 수 있다.

공항 근처 세련된 편집숍 #공항근처소품숍
디앤디파트먼트 #아라리오뮤지엄

Ⓐ 제주시 탑동로2길 3 Ⓟ 064-753-9902
Ⓗ 10:30~18:00 / 마지막 주 수요일 휴무 Ⓤ 가능
Ⓡ @d_d_jeju/

디앤디파트먼트 건물 벽면의 알파벳 'd' 로고 앞에서 사진을 찍는 것은 제주를 찾는 여행자들 사이에서 하나의 트렌드가 되었다. 디앤디파트먼트에서는 총 4가지 방식으로 제주를 소개한다. 1층의 식당에서는 제주의 제철 식자재와 식문화를, 2층에서는 제주를 담은 소품과 식품, 가구, 디자인소품 등을 만날 수 있다. 제주 원도심의 부활을 이끈 (주)아라리오에서 운영한다.

제주를 통째로 담다
제스토리

#서귀포소품숍
#감귤모자

🅐 서귀포시 막숙포로 60 🅣 064-738-1134 🅗 09:00~21:00 🅟 바닷가 앞 공터 이용 🅞 @jestorycafe

범섬이 보이는 법환포구 앞에 자리한 대형 기념품숍이다. 널찍한 2층짜리 건물을 통째로 사용하는 곳으로 제주에서 가장 큰 규모를 자랑한다. 소품, 잡화, 간식, 문구, 완구, 식품, 의류, 화장품 등 다양한 카테고리의 제품을 한자리에서 둘러볼 수 있어 원스톱 쇼핑이 가능한 것이 가장 큰 장점. 10만 원 이상 구매 시 무료 택배 서비스를 이용할 수 있다.

06
WHERE TO STAY JEJU

성공적인 여행을 위해서 꼼꼼하게 비교하고 선택해야 하는 숙소!
위치와 규모, 가격까지 다양해 고르기가 쉽지 않다.
제주도의 푸른 밤을 더욱 완벽하게 해줄 제주도 숙소 베스트 10을 꼽았다.

럭셔리

우도에 머물 이유
훈데르트힐즈

#우도숙소
#우도리조트 #오션뷰
#성산일출봉뷰

Ⓐ 제주시 우도면 우도해안길32-24　Ⓣ 064-766-6000
🌐 hundertwasserpark.co.kr

우도의 훈데르트바서 파크 내에 자리한 지중해풍의 리조트로, 우도에 생긴 최초의 리조트다. 전 객실에서 탁 트인 바다와 성산일출봉은 물론이고, 날씨가 좋은 날에는 한라산까지도 조망할 수 있다. 객실 내부는 부드러운 곡선을 최대한 활용해 아늑하게 구성했으며 훈데르트바서가 즐겨 사용한 컬러풀한 타일로 외관 곳곳을 장식했다. 전 객실이 방과 거실이 분리되고 주방이 딸린 형태로 구성되어 보다 쾌적한 휴식이 가능하다. 오스트리아어로 '맛있게 드세요'라는 뜻을 가진 리조트 내의 식당 말차이트에서는 제주의 식자재로 만든 '현무암슈니첼', '톨칸이리조또'등의 메뉴를 즐길 수 있다.

`가성비`

곶자왈 원시림 속 고요한 호텔
머큐어 앰배서더 제주

#테디밸리호텔 #곶자왈뷰
#인피니티풀
#골프리조트

Ⓐ 서귀포시 안덕면 한창로 365 Ⓣ 064-793-1131 ambatel.com

서귀포시 안덕면 테디밸리 골프앤리조트 내의 호텔로, 예전 테디밸리호텔을 새롭게 단장한 호텔이다. 곶자왈 원시림으로 둘러싸인 고요한 숲속에서 새 소리를 들으며 휴식할 수 있는 평화로운 곳이다. 전 객실 모두 2개의 더블베드가 놓인 널찍한 구조로 되어 있으며 멀리 바다와 산방산이 보이는 훌륭한 전망도 갖추었다. 곶자왈을 바라보며 물놀이를 할 수 있는 루프톱 수영장은 머큐어 앰배서더 제주의 자랑거리. 겨울에도 물에 들어갈 수 있도록 온수로 운영된다. 71개의 객실로 이루어진 아담한 호텔이지만, 깨끗하고 자연 친화적이며 조용한 환경에서 진정한 휴식을 즐길 수 있는 가성비 좋은 호텔이다.

독채

몸도 마음도 사르르
녹음실 제주

#독채숙소
#2인전용
#제주남원숙소

A 서귀포시 남원읍 신흥앞동산로35번길 2-1 **R** 카카오톡 '녹음실제주' **O** @melting.room.jeju

남원읍 신흥리 조용한 마을에 자리한 2인 전용 독채 숙소다. 조용한 마을 안쪽에 자리해 누구에게도 방해 받지 않는 진정한 휴식을 누릴 수 있는 곳이다. '녹음실'이라는 이름은 여러 가지 의미를 담고 있다. 초록의 녹음으로 둘러싸인 숙소에서 치유의 시간을 보내기를 바라는 마음, 나만의 소중한 시간을 기록하길 바라는 마음, 이 공간에서는 몸도 마음도 아이스크림처럼 사르르 녹아 해방되기를 바라는 마음을 담은 이름이다. 턴테이블과 CD 플레이어를 갖춘 고급 오디오장비와 다양한 장르의 책, 메모장과 펜, 요가 매트 등 머무는 손님의 진정한 휴식을 바라는 마음을 곳곳에 담았다. 곳곳에 붙어 있는 친절한 메모, 직접 내려 마실 수 있는 핸드드립 커피와 차, 간이 주방, 에어드레서, 욕조 등 여행자에게 필요한 모든 것을 섬세하고 꼼꼼하게 담아 전혀 불편함이 없다. 돌담 너머 초록의 귤밭을 바라 보며 하루 종일 숙소에만 머물고 싶은 진정한 힐링의 숙소다. 숙박객에게는 바로 옆의 카페에서 음료 1잔을 무료로 제공한다.

`럭셔리`

한라산 중턱의 청정 자연 리조트

엠버퓨어힐

#한라산리조트
#노천탕
#인피니티풀

Ⓐ 제주시 1100로 2671-30　Ⓣ 064-801-3333
🌐 amberpurehill.com

해발 520m 한라산 자락에 자리한 대형 리조트로, 2022년 12월에 정식 개장한 따끈따끈한 신상 리조트다. 리조트 앞으로는 노루손이오름이, 옆으로는 노루와 꿩이 노니는 초원이 있다. 한라산의 청정 자연을 담은 객실에서의 고요한 힐링과 휴식에 초점을 맞춘 곳이다. 제주 돌담집을 모티프로 한 19개의 초가동과 12개의 연립동, 4동의 프리미엄 객실 등 총 35개 동으로 분리되어 있다. 그중 가장 인기 있는 객실은 엠버퓨어힐의 메인 객실이라 할 수 있는 초가동이다. 한 동당 2개의 객실로 이루어져 있어 더욱 조용하고 프라이빗한 쉼을 즐길 수 있다. 객실마다 마련된 개별 노천탕은 이 객실의 하이라이트다.

`럭셔리`

중문관광단지 내 신상호텔
그랜드조선 제주

#그조제
#중문관광단지 #키즈룸
#루프톱수영장 #인피니티풀

🅐 서귀포시 중문관광로72번길 60 ☎ 064-738-6600
🌐 gjj.josunhotel.com 📷 @melting.room.jeju

중문관광단지에서 낡지 않은 깨끗하고 쾌적한 호텔을 찾는다면 추천하고 싶은 호텔이다. 2021년 개장한 호텔로 중문관광단지 내에서는 가장 최근에 문을 열었다. 아이를 동반한 가족에게도 추천한다. 어린이용 어메니티가 준비된 키즈룸이 마련되어 있으며, 투숙객 전용 키즈 카페도 있다. 아이와 함께 이용할 수 있는 수영장은 사계절 온수 풀로 운영된다. 성인 전용 수영장은 루프톱에 따로 마련되어 있어 안전하게 이용할 수 있다.

`가성비`

가성비 최고의 오션뷰 호텔
히든힐 호텔

#애월해안도로
#애월오션뷰호텔
#발코니욕조 #오션뷰

🅐 제주시 애월읍 고내로13길 73 ☎ 064-748-1000
🌐 hiddenhillhotel.com 📷 @melting.room.jeju

애월해안도로 인근에 자리한 호텔로, 전 객실에서 애월의 짙푸른 바다를 조망할 수 있다. 해 질 무렵에는 제주 서쪽 바다의 황홀한 노을을, 해가 진 후에는 바다 위에 떠 있는 오징어배가 만드는 낭만적인 야경을 감상할 수 있는 최고의 전망을 가진 곳이다. 겉모습은 다소 낡았지만, 객실 내부는 리뉴얼을 통해 침대에 누워 오션뷰를 즐길 수 있도록 새로 단장했다. 발코니가 딸린 객실에는 발코니마다 커다란 원형 욕조가 설치되어 있으며, 일정을 정리하거나 일기를 쓰는 등 머무는 내내 유용하게 사용할 수 있는 기다란 책상이 구비되어 있다.

`독채`

제주 옛집에서 아늑한 하루
언니네 여인숙

#종달리숙소
#독채숙소

A 제주시 구좌읍 종달논길 54 T 010-4416-2312
blog.naver.com/sistersinn

종달리 안쪽에 자리한 독채 숙소다. 싱글베드 2개가 놓인 침실 1개, 더블베드가 놓인 침실 1개, 거실과 주방으로 이루어져 있으며 최대 4인까지 이용 가능하다. 원래 여성 전용 게스트하우스로 운영하던 곳이었으나, COVID 19 이후 운영 방식을 바꿔 남녀 구분 없이 1팀이 단독으로 사용하는 독채 숙소로 운영하고 있다. 제주의 옛집을 깔끔하게 단장한 예쁜 집으로 아늑하고 포근하다. 작은 마당에 놓인 평상에서 평화로운 종달리의 밤을 만끽하면 좋겠다.

`가성비`

Not Just A Hotel
플레이스캠프

#성산플레이스캠프
#성산숙소
#복합문화공간

A 서귀포시 성산읍 동류암로 20 T 064-766-3000
www.playcegroup.com

성산일출봉 근처의 플레이스캠프는 기존과 같은 호텔이기를 거부한다. 조용한 공간에서의 휴식에 초점을 맞춘 기존의 호텔과는 달리 여러 프로그램을 운영해 다채로운 경험을 할 수 있는 공간이다. 커다란 광장에서 다양한 행사가 열리는 것은 물론, 지역사회와 협력한 이벤트나 프로그램을 진행한다. 숙박객은 플레이스 캠프의 시설과 프로그램을 자유롭게 이용할 수 있다. 마음껏 웃고, 맛있게 먹고, 활기차게 걷고, 음악을 즐기며 새로운 사람을 사귀는 공간. 플레이스캠프가 지향하는 호텔의 의미다.

게스트하우스

이보다 좋을 수 없는 게스트하우스
어떤날 게스트하우스

#게스트하우스
#행원리숙소
#1인실

🅐 제주시 구좌읍 행원로 113 🅣 010-7395-5895 🅡 네이버 예약
🌐 blog.naver.com/somedayjeju

섬세한 감각의 여주인이 직접 설계하고 꾸민 1인~2인 전용 게스트하우스다. 월정리와 평대리 사이 조용한 행원리에 자리한 곳으로 부지런하고 꼼꼼한 주인장이 구석구석 정성껏 가꾼 예쁜 집이다. 1층의 카페에서 간단한 식사와 음료를 이용할 수 있으며 숙박객에게는 직접 만든 따뜻하고 정갈한 조식이 제공된다. 싱글룸을 제외한 모든 객실에 전용 욕실이 딸려 있으며 2박 이상 연박 손님은 할인이 적용된다. 동쪽을 일주하는 버스 201번 정류장이 코앞에 있어 뚜벅이 여행자들에게도 추천한다.

게스트하우스

도미토리도 이렇게 편안할 수 있다면
도체비낭 게스트하우스

#산방산게스트하우스
#게하
#도미토리

🅐 서귀포시 안덕면 사계남로 64-11 🅣 010-8546-8554 🅡 네이버 예약
🌐 blog.naver.com/dochebinang

여행을 좋아해 자주 여행을 다녔던 주인장이 여행자의 마음으로 지은 게스트하우스다. 도미토리를 이용하면서 겪었던 불편함을 개선해 기존의 게스트하우스와는 다른 형태의 도미토리를 만들었다. 붙박이로 고정된 형태의 2층 침대, 넓고 안전한 계단, 프라이버시를 위한 커튼, 개인 조명과 콘센트 등 도미토리에서도 싱글룸 못지않은 아늑함과 편리함을 누릴 수 있다. 객실마다 화장실이 딸려 있고, 드라이기는 물론 고데기도 준비해두었다. 여행자의 마음을 읽는 섬세한 게스트하우스다.

INDEX

#흑돼지

고길	140
고향흑돼지	142
단백	139
담백	178
머슴네 전복김밥	211
명리동식당	138
별돈별 협재해변점	143
세화민속오일시장	091
숙성도	141
순식당	150
영일	140
우진해장국	156
일리있는	151
제주 판타스틱버거	146
천짓골식당	201
홍당무떡볶이	180
흑돼지 해물삼합	143

#코스요리

난산리식당	169
올랭이와 물꾸럭	176
태희보데가	176

#혼밥

공천포식당	201
관덕정분식	181
넉둥베기	200
단백	139
담백	178
당케올레국수	160
마구로쇼쿠도	153
말고기연구소	202
몬스테라	196
무거버거	145
미도리제주	149
별맛해장국	157
분식후경	185
사랑분식	184
산지해장국	155
산토샤	163
삼대국수	159
세계의 가정식	194
소담히로	191
송당해장국	157
수우동	149
스시테이 카이센동	151
싱푸미엔관	195

영은맛집	160
온센 제주	148
윌라라	198
자매국수	159
정이가네	156
중문수두리 보말칼국수	160
짱구분식	184
채훈이네해장국	155
천일만두	188
촌촌해녀촌	179
칠분의 오	164
카고크루즈	203
평대스낵	183
하우투플레이	144
함덕골목	154
홍당무떡볶이	180

#숲뷰

4·3평화공원	095
거문오름	034
고사리커피	227
교래자연휴양림 야영장	116
금오름	039
김영갑 갤러리 두모악	066
녹음실 제주	307
대왕수천예래생태공원	101
동백포레스트	226
따라비오름	037
머체왓숲길	052

머큐어 앰배서더 제주	306
모구리 야영장	117
목장카페 밭디	274
물영아리오름	036
뭐르	225
붉은오름 자연휴양림 숲속야영장	116
블랙이쉬레드	228
블루보틀 제주	265
비자림	053
사려니숲길	048
산굼부리	033
새빌	230
서귀포 치유의 숲	055
서귀포자연휴양림 야영장	117
수망다원	257
숨도	230
스누피가든	120
아날로그 감귤밭	224
안돌오름 비밀의 숲	050
양과자회관	244
어라운드 폴리	115
엉덩물계곡	102
에코랜드	119
엠버퓨어힐	308
이중섭미술관	072
인터포레스트	231
자드부팡	233
제주도립미술관	067
제주현대미술관	070
친봉산장	277

카밀리아힐	118
한라산	057
한라수목원	054
해비치CC 진입로	105
환상숲 곶자왈공원	055
휴애리 자연생활공원	119

#오션뷰

가파도	128
가파도 아티스트 인 레지던스	065
고향흑돼지	142
공백	243
그랜드조선 제주	309
김녕-하도 올레	046
김녕해수욕장 야영장	115
난드르 마을	044
남원-쇠소깍 올레	047
내도음악상가	281
노티드도넛	267
도두봉	032
드르쿰다 in 성산	276
랜디스도넛	266
마라도	130
마켓제주	194
마틸다	282
무거버거	145
문개항아리	177
별돈별 협재해변점	143
비수기애호가	237

비양놀	239
빽다방 제주사수점	235
사라봉	032
서귀피안베이커리	247
섭지코지	106
성산일출봉	035
송악산 둘레길	043
수마	240
수우동	149
숨비소리길	085
스타벅스 제주	264
슬로보트 아틀리에	238
오른	241
오조포구	045
온센 제주	148
왈종미술관	069
우도	125
우도봉	034
울트라마린	236
유민미술관	063
인디고인디드	234
제주 바다	132
제주 판타스틱버거	046
촌촌해녀촌	179
카페 송	243
카페 아오오	239
카페 진정성 종점	242
평대스낵	183
한담해안산책로	042
한동리 화수목	245

해녀 체험	086
해녀박물관	082
해변 야영장	117
허니문하우스	240
훈데르트바서파크	123
훈데르트힐즈	305
히든힐 호텔	309

#공연·전시

국립제주박물관	110
김영갑 갤러리 두모악	066
김창열미술관	068
김택화미술관	073
넥슨컴퓨터박물관	108
노형슈퍼마켙	078
문화예술공공수장고	074
본태박물관	062
빛의 벙커	079
서귀포천문과학문학관	109
스누피가든	120
아라리오뮤지엄	073
아르떼뮤지엄	077
아프리카박물관	110
왈종미술관	069
유민미술관	063
이중섭미술관	072
제주도립미술관	067
제주민속자연사박물관	111
제주추사관	064

제주한잔 세화	093
제주현대미술관	070
포도뮤지엄	071
항공우주박물관	112
해녀박물관	082
해녀의 부엌	084
훈데르트바서파크	122
휴애리 자연생활공원	119

#체험

헤녀 체험	086
해녀 사진관	087
노형슈퍼마켙	078
아르떼뮤지엄	076
제주맥주 양조장	092
한라산 소주 공장	093
넥슨컴퓨터박물관	108
서귀포천문과학문학관	109
국립제주박물관	110
제주민속자연사박물관	111
항공우주박물관	112
휴애리자연생활공원	119
에코랜드	119
스누피가든	120

#아이와함께

국립제주박물관	110
넥슨컴퓨터박물관	108
노티드도넛	267
동문시장	090
드르쿰다 in 성산	276
랜디스도넛	266
목장카페 밭디	274
문화예술공공수장고	074
빛의벙커	079
빽다방 제주사수점	235
새빌	230
서귀포 매일올레시장	090
서귀포천문과학관	109
서귀피안베이커리	247
성산·고성민속오일시장	091
세화민속오일시장	091
숨비 아일랜드	087
스누피가든	120
에코랜드	119
오드씽	279
우도	125
제주목 관아	099
항공우주박물관	112
해녀박물관	082
훈데르트바서파크	123
휴애리 자연생활공원	119
비수기애호가	237

#반려견동반

제주개 생활연구소	278
조식 애월	209
난산리다방	209
비수기애호가	237
슬로보트 아틀리에	238
목장카페 밭디	274

#노키즈존

구스스테이크	172
도토리키친	205
스시애월	153
알맞은 시간	261
애월브금	283
울트라마린	236
인디안썸머	282
중섭의 집	271
취향의 섬 키친	171

#제주사진관 #제주스냅촬영 #감귤밭촬영

제주에서 행복한 시간~
세상에 하나뿐인 우리 가족 사진♪

러브레시피스튜디오

@loverecipe_jeju

"가장 제주스러운 곳에서 반짝이는 추억을 남겨보세요."

러브레시피스튜디오는 성산의 아름다운 감귤밭 옆에 있는 감성 사진관입니다. 성산일출봉이 펼쳐지는 아름다운 바다와 탐스러운 감귤밭 또는 제주 특유의 돌담에서 소중한 날을 제주 감성으로 기록해드립니다. 진짜보다 더 진짜 같은 귤을 달아놓아, 사계절 내내 귤나무 배경에서 촬영이 가능하답니다. ☎ 010-5850-0101

제주
여행
참견

펴낸날 초판 1쇄 2023년 5월 1일 │ 초판 2쇄 2023년 8월 16일

지은이 장은정

펴낸이 임호준
출판 팀장 정영주
책임 편집 김은정 │ **편집** 조유진 김경애
디자인 김지혜 │ **마케팅** 길보민 정서진
경영지원 박석호 유태호 최단비

인쇄 (주)웰컴피앤피
펴낸곳 비타북스 │ **발행처** (주)헬스조선 │ **출판등록** 제2-4324호 2006년 1월 12일
주소 서울특별시 중구 세종대로 21길 30 │ **전화** (02) 724-7633 │ **팩스** (02) 722-9339
인스타그램 @vitabooks_officia │ **포스트** post.naver.com/vita_books │ **블로그** blog.naver.com/vita_books

ⓒ장은정, 2023

이 책은 저작권법에 따라 보호를 받는 저작물이므로 무단 전재와 무단 복제를 금지하며,
이 책 내용의 전부 또는 일부를 이용하려면 반드시 저작권자와 (주)헬스조선의 서면 동의를 받아야 합니다.
책값은 뒤표지에 있습니다. 잘못된 책은 서점에서 바꾸어 드립니다.

ISBN 979-11-5846-387-8 13980

> 비타북스는 독자 여러분의 책에 대한 아이디어와 원고 투고를 기다리고 있습니다.
> 책 출간을 원하시는 분은 이메일 vbook@chosun.com으로 간단한 개요와 취지, 연락처 등을 보내주세요.

비타북스 는 건강한 몸과 아름다운 삶을 생각하는 (주)헬스조선의 출판 브랜드입니다.